U0462865

权威·前沿·原创

皮书系列为
"十二五""十三五""十四五"时期国家重点出版物出版专项规划项目

BLUE BOOK

智 库 成 果 出 版 与 传 播 平 台

河北蓝皮书
BLUE BOOK OF HEBEI

河北农业农村经济发展报告（2023）

AGRICULTURAL AND RURAL ECONOMY DEVELOPMENT REPORT OF HEBEI (2023)

稳产保供　提质增效

主　　编／康振海
执行主编／张　波
副 主 编／唐丙元　闫永路　耿卫新

社会科学文献出版社
SOCIAL SCIENCES ACADEMIC PRESS (CHINA)

图书在版编目（CIP）数据

河北农业农村经济发展报告 . 2023：稳产保供　提
质增效 / 康振海主编 . --北京：社会科学文献出版社，
2023.5
（河北蓝皮书）
ISBN 978-7-5228-1525-1

Ⅰ.①河…　Ⅱ.①康…　Ⅲ.①农业经济发展-研究报
告-河北-2023②农村经济发展-研究报告-河北-
2023　Ⅳ.①F327.22

中国国家版本馆 CIP 数据核字（2023）第 038297 号

河北蓝皮书
河北农业农村经济发展报告（2023）
　　——稳产保供　提质增效

主　　编 / 康振海
执行主编 / 张　波
副 主 编 / 唐丙元　闫永路　耿卫新

出 版 人 / 王利民
组稿编辑 / 高振华
责任编辑 / 连凌云
文稿编辑 / 刘　燕
责任印制 / 王京美

出　　版 / 社会科学文献出版社·城市和绿色发展分社（010）59367143
　　　　　地址：北京市北三环中路甲 29 号院华龙大厦　邮编：100029
　　　　　网址：www.ssap.com.cn
发　　行 / 社会科学文献出版社（010）59367028
印　　装 / 天津千鹤文化传播有限公司

规　　格 / 开　本：787mm×1092mm　1/16
　　　　　印　张：20　字　数：300 千字
版　　次 / 2023 年 5 月第 1 版　2023 年 5 月第 1 次印刷
书　　号 / ISBN 978-7-5228-1525-1
定　　价 / 138.00 元

读者服务电话：4008918866

河北蓝皮书（2023）
编辑委员会

主编简介

康振海 中共党员，1982年毕业于河北大学哲学系，获哲学学士学位；1987年9月至1990年7月在中共中央党校理论部中国现代哲学专业学习，获哲学硕士学位。

三十多年来，康振海同志长期工作在思想理论战线。曾任河北省委宣传部副部长；2016年3月至2017年6月任河北省作家协会党组书记、副主席；2017年6月至今任河北省社会科学院党组书记、院长，河北省社科联第一副主席。

康振海同志著述较多，在《人民日报》《光明日报》《经济日报》《中国社会科学报》《河北日报》《河北学刊》等重要报刊和社会科学文献出版社、河北人民出版社等发表、出版论著多篇（部），主持完成多项国家级、省部级课题。主要代表作有：《中国共产党思想政治工作九十年》《雄安新区经济社会发展报告》《让历史昭示未来——河北改革开放四十年》等著作；发表了《始终把人民放在心中最高位置》《马克思主义中国化新的飞跃》《坚定历史自信 走好新的赶考之路》《从百年党史中汲取奋进新征程的强大力量》《殷切期望指方向 燕赵大地结硕果》《传承中华优秀传统文化 推进文化强国建设》《以优势互补、区域协同促进高质量脱贫》《在推进高质量发展中育新机开新局》《构建京津冀协同发展新机制》《认识中国发展进入新阶段的历史和现实依据》《准确把握推进国家治理体系和治理能力现代化的目标任务》《奋力开启全面建设社会主义现代化国家新征程》等多篇理论调研文章；主持"新时代生态文明和党的建设阶段性特征及其发展规律研究""《宣传干部行为规范》可行性研究和草案初拟研究"等多项国家级、省部级课题。

摘　要

《河北农业农村经济发展报告（2023）》全面系统地回顾了 2022 年河北省农业农村经济发展特点和运行情况，并对 2023 年全省农业农村经济发展态势进行了分析研判，针对乡村产业转型、农业科技创新、推进农民农村共同富裕等热点问题进行了专题研究，有针对性地提出了全面推进乡村振兴、促进农业农村经济高质量发展的对策建议。2022 年，是党的二十大召开之年，也是实施"十四五"规划的承上启下之年，面对复杂严峻的国内外形势，河北省全面贯彻落实党中央、国务院的各项决策部署，围绕全面推进乡村振兴、加快建设农业强省目标要求，统筹疫情防控和农业农村高质量发展，牢守粮食稳产、防止返贫底线，严守耕地保护红线，确保粮食等重要农产品稳产保供，全省农业农村经济稳中向好、稳中向优，粮食、蔬菜、禽蛋、牛奶等产品产量全面增长，耕地保护、水利建设、种业振兴等农业农村发展基础更加坚实，主要农产品生产者价格呈现上涨态势，巩固拓展脱贫攻坚成果同乡村振兴衔接更加有效，农村居民人均可支配收入和消费支出平稳增长，为新时代全面建设经济强省、美丽河北提供了坚实支撑。

展望 2023 年，河北省农业农村经济发展机遇与挑战并存，全省将对标对表全面推进乡村振兴走在全国前列的要求，继续坚持农业农村优先发展，推进各类资源要素向农业农村倾斜，加快推进农业高质量发展，深入实施乡村建设行动，确保农业强省建设起好步、开好局。针对当前农业农村经济发展中存在的短板与不足，河北省将进一步加强高标准农田建设和耕地保护，巩固提升农业综合生产能力，夯实粮食安全根基，确保重要农产品稳定供给；调整优化农业产业结构，延伸农业产业链条，打造乡村特色产业；实施乡村建设行动，加快建设宜居宜业和美乡村；巩固拓展脱贫攻坚成果，增强脱贫地区和群众内生发展动力；强化重点地区、重点群体帮扶，多渠道增加农民收入，促进农民农村共同富裕；完善人才、科技、土地、资金等支持保护政策，推动生产要素向乡村有序流动。

关键词： 农业农村经济　乡村产业　粮食安全　共同富裕

Abstract

Agricultural and Rural Economy Development Report of Hebei (2023) reviews the characteristic and operation situation of the agricultural and rural economy development of Hebei Province in 2022 fully and systematically, conducts an analysis and judgment of the development situation of the agricultural and rural economy of Hebei Province in 2023, makes special studies of such hot issues as rural industry transformation, agricultural sci-tech innovation, and advancement of the common prosperity of farmers and countryside, and puts forward targeted solution proposals for the all-round advancement of rural revitalization and promotion of the high-quality development of the agricultural and rural economy. The year 2022 is the year of holding the 20th National Congress of the Communist Party of China, and also a connecting year between the preceding and following year of carrying out "14th Five-Year" Plan. During this year, facing the complicated and severe situation at home and abroad, Hebei Province fully carried out the resolution arrangements by the Party Central Committee and the State Council, centered around the objective requirement of the all-round advancement of rural revitalization and the accelerated construction of an agriculturally strong province, made an overall arrangement of COVID-19 epidemic prevention and control and the agricultural and rural high-quality development, firmly guarded the bottom line for the stable production of grain and prevention of return to poverty and the red line for farmland protection to ensure the stable production and supply of important agricultural products such as grain, with the result that the provincial agricultural and rural economy was for the better and superior amid stability, the yields of grain, vegetables, poultry and eggs, milk and the like all increased, the agricultural and rural development foundation of farmland protection, water conservancy construction, seed industry revitalization and the like became more solid, producer prices of main agricultural products was on the rise, consolidating and expanding achievements of the struggles for poverty eradication formed more effective connection with rural revitalization, and per-capita disposable income and consumption expenditure of rural residents was steadily on the rise, which provides a solid support for building an economically strong province and a beautiful Hebei in all respects in the new era.

In the coming 2023 when opportunities and challenges will co-exist in the development of the agricultural and rural economy of Hebei Province, the province will act strictly in line with the requirement of all-round advancement of rural revitalization toward the forefront across the country, continue to persist in giving priority to the agricultural and rural development, promote more resources and elements to enter the agriculture and countryside, accelerate the advancement of the agricultural high-quality development, carry out the rural construction campaign in an in-depth way, with a view to ensuring a good start of constructing an agriculturally strong province. In order to address weaknesses and shortages existing in the present the agricultural and rural economic development, Hebei Province will make the efforts: further strengthening the high-standard farmland construction and farmland protection, consolidating and improving the overall agricultural production capacity, and tamping the foundation for grain security to ensure the stable supply of important agricultural products; adjusting and optimizing the agricultural industrial structure, extending the agricultural industrial chain, building the rural characteristic industry; implementing the rural construction campaign to accelerate the construction of living/business-friendly harmonious and happy countryside; consolidating and expanding achievements of the struggles for poverty eradication to enhance the endogenous development dynamic of regions and people of poverty eradication; strengthening the assistance and support to priority regions and groups to increase farmers' income through multiple channels and promote the common prosperity of farmers and countryside; improving policies of support and protection of talents, sci-tech, land, funds, and the like to advance the orderly flow of essential productive factors towards countryside.

Keywords: Agricultural and Rural Economy; Rural Industry; Grain Security; Common Prosperity

目 录 ⤵

Ⅰ 总报告

Ⅱ 分报告

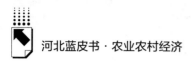
III 专题篇

Ⅳ 调查篇

皮书数据库阅读**使用指南**

CONTENTS ↘

I   General Report

II   Sub–Reports

Ⅲ Special Reports

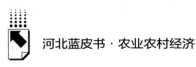

Ⅳ　Investigation Report

总 报 告

General Report

B.1
2022~2023年河北省农业农村经济
发展报告

张 波 唐丙元 燕泽英 陈郁清*

摘 要： 2022年是统筹疫情防控和经济社会发展、统筹发展和安全的重
要一年。河北省坚持稳中求进工作总基调，坚决稳住农业基本
盘，抓重点、补短板、强弱项，全省农业农村经济持续向好，粮
食生产再获丰收，农业特色优势产业不断壮大，农民收入平稳增
长，农业农村经济发展活力不断增强。展望2023年，国际形势
复杂多变，国内经济有效恢复，"三农"在经济社会发展中的
"压舱石"和"稳定器"作用更为凸显，河北省农业农村经济发
展的机遇与挑战并存，机遇大于挑战。全省应坚持农业农村优先

---

* 张波，河北省社会科学院农村经济研究所所长、研究员，主要研究方向为农村经济发展、城
乡融合发展；唐丙元，河北省社会科学院农村经济研究所研究员，主要研究方向为宏观经
济、开放经济；燕泽英，国家统计局河北调查总队综合处处长、高级统计师，主要研究方向
为统计学；陈郁清，国家统计局河北调查总队综合处副处长、高级统计师，主要研究方向为
统计学。

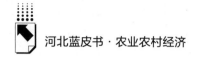

发展、城乡融合发展的基本方针和要求，夯实粮食安全根基，着力发展乡村特色产业，深入实施乡村建设行动，巩固拓展脱贫攻坚成果，多元化拓宽农民收入渠道，促进农民农村共同富裕，加快推进农业农村现代化。

关键词： 农业农村经济　粮食安全　乡村产业　乡村建设　河北省

2022年是党的二十大召开之年，也是实施"十四五"规划的承上启下之年。面对复杂严峻的国内外形势，河北省委、省政府深入学习贯彻党的二十大精神，全面落实党中央、国务院决策部署，围绕农业农村现代化总目标，统筹疫情防控和农业农村高质量发展，持续巩固拓展脱贫攻坚成果，确保粮食等重要农产品稳产保供，全省农业农村经济持续向好，粮食、蔬菜、禽蛋、牛奶等产品产量全面增长，农民收入平稳增长，农村产业优化发展，为新时代全面建设经济强省、美丽河北提供了坚实支撑。

一　2022年度回顾：巩固拓展脱贫攻坚成果同乡村振兴有效衔接，乡村产业发展质量明显提升，农业农村经济发展活力不断增强

河北省坚持稳中求进工作总基调，牢守粮食稳产、防止返贫底线，严守耕地保护红线，全省农业农村经济保持了稳中向好、稳中向优的良好态势，主要指标好于往年同期。

（一）重要农产品供给保障能力明显增强

河北省全面落实粮食安全党政同责和"菜篮子"市长负责制，着力克服疫情和上年度秋汛影响，加快打造标准化、规模化生产基地，粮食等重要农产品供给保障能力进一步增强。

1. 粮食生产再获丰收

2022年，农业气象条件对全省粮食生产总体有利，受灾和病虫害发生情况较常年偏轻，加之分区分季分作物加强农业技术指导，农业生产继续保持较好态势。2022年，粮食播种面积为9665.7万亩，总产量为3865.1万吨，小麦产量为1474.5万吨，玉米产量为2065.0万吨，粮食单产为399.87公斤/亩。其中，夏粮播种面积为3407.5万亩，比2021年增加1.23万亩；夏粮总产量为1486.46万吨，比2021年增加3.78万吨，实现连续3年增长；夏粮单产为436.2公斤/亩，较2021年增加0.95公斤/亩。秋粮播种面积为6258.2万亩，比2021年增加21.5万亩；秋粮总产量为2378.61万吨，比2021年增加36.19万吨；秋粮单产为380.08公斤/亩，较2021年增加4.49公斤/亩。总体看，全省粮食生产实现总产、面积、单产"三增"，总产量连续10年稳定在3500万吨以上，粮食安全保障基础得到明显巩固。2012~2022年河北省粮食总产量如图1所示。

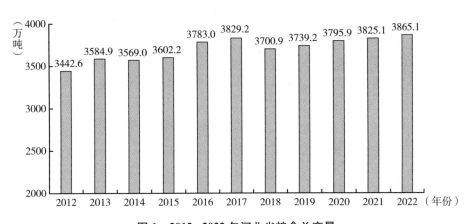

图1 2012~2022年河北省粮食总产量

资料来源：国家统计局河北调查总队。

2. 蔬菜产量稳中有升

全省蔬菜生产继续保持稳定，主要品种为大白菜、西红柿、菠菜、茄子、黄瓜、卷心菜、豆角等。2021年，全省蔬菜播种面积为1221万亩，蔬菜总产量为5284.2万吨，其中食用菌产量为180.4万吨。2022年前三季度，全省蔬菜总产量为3349.7万吨,同比增长3.6%。

3. 猪肉市场供应充足

在国家持续加强生猪逆周期调控和连续实施冻肉收储政策刺激下,2022年第二季度,河北省生猪价格止跌回升,养猪业扭亏为盈,生猪存栏持续增长。截至2022年9月末,全省生猪存栏量达到1858.4万头,同比增长3.3%。2022年前三季度,全省生猪出栏2699.9万头,同比增长3.1%;猪肉产量为211.7万吨,同比增长3.6%。2012~2021年河北省猪肉产量及同比增速如图2所示。

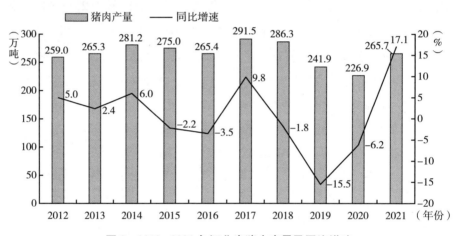

图2 2012~2021年河北省猪肉产量及同比增速

资料来源:历年《河北统计年鉴》。

4. 禽蛋产量保持稳定

受疫情和饲料价格高涨影响,蛋价持续攀升,养殖户补栏积极性提高,蛋鸡存栏增长较快。2022年9月末,全省蛋鸡存栏27741.3万只,同比增长10.5%。前三季度,全省禽蛋产量为305万吨,增长4.4%。

5. 牛奶产量较快增长

近几年,河北省统筹疫情防控和畜牧业发展,有效实施和贯彻落实促进奶业振兴的一揽子政策举措,全省奶业生产持续向好,奶牛存栏增长较快。2022年9月末,全省奶牛存栏150.0万头,同比增长7.1%。2022年前三季度，全省牛奶产量为414.5万吨，同比增长10.8%。随着奶牛养殖规模化程度和管理技术水平的提高，全省奶牛平均单产高于全国平均水平0.1吨。

6. 林果生产较快发展

河北省紧紧围绕首都"两区"建设，以两山、两翼、三环、四沿为主攻方向，大力实施国土绿化工程，2022年前三季度，完成营造林623万亩。河北省大力发展绿色富民产业，确定林果花卉项目29个，新发展和提质增效改造经济林53万亩；全省园林水果产量为609.0万吨，同比增长7.3%。

7. 水产品产量大幅增长

河北省渔业生产保持快速发展势头，2022年前三季度，全省水产品总产量为39.1万吨，同比增长11.8%。其中海水养殖、海洋捕捞产量为22.3万吨，同比增长14.3%；淡水养殖、淡水捕捞产量为16.8万吨，同比增长8.6%。

（二）现代农业基础支撑不断增强

河北省坚持农业农村优先发展，发展壮大特色产业集群，加强永久基本农田保护与质量提升，不断提升农机装备和农业信息化水平，着力增强农业领域安全风险防范能力，农业发展基础更加扎实。2022年前三季度，全省第一产业增加值为2543.2亿元，同比增长3.9%，高于全省经济增速0.2个百分点。2012~2021年河北省GDP、第一产业增加值及其增速如图3所示。

1. 农业特色优势产业集群不断壮大

河北省实施重点园区崛起行动，集中打造强筋小麦、设施蔬菜、高端乳业等15个特色优势产业集群。2022年前三季度，累计新增改造蔬菜、水果、中药材、食用菌等特色产业84.5万亩，优质小麦、蔬菜、中药材、食用菌、梨、乳品等进入国家级产业集群建设支持范围。河北省加强农业项目建设，实行在建项目、招商项目"双目录""双包联"管理，2022年前三季度，全省累计签约招商农业项目477个，引资额达1876亿元，完成项目建设投资815.5亿元。

图3　2012~2021年河北省GDP、第一产业增加值及其增速

资料来源：历年《河北统计年鉴》。

2.耕地保护建设得到加强

河北省认真落实最严格的耕地保护制度，实行耕地保护党政同责，按照《2022年河北省耕地保护专项行动方案》要求，推行县乡村三级田长制，开展违法违规占用耕地问题专项整治，坚决遏制耕地"非农化"、防止基本农田"非粮化"。河北省健全耕地占补平衡全过程监管机制，厘清各级权责、压实主体责任、明确监管要求，确保补充耕地来源明确、数量真实、质量保证，确保耕地占补平衡落实到位，全年新建高标准农田360万亩。

3.农村水利建设成效明显

河北省着力加强水利工程建设，2022年前三季度，国家下达河北中央水利投资计划277亿元，安排实施了雄安新区防洪、大陆泽与宁晋泊蓄滞洪区防洪、永定河综合治理与生态修复、地下水超采区综合治理、中小河流治理、病险水库除险加固、水土保持工程建设、节约用水、山洪灾害防治、水利工程设施维修养护等项目443个。河北省强力实施农业节水、水源置换、引水调水、生态补水和取水井关停等措施，打好"节引调补蓄管"组合拳，地下水超采综合治理取得阶段性成效。监测显示，2022年8月全省超采区深、浅层地下水位分别同比回升5.67米、1.56米。

4. 种业振兴行动得到有效实施

河北省深入实施种质资源保护利用、种业创新攻关、种业企业扶优、种业基地提升、种业监管执法"五大行动"。2022年，全省优良品种覆盖率稳定在98%以上，生产用种自育率达到86%以上，三北种业、国欣总会、雪川农业、河北巡天4家企业进入全国种业50强，节水小麦、杂交谷子、高油酸花生、"双高"大豆等优质种质品种在国内处于领先水平。

5. 农业领域安全风险防范能力进一步增强

河北省认真履行安全生产行业监管责任，以渔业船舶、农业机械、农药、兽药、饲料、畜禽定点屠宰、农村沼气为重点，印发《农业安全生产大检查工作方案》和9个专项行动方案，选派14个综合督查组和4个渔业专项督查组赴各地开展农业安全生产大督查，全省农业领域安全生产形势稳定向好。统筹涉农信访稳定、农产品质量安全监管、重大动物疫情防控等工作，着力提高防范化解重大风险水平。

（三）主要农产品生产者价格呈现上涨态势

2022年前三季度，河北省主要农产品生产者价格指数为102.87，与上年同期相比，增速有所放缓。2012~2021年河北省主要农产品生产者价格指数情况如图4所示。

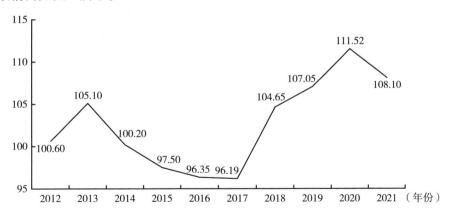

图4　2012~2021年河北省主要农产品生产者价格指数情况

资料来源：历年《河北统计年鉴》。

1.从农、林、牧、渔四大板块来看,农业、林业同比上涨,牧业、渔业同比下降

2022年前三季度,全省农产品生产者价格上涨8.88%,涨幅比上年同期回落2.55个百分点。涨幅明显的品种为小麦、棉花、蔬菜、水果等,涨幅在5%~22%区间;降幅较大的品种为马铃薯,降幅为3.61%。全省林业产品生产者价格同比上涨1.62%。全省畜牧业产品生产者价格总体降幅明显,同比下降5.85%。全省渔业产品生产者价格同比下降15.17%。

2.主要品种生产者价格普遍上涨

小麦价格上涨,玉米价格下跌。受国际局势影响,国际粮价上涨趋势明显,叠加全球疫情持续影响,部分国家限制粮食出口,市场供应偏紧,小麦价格不断攀升。2022年前三季度,全省小麦生产者价格平均为2.94元/公斤,同比上涨13.52%,其中第三季度小麦价格突破3元大关,达到创纪录的3.03元/公斤;玉米价格为2.46元/公斤,同比下降2.95%。

蔬菜价格涨幅明显,受低温气候影响,黄瓜、西红柿、青椒等设施蔬菜生长发育减缓,产量减少,同时化肥、农药等农资价格持续上涨,抬高了蔬菜生产成本。2022年前三季度,全省蔬菜生产者价格同比上涨14.46%。其中,叶菜类、甘蓝类、瓜菜类、豆类、茄果类、葱蒜类涨幅分别为9.21%、3.85%、16.59%、10.09%、19.75%、22.48%;白菜类、根茎类分别下降3.45%、6.37%。

水果价格涨幅明显,受2021年基期价格低迷影响,2022年前三季度,全省水果类生产者价格同比上涨6.82%。

活猪价格前抑后扬,2022年前三季度,全省活猪生产者价格为16.66元/公斤,同比下降22.2%,但第三季度,活猪生产者价格达到21.9元/公斤。

牛价上涨,羊价下跌。2022年前三季度,全省活牛生产者价格为33.08元/公斤,同比上涨1.23%;活羊生产者价格为27.68元/公斤,同比下降5.2%。禽、蛋价格双回升。2022年前三季度,全省肉鸡生产者价格为8.92元/公斤,同比上涨2.39%;鸡蛋生产者价格为8.65元/公斤,同比上涨5.93%。

（四）乡村建设成效明显

1. 农村人居环境持续改善

全省行政村按照有条件、有需求的村庄应编尽编原则，拟定村庄规划编制单元1.5万个左右，其余村庄在县、乡镇国土空间规划中明确村庄国土空间用途管制规则和建设管控要求。新创建美丽乡村2265个，新建户厕62万座、公厕10697座，基本完成4.76万个村庄问题厕所排查整改，农村生活污水处理工程新完成9000个村，污水有效治理率达到38%，农村生活垃圾无害化处理实现全覆盖。乡村振兴示范区建设继续推进，全年提升50个、新建15个省级示范区。

2. 农村基础设施建设加快推进

新建及改造农村电网线路1.9万公里。实施700万农村居民江水置换方案，南水北调受水区农村居民全部喝上引江水。实施"四好农村路"提升工程，建设改造完成8448.8公里。

（五）巩固拓展脱贫攻坚成果同乡村振兴衔接更加有效

1. 过渡期帮扶机制逐步完善

2022年前三季度，河北省有关部门出台衔接政策文件30余个，保持主要帮扶政策总体基本稳定。压实帮扶责任，确定省级领导过渡期包联原深度贫困县"五包一"名单，开展"五包一"包联帮扶调研指导，督促各帮扶单位改进提升工作质量。

2. 产业科技帮扶效果明显

河北省引导农户特别是脱贫人口、监测对象利用自有院落空间及资源资产，多元化发展庭院经济。2022年前三季度，脱贫地区投入省级以上产业发展资金101.1亿元，打造农业产业化联合体10个、现代农业示范园区24个，培育农业品牌11个。河北省加大科技帮扶力度，组建产业顾问组支持脱贫县发展，以科技服务助力提升产业脱贫成效。

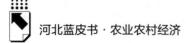

3. 脱贫人口稳岗就业情况良好

全面提升乡村公益性岗位吸纳就业能力，摸排脱贫劳动力返岗复工信息，精准掌握脱贫人口外出就业务工情况，落实奖补政策，建立劳务协作机制，提高劳务协作组织化程度。延续帮扶车间优惠政策，盘活闲置帮扶车间，充分发挥就地就近带贫作用。截至 2022 年 9 月底，全省脱贫人口（含监测对象）务工 91.16 万人。

4. 易地搬迁后续扶持有序推进

全面摸排搬迁户，落实针对性帮扶措施。健全易地搬迁安置区治理体系，推进精神文明建设，推动移风易俗。在阜平县马兰、灵寿县团泊口等包联安置区开展示范创建，推动安置区教育、医疗、社会福利、养老托幼等公共服务设施扩容升级。

（六）农村居民收支平稳增长

2022 年前三季度，河北省农村居民人均可支配收入为 14605 元，同比增长 6.5%，城乡收入比为 2.085，较上年同期的 2.134 缩小 0.049；农村居民人均消费支出为 11639 元，同比增长 8.9%，城乡消费比为 1.550，较上年同期的 1.607 缩小 0.057。

二　2023年河北省农业农村经济发展形势分析与展望

2023 年是推进中国式现代化的起步之年，深入分析河北省农业农村发展面临的形势，对提升农业农村经济发展质量，加快推进农业农村现代化进程具有重要意义。

（一）2023年河北省农业农村经济面临的形势

1. 国际形势错综复杂，农业农村经济发展机遇与挑战并存

当前，俄乌冲突仍在持续，全球发展面临高通胀困扰。世界粮食、化肥、石油、天然气等大宗商品的产业链、供应链受到冲击，各行业生产成本

不断飙升，加之极端天气、自然灾害易发多发频发，国际粮食供求总体趋紧、价格上涨，我国大豆、玉米等对外依存度较高的农产品实现有效供给压力较大。随着各国实力的此消彼长，大国间竞争与合作进入新阶段，美国等部分西方国家多次违反市场经济原则和国际经贸规则，对中国企业进行打压，严重破坏了多边经贸体系。我国坚持经济全球化正确方向，坚定不移扩大对外开放，积极扩大与共建"一带一路"国家的农业双边贸易，《区域全面经济伙伴关系协定》（RCEP）深入推进，与新兴经济体国家联系更加紧密，农业国际合作空间依然广阔。

2. 乡村振兴战略全面推进，为农业农村经济发展提供坚实保障

党的二十大报告提出坚持农业农村优先发展，加快建设农业强国，扎实推动乡村产业、人才、文化、生态、组织振兴。随着"三农"工作重心实现向全面推进乡村振兴的历史性转移，中国式农业农村现代化开启新征程。我国大力优化农业生产区域布局，增强粮食综合生产能力，健全农业支持保护制度，强化农业科技和装备支撑，引导更多资源要素汇聚农业、流向乡村，有效畅通农业供给侧，提高农业综合生产效率。京津冀协同发展、雄安新区建设等重大国家战略和国家大事深入实施推进，河北省区位优势、农业大省的产业优势将得到更加充分的发挥。河北省委提出中国式现代化河北场景，明确了"农业强省"建设目标，为农业农村经济高质量发展打开新思路。

3. 扩大内需战略推动实施，农业农村经济发展动力显著增强

中共中央、国务院印发《扩大内需战略规划纲要（2022—2035年）》，新发展格局加快构建，国内超大规模市场体量和有效需求优势将充分释放，农业多种功能、乡村多元价值将充分显现。随着扩大内需战略的深入实施，城乡居民吃穿用等基本消费品质不断提高，健康、营养农产品和食品需求增加，绿色、有机农产品更受消费者欢迎，菜肉蛋奶等重要农产品稳产保供基地和企业将会得到更多支持。消费需求升级与现代科技进步、生产方式变革相互促进，不断培育新型消费业态和消费模式，仓储保鲜、冷链物流更加普及，多样化、个性化、定制化旅游产品和服务需求日益增多，智慧超市、智慧商店、智慧餐厅等新零售业态迅速壮大，农业农村产业链条更加完善，农民增收空间有效拓展。

（二）2023年河北省农业农村经济发展主要特征

2023年，河北省将全面贯彻落实党中央、国务院各项决策部署，对标对表全面推进乡村振兴走在全国前列要求，推进各类资源要素向农业农村倾斜，稳步提升农业综合生产能力，加快推进农业高质量发展，深入实施乡村建设行动，确保农业强省建设起好步、开好局。河北省农业农村经济发展将呈现以下特点。

1. 粮食等重要农产品供给稳定，农业综合生产能力稳步增强

2023年，河北省将稳步提高粮食综合生产能力，加强高标准农田建设，积极推广玉米大豆带状复合种植，集中打造实打实收"吨半粮"示范区。大力发展高效节水灌溉，大田作物种植区推广浅埋滴灌，蔬菜、水果等高耗水作物种植区发展膜下滴灌、微喷灌、小管出流。2023年，新建旱能灌、涝能排高标准农田300万亩，达到5500万亩；建设550万亩优质强筋小麦示范区，推广玉米大豆带状复合种植100万亩以上。综合考虑播种面积、单位面积产量、良种推广等因素，如果不发生重大自然灾害，2023年全省粮食产量将保持在3700万吨以上。统筹考虑国际通胀压力加大和世界人口持续增长两个基本因素，在物价上扬、成本上涨、市场需求拉动的三重作用下，2023年河北省主要农产品价格将延续普遍上涨态势，肉类、蔬菜、水果、禽蛋、奶制品等农产品基本必需品价格将温和上涨，农业生产盈余空间有望扩大。

2. 大力发展特色优势产业，农业综合效益和竞争力持续提升

2023年，河北省将加大农业产业项目招商引资和建设力度，加快建设现代农业产业园区，培育壮大以奶业、中央厨房、果蔬、中药材、肉类等为代表的特色优势产业集群。推进三次产业深度融合发展，顺应人口自由流动大趋势，积极发展休闲农业和乡村旅游。加大省级农业创新团队支持力度，推行科技特派员制度，提升县级以下科技服务能力。提升农业全程社会化服务水平，聚焦生物育种、节水农业、农产品精深加工、智能农机等关键领域，加大技术攻关力度，研发推广一批关键核心技术和产品。2023年，河北省将继续释放农业特色优势产业发展的内在潜力，全省农林牧渔业总产值增速有望高于全国平均水平，农产品加工业与农业总产值比将达到2.3∶1，省级农业产业化重点龙头企业将发展到1000个，主要农作物耕种收综合机械化率将达到86%以上，休闲农业、乡村旅游人次和综合收入有望实现大幅提升。

3. 深入推进乡村建设，农村面貌明显改观

2023年，河北省将进一步健全农村问题厕所排查整改长效机制，完善运维体系，常态化开展问题厕所排查整改，问题厕所实现动态清零、随有随清。统筹美丽乡村成片布局，重点培育一批美丽乡村示范环、示范带、示范片区和精品村庄，预计新建省级美丽乡村2000个。持续加大防汛抗旱水利工程建设力度，优化布局一批农村集中供水工程，健全农村集中供水工程合理水价形成机制，提高农村防汛抗旱与供水保障水平。加强农村信息基础设施建设，提升农村通信网络覆盖水平。积极发展产地冷藏保鲜设施，引导企业布局建设冷链物流，提高鲜活农产品低温处理水平，有效减少农民产后损失。

4. 农村改革持续深化，农业农村经济发展保障更加有力

以完善产权制度和要素市场化配置为重点，加快推进农村重点领域和关键环节改革，激发农村资源要素活力，增强乡村振兴内生动力。深入开展农村宅基地制度改革，探索放活宅基地使用权的方法路径，形成一批农村宅基地更加有效利用的实践经验和制度创新成果。国家第二轮土地承包到期后再延长30年的试点任务将全面完成，农村土地承包关系保持稳定并长久不变。大力发展家庭农场、农民合作社、托管服务组织等新型农业经营主体，农业生产能力和农业社会化服务水平显著提高。巩固提升农村集体产权制度改革成果，用多种方式盘活农村资产资源，农村新型集体经济加快发展，农村集体经济年收入10万元以上的村占比有望持续提升。

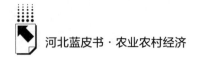

三 河北省农业农村经济存在的主要问题

当前,河北省乡村振兴全面推进,农业农村经济发展态势良好,但仍存在一些需要解决的问题。

(一)农业发展质量效益有待提升

河北省大宗低值粮食作物占比较高问题长期存在,粮食种植纯收益不高,农业特色产业集聚度不高,土地规模经营率仅为28%,低于山东的37%、江苏的43%,结构调整和发展方式转变尚需再加力。河北省农产品加工业发展相对滞后,国家级农业产业化龙头企业数量少、带动力弱,2021年全省农产品加工业总产值与农林牧渔业总产值之比为2.05∶1,低于2.4∶1的全国平均水平。

(二)农业基础设施建设短板有待补齐

近年来,河北省旱涝等灾害时有发生,农业应急保障机制不健全,机械化防灾减灾能力不足,极端天气对农业生产影响明显,农户损失较大。河北省中低产田面积较大,高标准农田仅占耕地的一半左右,部分农田缺乏完善的灌溉、排涝等设施,农田抗旱排涝能力不足。河北省水资源短缺,完成粮食生产硬指标,保障蔬菜等重要农产品供给,严重依赖地下水,农田水利设施、节水灌溉设施乃至农业生态建设任务十分艰巨。调查显示,55.5%的农户希望改善农田基础设施,其中,40%的农户希望改善农田灌溉设施,农民对生产性基础设施的需求已经超过对生活类基础设施的需求。

(三)农民收入水平有待提升

2012年以前,河北省农村居民人均纯收入一直高于全国平均水平。2013年以来,河北省农村居民人均可支配收入与全国的差距逐渐拉大。2013年,河北省农村居民人均可支配收入为9188元,与全国平均水平相差

242元。2021年，河北省农村居民人均可支配收入为18179元，与全国的绝对差距扩大到752元。与沿海发达省份相比，2021年河北省农村居民人均可支配收入分别为山东的87.4%、江苏的67.9%、浙江的51.6%、广东的81.5%，差距明显。当前河北农民对收入增长预期普遍不高，调查显示，仅有7.27%的农户认为未来1~2年家庭增收空间很大，62.18%的农户认为家庭收入增长空间一般，21.15%的农户认为增收空间很小，还有9.4%的农户认为没有增收空间。

（四）农业农村建设资金投入有待增加

河北省落实农业农村"四个优先"力度还不够大，人才、科技、资金、用地等要素支撑与农业农村高质量发展要求还不完全匹配。河北省大多数市县为"吃饭财政"，土地出让收入不高，农业农村领域投入明显不足。农户对农业投资意愿不强，受投资回报低、经营风险大等因素影响，河北省半数以上专业农户没有增加投资的计划，80%以上的普通农户没有投资意愿。

四　全面推进乡村振兴，促进农业农村经济高质量发展的对策建议

2023年是河北省加快建设农业强省的起步之年、开局之年，必须深刻把握农业农村经济发展总体形势和内在规律，坚持农业农村优先发展、城乡融合发展，稳步提高农业综合生产能力，发展壮大乡村特色产业，持续改善农村生产生活条件，巩固拓展脱贫攻坚成果，多元化拓宽农民增收渠道，加快推进农业农村现代化。

（一）夯实粮食安全根基，确保重要农产品稳定供给

粮食是人类生存之本，也是经济社会发展的基础，保障粮食安全任何时候都不能松懈。要把粮食生产作为"三农"工作的头等大事，全面落实粮

食安全党政同责，深入实施"藏粮于地、藏粮于技"战略，加强高标准农田建设和耕地保护，巩固提升农业综合生产能力，夯实粮食安全根基。

一是加强高标准农田建设。河北省一到三等耕地占 21.8%，低于全国 9.4 个百分点，四到六等地占 64.7%，高于全国 17.9 个百分点，通过耕地改造提高亩均产出的潜力还很大。要以粮食生产功能区、重要农产品生产保护区和永久基本农田为重点，加强灌溉排水、农田机耕道路等基础设施建设，配套建设烘干仓储、冷链物流设施，成方连片建设高标准农田。同步发展高效节水灌溉，根据农业灌溉可用水量，继续实施大中型灌区续建配套与现代化改造。加快推进农业灌溉水源置换，统筹利用引江引黄和当地地表水置换农业灌溉取用地下水。

二是推进种业振兴。河北省种业创新能力不足，低端种子同质化竞争严重，高端设施蔬菜种子多依赖进口。要持续巩固河北现有育种优势，培育壮大育繁推一体化种业龙头企业，引导公益性研究与商业化育种有效衔接，促进种业创新链与产业链有机融合，提升育种创新能力。瞄准国家粮食安全重大需求，培育一批国内一流的种业科技创新团队，开展农业生物育种等关键核心技术攻关，创制一批具有重大应用价值的突破性种质，培育更多适应机械化生产、高产优质、多抗广适的突破性新品种，促进育繁推一体化发展，在畜牧、蔬菜、优质专用粮食等优势产业的良种繁育上实现新突破。

三是提升农机装备水平。健全农机社会化服务体系，推进农机农艺融合，保持农业机械保有量平稳增长，不断提高农机装备智能化水平和精准作业能力。积极探索以智能化为主导、以精准作业为核心的技术体系，促进农机管理信息化、田间作业智能化、生产过程自动化、经营服务一体化。完善河北省农机智能化信息决策管理平台功能，不断提升农机化统计、购置补贴、深松作业、秸秆综合利用、安全监理等数据的互联共享和采集分析智能化水平。

四是加强农作物田间管理指导。强化粮油作物全程精细精准科学管理，对冬小麦、玉米、玉米大豆带状复合种植等从种到收一系列关键节点，制定精细化、精准化、规范化的全程科学管理实施方案，推行集成技术，全面提高粮油作物单产水平。针对河北农业面源污染治理和农产品生产等情况，开展农作物病虫害统防统治，加快普及绿色农资。选择部分粮食生产重点县，统筹高标准农田建设、耕地地力提升、高效节水灌溉、农业防灾减灾等资金，集成推广区域性、标准化高产高效技术，集中打造实打实收"吨半粮"示范区，示范带动全省粮食均衡增产增收、提质增效。

（二）坚持大食物观，着力发展乡村特色产业

乡村特色产业是乡村产业的重要组成部分，发展潜力巨大。顺应农业产业发展规律和消费需求，调整优化农业产业结构，延伸农业产业链条，提升现代农业经营水平，打造地域特点鲜明、乡土气息浓厚的乡村特色产业。

一是构建现代农业产业体系。按照"人无我有、人有我多、人多我优"原则，精准调整农业内部产业结构。对蔬菜、食用菌、奶产品、生猪、肉牛、肉羊、禽蛋等在全国具有规模优势的农业产业，在继续扩大规模、提高市场占有率的基础上，着力提高产品品质，在大产业细分门类下打造更多"单品冠军"。对林果、肉禽等在全国规模优势不明显的农业产业，着重优化存量、提高质量，结合实际培育具有地域特色的优良品种，走优质高价的发展路子。积极推进千亿级奶业、千亿级中央厨房产业、千亿级蔬菜产业、千亿级中药材产业、千亿级精品肉类产业等农业特色主导产业建设，持续开展农业大招商，狠抓重大项目建设，打造一批国家级农业产业集群和现代农业产业园区。

二是延伸拓展农业产业链条。瞄准健康、快捷、个性的食物消费需求，依托特色优势主导产业，积极发展包括初加工、深加工在内的农产品加工业，培育壮大农业产业化龙头企业。着眼供需有效衔接，大力发展生鲜冷链物流、农产品仓储物流、农产品电子商务等配送服务体系，合理布局农产品批发市场、社区菜市场和大型商超，破解农产品销售难题。依托美丽乡村、旅游景区，积极发展休闲观光、农事体验、文化展示、教育研学等多种业态，引导农户积极参与，拓宽增收渠道，实现百姓富、生态美的有机统一。

三是构建现代农业经营体系。结合粮食作物、蔬菜、果品、畜牧等不同

行业与平原、山区等不同地域特点，因地制宜推进河北省农业适度规模经营。平原区粮食主产区推行土地托管模式，培育壮大农村土地合作社、专业种植大户，开展粮食规模化生产；蔬菜、果品产区重点壮大农民专业合作社和农业龙头企业，建设标准化种植基地，发展订单农业，形成规模效应；燕山太行山区实施小流域综合治理，发展沟域经济，推行"园区平台+经营业主"模式，重点支持农户参与生产经营和管理，建设林果、中药材、小杂粮等规模化生产基地。

四是激发农村创新创业活力。推动政策、技术、资本等各类要素向农村创新创业集聚，引导农民创办领办家庭农场林场、农民合作社、农业企业、农业社会化服务组织等新型农业经营主体。依托各类农业园区、专业市场、农民合作社、规模种养基地等，整合创建农村创业创新园区。推动农村创业创新园区与互联网深度融合，大力发展直播带货、跨境电商等新业态，稳步扩大特色农产品网络销售规模。

（三）深入实施乡村建设行动，加快建设宜居宜业和美乡村

顺应农民群众对美好生活的向往，全面整治提升农村人居环境，建立健全乡村建设长效推进机制，推进城乡环境设施和基础设施一体化运行，推动乡村生产、生活、生态"三生融合"。

一是持续推进美丽乡村建设。健全生活垃圾城乡一体化处理体系，探索农村生活垃圾就地分类及资源化利用的有效途径，加快推进垃圾焚烧处理乡村全覆盖。巩固农村问题厕所排查整改成果，普遍建立厕所维修、粪污清掏、无害化处理、公厕管护和运行监管机制。因地制宜推广生活污水治理模式，合理布局排水管网，加强污水处理设施运行维护，确保处理后的污水达标排放。深入挖掘村庄特色和优势，提升创建标准和质量，打造更多美丽乡村精品村。按照统筹规划、连片建设、"三区"同建、"四村"联创的思路，布局创建一批国家级乡村振兴示范县和省级乡村振兴示范区，探索统筹推进乡村生产、生活、生态建设典型模式，示范带动全省乡村振兴。

二是推进农村基础设施提档升级。实施"四好农村路"提升工程，建

设改造一批农村公路，基本实现乡（镇）通三级及以上公路，20户以上自然村通硬化路。提升农村运输服务能力，大力推进城乡客运一体化，持续推动县城30公里范围内农村客运班线公交化改造。加快推进集中供水工程建设，健全饮水安全防贫监测和帮扶长效机制。

三是提升乡村宜居宜业水平。发挥农业特色产业和交通区位优势，统筹推进农村道路畅通工程、农产品仓储保鲜冷链物流建设工程和数字乡村发展工程，实现乡村建设与乡村发展的有机统一。适应大型农机、冷链厢式货车交通需求，优化粮食生产功能区、重要农产品生产保护区、特色农产品优势区道路交通布局，重点提升功能区之间支线道路畅通能力，选择一批基础好、发展快的农业县，按国家三级公路标准，改造提升乡村道路承载能级，构建干线支线无缝衔接、便捷高效的高等级交通网络体系。围绕县域特色优势产业集群，提升县域开发区和特色产业园区集聚带动和平台载体能力，促进仓储冷链物流设施向生猪、奶业、果品、蔬菜、水产等农业大县布局，提高冷链物流市场需求响应速度。加强与门户电商合作，共建区域性冷链物流中心，增强冷鲜农产品调拨供给能力，形成生产性设施建设与乡村产业互相嵌入的产业融合发展业态。推动5G网络向县城、物流中心覆盖，推动农业大县联合、农业园区联合，联合创建农业优势特色产业电商园区，培育区域性电商品牌，走"交通+冷链+电商"融合发展之路，促进"乡村建设+产业集群"协同共进。

（四）巩固拓展脱贫攻坚成果，提高脱贫地区和群众内生发展动力

全力推进巩固拓展脱贫攻坚成果同乡村振兴有效衔接，健全完善防返贫机制，实施开发式扶持，完善脱贫地区和群众自我发展、可持续发展的动力机制。

一是健全常态化帮扶机制。坚持"早、宽、简、实"，精准识别认定监测对象，因人因户实施帮扶救助，适时开展跟踪评估，牢牢守住不发生规模性返贫底线。集中开展脱贫人口务工就业情况摸底排查，推动实施"雨露计划+"就业促进联盟，规范提升就业帮扶车间管理水平，确保脱贫人口就

业规模稳定增长。持续加强科技帮扶，深入推行科技特派员制度，开展"科技助力乡村振兴行动"。

二是支持脱贫地区乡村特色产业发展壮大。尊重市场规律和产业发展规律，注重产业后续长期培育，实施特色种养业提升行动，完善全产业链支持措施，推动脱贫地区乡村特色产业振兴，以产业的持续壮大，增强当地的经济实力和活力。完善脱贫地区农产品和食品仓储保鲜冷链物流设施，鼓励农产品流通企业、电商、批发市场与区域特色产业精准对接。支持脱贫地区培育绿色食品、有机农产品、地理标志农产品，打造区域公用品牌，提升农产品市场影响力和占有率。

三是加大对重点区域的倾斜支持力度。完善巩固拓展脱贫攻坚成果同乡村振兴有效衔接示范区建设方式，进一步提高资金使用效益，推动衔接示范区发挥示范引领作用。加强易地搬迁后续扶持，持续推进示范安置区建设，加快推进大中型安置区城镇化进程。提升安置区社区管理服务水平，建立关爱机制，促进融入社会。

（五）多元化拓宽农民增收渠道，促进农民农村共同富裕

坚持以人民为中心，加大重点地区、重点群体支持力度，加快发展新型农村集体经济，多渠道增加农民收入，缩小农户间、村庄间发展差距。

一是推进农民收入扩中提低。深入挖掘农业内部增收潜力，因地制宜发展特色农业、高效农业、订单农业、休闲农业和乡村旅游，做大做强农业产业化龙头企业，促进产加销游全产业链一体化经营，拓展普通农户增收空间。完善农业转移人口就业政策，积极探索乡村公益性岗位就业、产业发展带动就业、劳务输出就业等模式，拓展乡村就业空间，增加农民工资性收入。健全增加农民财产性收入的政策措施，推进农村产权市场化，增加农民财产性收入。加大财政对农民的直接补贴力度，完善农村社会保障体系，增加农民转移性收入。聚焦乡村振兴重点帮扶县和易地扶贫搬迁集中安置区等的重点监测群体和脱贫人口，精准加大税收、社保、转移支付调节力度，扩大农村中等收入群体规模，着力增加低收入群体收入。

二是推动联村发展。探索实施"飞地抱团"、产业联合体、党建联盟等村域合作模式，带动周边村庄一体打造乡村振兴示范区和综合体，通过整合资源、统筹规划、错位发展、联建联享，实现不同类型村庄共同发展。加强联村发展示范带动，鼓励各地集体经济组织采取联建联营、股份合作等方式，开展跨区域、跨产业经营。支持经济强村与周边薄弱村共建项目、联合发展，引导先富带后富、强村带弱村。

（六）完善支持保护机制，推动农业农村优先发展

深化农业农村重点领域和关键环节改革，加大惠农强农富农政策支持力度，推动人、地、钱等生产要素向乡村有序流动，优化农业农村发展环境。

一是加大人才支持力度。实施新农人培养工程，积极培养新型职业农民，广泛开展农业实用技术和管理能力培训。提高支农政策透明度和知晓度，让每个有志于从事农业生产的农民都能充分享受政策利好。鼓励农民工返乡创业，支持发展农业规模经营、农产品电商和领办农民专业合作组织。支持城市优秀科技与管理人才下乡入乡，确有贡献的赋予农村集体经济组织权益。推广"龙头企业+合作社+基地+农户"经营模式，创建一批省级示范联合体和新型农业经营主体，引导广大农户融入产业链条。

二是强化资金支持。提高财政支农资金使用效益，针对重点产业、重点园区、重点主体实施一揽子、务实管用的资金支持政策，做到扶持一个、壮大一个、做强一个。推进农村普惠金融服务，围绕特色产业发展需求制定金融产品供给清单，推出政策性保险、担保融资、经营权抵押融资、农户小额信用贷款、数字农业贷款等金融服务，促进产业增长与金融支持良性循环。强化财政资金奖补引导，改善营商环境，提高公共服务水平，规范社会资本投资行为，有序引导社会资本投入乡村产业发展和乡村建设。

三是加强土地支持。利用北方农牧交错地带的天然地理优势，适度扩大草地、林地等生态农业用地面积，积极发展林果业和林下种养业。用好确权颁证成果，积极推广承包地经营权抵押贷款。开展农村宅基地规范管理和闲置宅基地盘活利用试点示范，形成一批实践经验和制度成果。加大乡村产业

用地供给，将合理的农产品加工、现代物流、乡村旅游等产业用地纳入年度用地计划，在建设用地指标上给予保障，针对专业农户、农业大户生产经营需求探索实施点状供地。

参考文献

康振海主编《河北省乡村振兴发展报告（2020—2021）》，河北人民出版社，2021。

河北省统计局、国家统计局河北调查总队编《河北统计年鉴2021》，中国统计出版社，2022。

彭建强：《扎实推进乡村全面振兴》，《河北日报》2022年1月7日。

张波：《加强农业全产业链建设　推动乡村产业发展壮大》，《河北日报》2022年6月1日。

分 报 告
Sub-Reports

B.2

2022~2023年河北省粮食生产形势
分析与预测

谢 蕾*

摘 要： 河北省高度重视粮食生产，精准落实国家粮食安全战略，坚持党政同责，扛起粮食安全的政治责任，将粮食生产面临的压力和挑战转换为提高粮食产能、增加农民收入的动力和策略。2022年，全省粮食播种面积、单位面积产量和总产量均较上年小幅增长，开展了大豆玉米带状复合种植试点，粮食产能位居全国上游水平。粮食增产原因主要为惠农政策措施得力、田间管理精准到位、气象条件总体有利、病虫草害防治实行统防统治、农资保供充足有力。2023年，河北省将持续加大财政投入力度，用好农业生产救灾资金、落实种粮农民一次性补贴政策，统筹协调全省粮食生产相关工作，全省粮食生产有望再上新台阶。

---

* 谢蕾，国家统计局河北调查总队农业调查处四级调研员，主要研究方向为粮食统计调查。

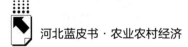

关键词： 粮食安全 复合种植 精准管理 统防统治

2022 年，河北省委、省政府认真贯彻国家粮食安全战略，坚持把保障粮食安全摆在突出位置，持续加大粮食生产扶持力度，加强耕地保护和质量建设，改善农业生产条件，积极应对天气等复杂因素影响，多措并举、精准发力，粮食生产形势总体良好，实现了全年粮食丰产增收。2022 年，河北省粮食总产量为 3865.06 万吨（773.01 亿斤），比上年增加 39.98 万吨（8.0 亿斤），连续 10 年稳定在 700 亿斤以上。①

一 粮食生产总体情况

（一）稳定粮食播种面积，夯实粮食安全根基

近年来，河北省严格落实耕地保护制度，充分调动农户生产积极性，全力稳住粮食播种面积。2022 年，河北省粮食播种面积 6443.78 千公顷（9665.67 万亩），较上年增加 15.17 千公顷，保持稳步增长态势。其中，夏粮播种面积 2271.64 千公顷，较上年增加 0.82 千公顷，增长 0.04%；秋粮播种面积 4172.14 千公顷，较上年增加 14.35 千公顷，增长 0.35%。

（二）持续强化科技带动，支撑粮食高产稳产

河北省高度重视增加农业科技投入工作，持续强化科技推广对粮食生产的支撑作用，加强耕地土壤改良、地力培肥和治理修复，大规模应用优良品种，稳步推进高标准农田建设，农业生产条件和综合生产能力有效提升。2022 年，河北省粮食单位面积产量为 399.88 公斤/亩，较上年每亩增加 3.2 公斤，连续 4 年保持涨势。其中，夏粮单位面积产量为 436.24 公斤/亩，比

---

① 本报告河北省粮食生产数据来源于国家统计局河北调查总队。

上年每亩增加 0.95 公斤，连续 4 年上涨；秋粮单位面积产量为 380.08 公斤/亩，比上年每亩增加 4.49 公斤。

（三）稳固提升粮食产能，筑牢大国粮仓基础

各级政府高度重视粮食安全，兴修农业基础设施，加大政策补贴力度，政策叠加效应显现，农民种粮积极性得到有效激发和保护，粮食生产能力在稳固基础上又有新提升，粮食产量实现稳定增长。2022 年，河北省粮食总产量为 3865.06 万吨，比上年增加 39.98 万吨，连续 4 年产量稳步提升，创近 10 年产量新高。其中，夏粮产量为 1486.46 万吨，较上年增加 3.78 万吨；秋粮产量为 2378.61 万吨，较上年增加 36.19 万吨。

（四）稳住品种优化结构，提高粮食保障能力

各级政府积极落实和广泛宣传各项种粮补贴等支农政策红利，农户种粮积极性明显增强。在稳定主要粮食品种种植面积的基础上，进一步优化种植结构，开展大豆玉米带状复合种植试点，扩大小麦新品种种植面积，提升种植效益，带动农民增收，提高粮食和重要农产品供给保障能力。2022 年，河北省主要夏粮品种小麦播种面积为 2247.3 千公顷（3370.97 万亩），较上年增加 0.71 千公顷，增长 0.03%；产量为 1474.6 万吨，较上年增加 5.44 万吨，增长 0.37%；单产为 437.44 公斤/亩，较上年增加 1.48 公斤/亩，增长 0.34%。主要秋粮品种玉米播种面积为 3455.87 千公顷，较上年增加 1.76 千公顷，增长 0.05%；产量为 2094.70 万吨，较上年增加 27.93 万吨，增长 1.35%；单产为 404.09 公斤/亩，较上年增加 5.19 公斤/亩，增长 1.30%。在大豆玉米带状复合种植技术推动下，全省 2022 年大豆种植面积较上年增加 47.32 万亩，产量增加 6.7 万吨。

（五）稳步推进复合种植，提升种植效益

为加快农业供给侧结构性改革，扩大大豆和油料种植面积，提高粮油作物种植效益，大豆玉米带状复合种植不仅可以充分发挥边行优势，还可以实

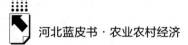

现玉米生产稳定、大豆总体产量提高的效果。2022年大豆玉米带状复合种植面积为102.43万亩，其中玉米种植面积为54.96万亩，大豆种植面积为47.47万亩；大豆玉米带状复合种植总产量为42.74万吨，其中玉米产量为36.00万吨，大豆产量为6.74万吨。

二　与全国其他粮食生产区域比较情况

2022年，河北省粮食播种面积、单产、总产量呈现"三增长"，其中，播种面积和总产量增长趋势与全国保持一致，在全国处于上游水平。

从播种面积看，河北省粮食播种面积（6443.78千公顷）在全国居第7位，与上年相同。与周边省区市相比，小于河南（10778.4千公顷）、山东（8372.2千公顷）、内蒙古（6951.8千公顷），大于辽宁（3561.5千公顷）、山西（3150.3千公顷）。

从总产量看，河北省粮食总产量（3865.06万吨）在全国居第7位，较上年提高1个位次。与周边省区市相比，低于河南（6789.4万吨）、山东（5543.8万吨）、内蒙古（3900.6万吨），高于辽宁（2484.5万吨）、山西（1464.3万吨）。

从单产看，河北粮食单产（5998.1公斤/公顷）在全国居第12位，较上年提高1个位次。与周边省区市相比，低于辽宁（6976.1公斤/公顷）、天津（6802.1公斤/公顷）、山东（6621.6公斤/顷）、河南（6299.1公斤/公顷），高于内蒙古（5610.9公斤/公顷）、山西（4647.9公斤/公顷）。

三　粮食增产因素分析

（一）惠农政策措施得力，各地种粮积极性普遍提升

2022年，河北省委、省政府高度重视粮食生产工作，成立了推进粮食生产工作领导小组，持续加大财政投入力度，用好农业生产救灾资金，落

实种粮农民一次性补贴政策，稳步推进三大粮食作物完全成本保险和种植收入保险工作，支持农民积极进行粮食种植，统筹协调全省粮食生产相关工作。各级政府主管部门精准落实国家粮食安全战略，扛起粮食安全政治责任，做好各项惠农政策普及解读和科技政策宣传推广，帮助农户提高粮食安全意识，反映、指导、解决生产中遇到的实际问题，有效调动农民种粮积极性。粮食价格走高，加上政策性补贴和农业保险的保障，农户种植收益稳中有增。

（二）积极落实"藏粮于技"，精准施策管理到位

普遍选用高产、稳产、抗逆的优良品种，大中型种肥同播精量播种机的推广使用，为一播全苗和合理密植奠定了基础，苗情显著提升。通过加强田间管理和技术指导服务，持续跟踪苗情变化，分类别、分区域、分时节制定技术措施，面对面指导农民紧盯作物生长关键时期，实施精准管理，同步开展小麦春季肥水管理、一喷三防、大豆玉米带状复合种植植保等作业，充分发挥了技术、管理对粮食增产的支撑保障作用。

（三）气象条件总体有利，满足生长期需求

生长期光温适宜、降水充沛、墒情适宜，全省平均气温接近常年，光温条件和水分条件适宜作物生长发育。全年未发生大面积干旱、洪涝、风雹等灾害，气象灾害总体偏轻。

（四）加强病虫草害监测预警，开展统防统治

2022年河北省天气以晴好为主，连续阴雨天较少，有效防止了病害侵染和传播。各级植保机构加大宣传培训力度，加强有害生物预测预报和防控，制发病虫草害发生趋势与防控意见、病虫害防控技术方案等，对病虫草害防治进行安排部署。充分动员植保专业化服务组织，大力推进统防统治、群防群治和联防联治。从实地观察来看，田间病虫草害发生整体较轻。

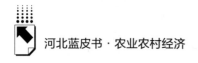

（五）农资供应充足，机械服务到位

在保证粮油作物种子、化肥、农药、农用柴油等农资供应充足的同时，落实落细农机管理服务措施，全面推广使用小麦联合收获、玉米施肥播种复式作业机具，推行收获、整地、播种"一条龙"技术模式，提升作业效率，提升粮食收获质量，降低机收损失，确保颗粒归仓。

四　2023年粮食生产形势预测

河北省委、省政府高度重视粮食生产工作，持续加大财政投入力度，用好农业生产救灾资金，落实种粮农民一次性补贴，统筹协调全省粮食生产相关工作。各级政府主管部门精准落实国家粮食安全战略，坚持党政同责，将稳定粮食生产纳入乡村振兴战略实绩考核，扛起粮食安全的政治责任，将粮食生产面临的压力和挑战转换为提高粮食产能、增加农民收入的动力和策略，制定秋冬播、春夏播工作方案，落实粮食播种面积，进一步筑牢粮食安全防线。

（一）夏粮生产

河北省夏粮主要品种冬小麦在10月底基本播种完成，进度与常年基本持平，播种面积稳中略增。这段时间全省大部气温接近常年，日照充足，光温条件可以满足冬小麦出苗以及苗期生长。据调查，2022年主产区小麦适期适墒播种比例高，大部分地区出苗整齐均匀，苗情长势总体较好。从目前情况看，受秋季"温高水多"、冬季"前暖后寒"影响，主产区小麦越冬期推迟，有利于弱苗转化，但增加了小麦旺长、病虫草害和冬春冻害发生的风险。针对当前气象条件和小麦苗情，围绕控旺长、防冻害、防病虫"一控两防"，强化田间管理，着力病虫防控，培育冬前壮苗，促弱转壮，确保小麦安全越冬，为2023年小麦丰收奠定苗情基础。开展日常苗情监测、天气监测、病虫害监测，针对小麦各时期生长情况及遇到的问题，农业部门分类别、分区域、分时节制定技术措施，为冬小麦和粮食生产提供科技支撑，助力夏粮稳产增收。

（二）秋粮生产

河北省秋粮主要品种玉米，近年因价格上涨及收益看好、生产管理简便、抵抗风险能力高等特点，播种面积稳定增加。近年河北省玉米普遍选用高产、稳产、抗逆的优良品种，推广旱地春玉米全膜覆盖双垄沟播技术，普及推广夏玉米种肥同播一体播种机以及深松施肥播种技术、缓控释肥等关键技术，使得主要秋粮作物玉米播种质量高、长势均衡一致。加上种子包衣、药剂拌种、夏玉米播后化学除草、春玉米全膜覆盖和病虫绿色防控技术大面积应用，有害生物预测预报和防控及时到位，作物田间病虫草害发生整体可控，如不遇大的自然灾害和极端天气，玉米单位面积产量有望继续增长。

综上分析，对粮食作物的播种情况以及分阶段生长情况进行密切监测，对异常天气、病虫草害等灾情及时发布预警信息，及时进行田间调查指导，开展统防统治，保障农用物资供应充足，稳定农资价格，增强农用机械服务，多措并举、科技赋能，预计全年粮食生产有望再上新台阶。

参考文献

王雪朋：《牢牢把住粮食安全主动权》，《前线》2022年第4期。
郝东伟：《我省6246万亩秋粮长势总体良好》，《河北日报》2020年8月18日。

B.3

2022~2023年河北省畜牧业产销形势分析与预测

穆兴增 赵学风 杨丹 王若丞*

摘 要： 2022年河北省畜牧业发展呈现生猪量价齐增、奶业振兴加快、牛羊稳中有增、家禽业持续向好的年度特征。根据国家统计局河北调查总队公布的季度生产数据、农业农村部河北30个价格监测县价格周报数据及国家调控政策综合研判，猪价进入12月环比会持续下行，但受国际大宗商品和能源价格上涨等成本增加因素影响，价格继续下降空间不会很大；奶业发展成效显著，受成本及国际形势影响，后市预测生鲜乳价格有稳中上扬趋势；蛋鸡存栏增长明显，鸡蛋价格持续高位震荡，预计后市不会出现暴跌暴涨，将维持在10元/公斤左右，2023年蛋鸡养殖将维持合理盈利水平；牛羊肉生产稳中有增，价格前降后涨，受经济下行、消费普遍不足、进口牛肉冲击的影响，2023年牛肉价格将持续高位运行，但价格涨幅有限，大概率低于2022年，养殖效益一般。本报告还对河北畜牧业发展机遇与挑战进行了综合分析，提出了相应的对策措施与政策建议。

关键词： 畜牧业 产销形势 畜产品价格 产业政策 河北省

---

* 穆兴增，河北省社会科学院农村经济研究所研究员，主要研究方向为农业农村经济、畜牧经济；赵学风，河北省畜牧总站高级经济师、农业技术推广研究员，主要研究方向为畜牧经济；杨丹，河北省畜牧总站畜牧师，主要研究方向为畜牧经济；王若丞，河北省畜牧良种工作总站畜牧师，主要研究方向为畜牧经济。

一 年度特征与总体运行态势

2022年以来，全省各级农业农村部门全面落实中央和省农村工作决策部署，坚持稳中求进总基调，统筹疫情常态化防控和畜牧业高质量发展，克服养殖成本上涨和需求收缩的不利局面，积极应对俄乌冲突导致国际形势更趋复杂以及大宗商品价格上涨和全球性通货膨胀带来的各种不利影响，有力落实稳产保供、助企纾困等支持畜牧业发展的各项政策措施，积极疏通产业链卡点堵点，全省畜牧业保持平稳健康发展。根据国家统计局河北调查总队数据：2022年前三季度，全省肉类、禽蛋、牛奶产量均保持增长，肉类产品产量为361.7万吨，同比增长3.8%；禽蛋产量为305万吨，同比增长4.4%；生鲜乳产量为414.5万吨，同比增长10.8%。畜牧业总体生产形势呈现生猪量价齐增、奶业振兴加快、牛羊稳中有增、家禽业持续向好的年度特征。预计2022年底，猪牛羊禽肉产量将达483万吨，同比增长4.8%。其中，猪肉产量为280万吨，增长5.4%；牛肉产量为58万吨，增长3.9%；羊肉产量为35万吨，增长3.2%；禽肉产量为110万吨，增长4.2%。禽蛋产量为390万吨，持平略增。生鲜乳产量为540万吨，增长8.3%。2023年将进一步提质增效、调结构、稳产能，推进畜禽养殖业高质量发展，助力乡村振兴。预计肉、蛋、奶产量将分别达到470万吨、390万吨、570万吨，保障畜产品稳定供应。

二 主要畜禽产销形势

（一）生猪生产量价齐增

1. 生猪生产向好

2021年6月生猪生产基本恢复到正常年份水平，随着市场猪肉供应日趋宽松以及消费萎缩，价格出现连续下跌，产能加快出清。2022年5月生猪价格触底反弹，进入上升通道。自2022年6月开始，生猪养殖转入合理盈利区间，补栏扩产积极性上涨，生猪生产持续向好。直联直报平台监测的规模猪场能繁母猪存栏进入6月同比转正，之后持续增长，到11月，较上年同期增长9.7%，较年初增长18.4%，显示生猪产能持续增加。上半年，生猪出栏增幅较大，尤其是1~5月累计出售商品猪同比增长15.4%。5月购入大中猪数量开始增加，当月同比增长62.2%，到10月规模场购入大中猪累计数量同比增长121.5%，说明养殖场（户）看好后市，补栏热情较高，压栏、二次育肥现象增多。根据国家统计局河北调查总队提供的数据，2022年第三季度末生猪存栏1858.4万头，其中能繁母猪存栏187.1万头，同比分别增长3.3%和基本持平；生猪出栏2699.9万头，猪肉产量211.7万吨，同比分别增长3.1%和3.6%。2022年底，预计生猪存栏达到1900万头，其中能繁母猪存栏190万头，生猪出栏3700万头。

2. 生猪价格前低后高

2022年伊始猪价延续下行态势，3月触底反弹，最低点为12.11元/公斤，4月明显抬升，5月平缓上涨，6月下旬至7月上旬受市场看涨情绪影响，压栏、二次育肥现象增多，刺激猪价阶段性大涨。但生猪产能仍然在合理区间，猪价缺乏大幅上涨的基础，7月冲高回落，8月窄幅震荡调整，中秋节前猪肉需求放量，拉动猪价攀升，到10月猪价达到年内最高点（26.87元/公斤），之后猪价高位下行（见图1）。第48周（12月初）全省生猪、猪肉、仔猪均价每公斤分别达到23.1元、38.6元和42.1元，同比分别上涨31.2%、43.1%和79.50%。

从全年看，生猪年均价为18.61元/公斤，玉米年均价为2.84元/公斤，全年平均猪粮比价为6.6，生猪养殖总体上保本微利运行。1~3月猪粮比价从5.4降到4.3，出栏1头猪亏损近千元。进入4月开始回升，7月猪粮比价达到7.9，开始进入高盈利阶段，10月达到9.3（见图2），出栏1头猪盈利约1200元。

3. 后市预测

综合判断，当前价格高位盘整，国家为了控制CPI过快增长，通过投放冻储等方式平抑猪价，进入12月猪价环比持续下行。元旦和春节的消

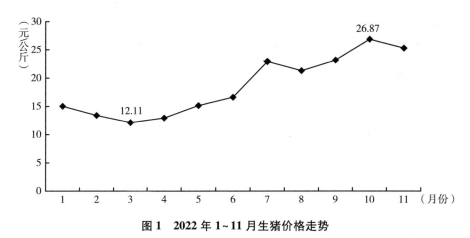

图1 2022年1~11月生猪价格走势

资料来源：农业农村部河北30个价格监测县价格周报。

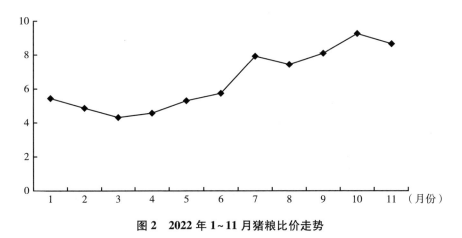

图2 2022年1~11月猪粮比价走势

资料来源：农业农村部河北30个价格监测县价格周报。

费节点价格虽有可能反弹，但大幅上涨的可能性不大。虽然疫情在一定程度上影响了生猪养殖的增量，但是能繁母猪产能增加为2023年猪价下行埋下了伏笔，同时，受国际大宗商品和能源价格上涨等成本增加因素影响，价格继续下降空间不会很大，总体将在成本线上方运行，大概率在每公斤15~25元区间。根据8~11月仔猪出生量测算，2023年2~5月，生猪供应量大于往年约5%，猪价下行空间有限。随着"精品肉工程"和

"千亿级工程"的推进，2023 年生猪生产将维持三个特点。一是稳产保供无虞。能繁母猪存栏保持较高水平，为稳定生猪生产奠定了坚实基础。各民生部门继续着力完善跨周期调节机制，降低猪周期价格波动幅度，保障市场供应。二是优势集聚区效应显现。继续坚持生猪及产品调出区定位，生猪养殖向环境承载空间大的地区转移，牧原、新希望、温氏等大型猪企充分发挥资本优势、技术优势和市场优势提高市场占有率，在一定程度上主导猪价"话语权"。同时财政资本继续扶强扶优，养殖大县和优势企业继续优先得到支持。三是养殖成本维持高位。根据农业农村部直联直报系统数据，规模场全年养殖成本为 16 元/公斤，较上年增加了 0.29 元/公斤。受疫情和当前纷繁复杂的国际局势影响，大宗商品价格走高及通货膨胀预期不减，叠加人工成本持续走高和各种猪病造成的死淘率走高，生猪养殖成本将继续走高。

（二）奶业振兴加快

1.奶业发展成效显著

近年来，河北省认真贯彻落实习近平总书记对河北奶业发展做出的一系列重要指示，制定实施了多项奶业发展政策和措施，出台了《河北奶业振兴规划纲要（2019—2025 年）》，2022 年以省政府办公厅名义制发了《关于进一步强化奶业振兴支持政策的通知》，奶业实现了从重创到稳定、从稳定到巩固、从巩固到步向振兴的巨大转变。在多年的不懈努力下，河北省成为全国重要的生鲜乳生产基地，生鲜乳产量和奶牛存栏多年来一直位列全国前三，乳制品产量连续 8 年全国第一。河北省奶业发展呈现三个特点。一是奶牛养殖水平全国领先。全省 100 头以上规模养殖场占比100%，高出全国平均水平 30 个百分点，奶牛场智能化率达到 93%以上。在赞皇县建有全国唯一的机器人挤奶家庭牧场，在威县建成全国规模最大的万头 A2 基因奶牛核心群。奶牛平均单产为 8.8 吨，高出全国平均水平0.1 吨。生鲜乳主要指标均优于欧盟标准。二是乳制品加工能力全国领先。2022 年 11 月，全省有乳制品加工厂 46 家，日处理生鲜乳能力为 2.4 万吨。伊利、蒙牛等国内知名乳企在河北省投资建厂，本土企业君乐宝成长迅速。三是奶牛种业发展快。建成全国规模最大、设备最先进的奶牛生产性能测定中心，年测定奶牛20万头以上，测定数量全国第一。

截至2022年第三季度末，全省奶牛存栏150万头，生鲜乳产量累计达到414.5万吨，同比分别增长7.1%和10.8%。乳制品产量达到287.65吨，减少2.4%。预计2022年生鲜乳产量将达到540万吨，奶牛存栏将达到151万头。2023年，全省奶牛存栏将达到155万头，生鲜乳产量将达到570万吨，全产业链产值将达到840亿元。

2. 生鲜乳价格平稳回落

受消费拉动，2019年以来生鲜乳价格维持较高水平，奶业发展进入新阶段，消费成为驱动奶业发展的原动力，由于疫情对经济的影响，消费增量不及奶源供应增量，加上进口冲击，2022年以来奶价下滑。据调查，自7月开始，乳企"喷粉"现象增多，传统的消费旺季没有到来。2022年生鲜乳价格呈持续回落和小幅回升状态，总体波动不大，全年均价为4.01元/公斤，较上年同期下降6.6%。2月出现年内最高点，随后缓慢下降，8月到最低点（3.95元/公斤），之后缓慢回升（见图3），第48周（12月初）回升到4元/公斤，同比下降3.4%。生鲜乳价格下滑，饲料价格上涨，奶牛养殖效益有所降低。按当前行情，不计算固定资产折旧，按单产8.8吨计，头均盈利约3200元；按照公斤奶全成本3.9元测算，2022年的奶牛养殖保本微利。

3. 后市预测

预计2023年生鲜乳价格继续平稳略增，整体在4元/公斤以上，如果不发生大的突发事件，不会出现大跌行情。原因有三：一是俄乌冲突持续加剧及国际大宗商品价格走高，拉动进口奶粉价格走高，按照当前价格，大包奶粉到岸价成本折合生鲜乳约3.7元/公斤，与国内生鲜乳价差进一步缩小，进口奶冲击将进一步减弱；二是国内疫情影响逐步减弱，拉动消费回升；三是饲料价格持续高位运行，加之人工、防疫成本增加，养殖成本增加对奶价形成支撑。

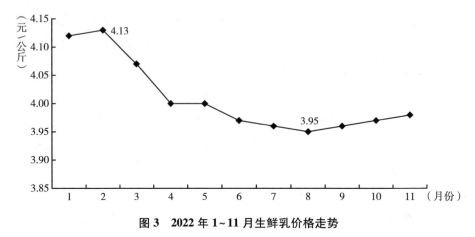

图3 2022年1~11月生鲜乳价格走势

资料来源：农业农村部河北30个价格监测县价格周报。

（三）蛋鸡存栏增加，蛋价高位运行

1. 存栏增长

受上年高蛋价带动，2022年养殖场（户）补栏增加。由于大中型养殖企业的抗风险能力较强，规模化效应较明显，存栏规模较为稳定，2022年基本上都满栏生产。受养殖观念影响，蛋鸡养殖分工更加精细，2022年青年鸡市场继续保持增长势头。第一、二季度的存栏量基本保持在正常年份的95%以上，第三季度也在90%以上，对维持行业的相对稳定起到了"压舱石"的作用。根据农业农村部直联直报平台蛋鸡场（设计存栏20000只以上）监测数据：11月蛋鸡存栏比上年同期增长13.4%，环比上月增长3.5%。其中，产蛋鸡存栏同比增长7.9%，环比增长3.7%；后备鸡存栏同环比分别增长49.2%、2.5%。根据国家统计局河北调查总队数据，第三季度末全省蛋鸡存栏2.77亿只，禽蛋产量为305万吨，分别比上年同期增长10.5%和4.4%。预计年底全省蛋鸡存栏稳定在2.8亿只左右，累计禽蛋产量为390万吨。2023年蛋鸡生产继续保持平稳运行，存栏和蛋产量与2022年基本持平。

2. 鸡蛋价格高位运行

1月蛋价下行，2月跌至全年最低价（8.84元/公斤）（见图4），3月初

开始反弹，"五一"期间冲到 10.8 元/公斤，6 月底回落到 9 元/公斤。7 月开始受猪肉价格快速上涨拉动，蛋价进入持续上涨周期，11 月初升到 12.40 元/公斤，之后出现缓慢回落，第 48 周鸡蛋价格为 11.9 元/公斤，同比上涨 10.1%，环比上周下降 0.4%。1~11 月，全省平均蛋价为 10.25 元/公斤，同比上涨 11%。按此价格，一个产蛋周期每只鸡产蛋 21 公斤，雏鸡费 3 元/只，全程饲料成本约为 175 元，防疫费为 5 元/只，人工、水电、死淘、维修等费用为 5 元/只，固定资产折旧为 5 元/只，淘汰鸡为 15~20 元，一只鸡总收入为 230 元左右，总支出为 195 元，每只蛋鸡一个养殖周期可盈利 35 元左右，是近年少有的行情。

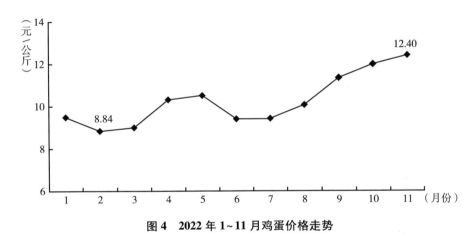

图 4　2022 年 1~11 月鸡蛋价格走势

资料来源：农业农村部河北 30 个价格监测县价格周报。

3. 后市预测

随着防疫政策的调整及元旦、春节消费量增加拉动，预计春节前蛋价仍将维持高位运行。环保高压及确保口粮安全等政策因素，或将进一步影响蛋鸡生产扩能，生产和消费大概率维持相对平衡状态。规模饲养比例的增加及单体养殖体量的增加等多种因素叠加，预计 2023 年鸡蛋生产和市场供应不会出现较大变化，鸡蛋均价或将维持在 10 元/公斤左右，不会出现暴跌暴涨。养殖成本的增加在一定程度上抵消了部分养殖利润，2023 年蛋鸡养殖将维持合理盈利水平。

（四）肉牛、肉羊生产稳中有增，价格前降后涨

1.肉牛

河北省是全国重要的肉牛生产基地，犊牛和架子牛专业育肥发展比较成熟。多年来牛肉产量稳居全国前4位。2015年以后，随着国家粮改饲政策和产业扶贫政策的推动，肉牛产业获得了新的发展动力。2018年开始的非洲猪瘟疫情给生猪生产带来较大冲击，也为肉牛产业快速发展提供了机遇，产业扶持政策不断向繁育母牛饲养环节倾斜，牛肉和育肥牛价格屡创新高，养殖效益稳步增长，大量社会资本涌入。截至2022年第三季度末，全省肉牛存栏224.5万头，出栏287.8万头，牛肉产量达到46.9万吨，同比分别增长9.9%、5.4%和6.5%。到2022年底，预计全省肉牛存栏将达到228万头，出栏将达到345万头，牛肉产量将达到58万吨，分别比上年增长1.3%、1.0%和1.5%。2023年预计肉牛存栏将达到230万头，出栏将达到346万头，肉牛生产保持平稳增长。

当前肉牛养殖呈现三个特点。首先是发展基础好。一是养殖传统悠久。北部农牧交错带和半农半牧区有悠久的肉牛养殖传统，中南部广大农区有较长的役用牛养殖历史，肉牛养殖有很好的群众基础。二是饲料供应充足。河北地貌多样、物产丰富，玉米种植面积达5000多万亩，专用饲草料以及秸秆、糠麸、糟粕等农林副产品产量大。三是区位优势明显。河北省北接内蒙古草原，环抱京津城镇人口密集区，为育肥场外购架子牛和牛肉产品尤其是高端牛肉产品提供了便利。年供北京牛肉10.5万吨，约占北京牛肉市场的70%。其次是养殖水平向好。一是良种全面推广。规模养殖场良种覆盖率达100%，全省90%以上的肉牛为西门塔尔，还有少量和牛、安格斯等优良品种。二是规模化水平明显提高。规模占比由2018年的22.0%增长为37.8%。三是机械化水平快速提升。规模养殖场TMR（全混合日粮）机械配置比例由2018年的25%提高到33%，粪污处理设施装备配套率由2018年的90%提高到100%。最后是产业链条健全。一是种业企业快速成长。河北省现有2家肉牛育种场（张北华田牧业科技有限公司、河北天和肉牛养殖有限公司），均为国家级核心育种场；有3家种公牛站〔河北品元生物科技有限公

司、秦皇岛农瑞秦牛畜牧有限公司、亚达艾格威（唐山）畜牧有限公司]，其中河北品元生物科技有限公司被列为国家畜禽种业阵型企业。二是屠宰企业聚集发展。全省有肉牛定点屠宰企业90家，设计年屠宰能力近300万头，形成以三河、大厂、香河为代表的京东肉牛屠宰产业带，屠宰量占全省的40%以上。三是产业融合更加紧密。全省现有省级以上肉牛龙头企业16家、产业化联合体5家，三河福成、定兴燕园等一批企业全链条发展，种植、养殖、屠宰、加工、餐饮各环节之间深度融合。

2. 肉羊

受过去5年羊价上涨效益激增的刺激，河北省肉羊生产持续快速增长，2022年第三季度末，全省肉羊存栏1537.0万只，出栏1902.3万只，羊肉产量达26.3万吨，同比分别增长6.0%、12.9%和12.5%。到2022年底，预计全省肉羊存栏将达到1550万只，出栏2550万只，羊肉产量将达35万吨，分别比上年增长17.0%、4.5%和3.2%。2023年预计肉羊存栏将达到2580万只，出栏2600万只。肉羊生产继续平稳增长。当前河北省肉羊发展呈现三个特点。一是肉羊种业全国领先。河北省现有肉羊国家级核心育种场1个（衡水志豪畜牧科技有限公司）、省级种羊场3个（衡水志豪畜牧科技有限公司、河北唯尊养殖有限公司、宽城立东养殖有限公司）、市级种羊场17个，年生产种羊6万余只。有小尾寒羊、承德无角山羊、燕山绒山羊、太行山羊和河北奶山羊5个地方品种，又引进了无角陶塞特羊、萨福克羊、杜泊羊和波尔山羊等国际优良品种，是全国肉羊品种资源较多的省份之一。衡水志豪培育、优化和提纯河北省优良地方品种小尾寒羊，成为国家38家肉羊核心育种场之一。饶阳唯尊利用高繁地方品种和国外肉羊品种开展四元杂交育种，已纳入河北省种业振兴计划。二是肉羊育肥全国领先。唐县充分利用饲料资源和区位优势，建成全国最大的肉羊育肥生产基地，每年出栏肉羊近400万只。卢龙、昌黎、邱县等培育了一批肉羊育肥重点乡镇，年出栏肉羊155万只。肉羊育肥带动了饲料加工业、屠宰加工业、运输业和餐饮业等相关产业的发展。三是区域品牌影响力大。河北省的肉羊育肥在唐县，羊绒加工在清河，羊皮加工在辛集，草原羊肉在坝上，羊产品地域特色强，在全国影响力大。此外，河北省养羊企业品牌意识强，培育出宣化"兰海奥祥"、武邑"冠扬"、唐县"瑞得丽"等在国内具有一定影响力的羊肉品牌。

3. 牛羊肉价格高位调整

牛肉价格走势有较为明显的季节性波动特征，一般春节前会有一定的涨幅。2021年已出现上涨乏力的现象，年末较年初高点低了2元多。2022年前9个月牛肉价格走势与2021年同期类似，春节期间达到高点（76.5元/公斤），到7月底下降到73.55元/公斤，在中秋节日消费提振下，9月升到74.49元/公斤，之后继续上涨（见图5），第48周牛肉均价为74.58元/公斤，同比下降0.3%。活牛价格1月底为35.0元/公斤，后持续探底，6月末降到33.4元/公斤，9月初小幅上涨到33.7元/公斤。第48周活牛均价为34.4元/公斤，同比上涨0.5%。按当前行情，肉牛专业育肥每头纯利润为2000~3000元；自繁自育出售架子牛每头盈利为4000元左右，低于上年。

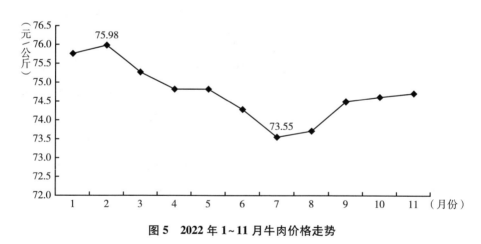

图5　2022年1~11月牛肉价格走势

资料来源：农业农村部河北30个价格监测县价格周报。

2021年羊肉价格明显高位回调，2022年2月中旬涨到78.46元/公斤，之后一路下行，到7月底跌至全年最低点72.54元/公斤，之后开始反弹，11月达到75.32元/公斤（见图6）。当前羊肉价格为75.6元/公斤，同比下降1.4%。活羊价格走势与羊肉基本一致，7月降到26.0元/公斤，较年初高点降幅达到18.2%，11月回升到27.8元/公斤，同比下降0.9%。

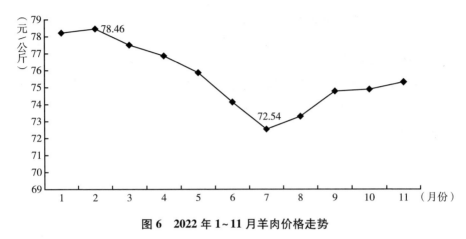

图6 2022年1~11月羊肉价格走势

资料来源：农业农村部河北30个价格监测县价格周报。

随着羊价下跌和养殖成本上涨，肉羊养殖行情不及上年。按照当前行情测算，玉米2900元/吨，豆粕4400元/吨，全株青贮800元/吨，花生秧也高达1000元/吨，肉羊从12~20公斤育肥到50~60公斤出栏，育肥周期为4~6个月，不计算其他成本，每只羊纯利润为200元左右；自繁自养13个月出栏，每只利润300元。养殖收益远低于上年。

4. 后市预测

肉牛养殖量增加，加上进口牛肉大幅增加，前7个月全国进口牛肉同比增长7.4%，同时受疫情影响，牛肉消费疲软，造成牛肉和活牛价格低于上年同期。随着疫情缓解，进入消费旺季，牛肉价格有望站到75元/公斤以上。但经济下行，居民普遍消费不足，同时面临进口牛肉的冲击，预计牛肉价格涨幅有限，大概率低于上年。2023年牛肉价格将持续高位运行，在70~80元/公斤波动，养殖效益一般。

入冬以后，羊肉进入传统消费旺季，加之春节消费季到来，预计后期羊价仍有上升空间，春节前，全省羊肉均价将站稳在76元/公斤以上，高点或将达到80元/公斤。2023年，预计羊肉价格将平稳运行，整体在75~80元/公斤波动。

（五）肉鸡生产量增价稳

1. 肉鸡养殖量增加

从全省总体情况看，从 2022 年 2 月底开始到 4 月中旬，市场需求不旺，活鸡出栏较少，同时受疫情影响，肉鸡补栏进程被打乱，种鸡淘汰较多，在产父母代种鸡锐减，鸡苗供应减少；养殖成本升高，养鸡户进鸡积极性不高。上半年，全省存栏肉鸡 7200.7 万只，同比减少 9.1%。4 月中旬后活鸡出栏量减少，夏季活鸡养殖难度大，鸡苗补栏积极性不高，且从 5 月开始需逐渐减密放养，导致 7~8 月活鸡出栏量相对较少（但比 4~6 月偏多），随着猪肉价格走高，肉鸡养殖量开始增加。根据国家统计局河北调查总队数据，2022 年第三季度末，全省肉鸡存栏 8513.2 万只，同比增长 1.2%。根据农业农村部肉鸡规模场监测数据，全省 60 家规模肉鸡养殖场出栏数同比增加 43.6%，进雏数同比增加 41.5%。规模场监测数据显示，河北省肉鸡养殖水平有所提高，出栏天数为 42.2 天/批，较上年同期的 44.8 天/批减少了 2.6 天/批。

2. 价格持续上行

2022 年第一季度市场活鸡价格在 8 元/公斤上下窄幅震荡，6 月初活鸡出栏量少，价格提高到 9.6 元/公斤，9 月初平稳在 9.3 元/公斤左右。据对玖兴集团的调查，主要产品价格呈现明显上涨势头。冻大胸价格 1 月为 9.7 元/公斤，5 月涨到 10.3 元/公斤，9 月升到 11.1 元/公斤；冻排腿由 1 月的 11.4 元/公斤涨到 5 月的 12.6 元/公斤，9 月为 12.7 元/公斤。

鸡肉价格年初短暂下行到 15.99 元/公斤，之后一路上行，8 月出现短暂回调，8 月均价为 17.28 元/公斤，之后继续上行，11 月鸡肉价格达到 18.55 元/公斤（见图 7）。第 48 周，随着猪肉价格下行调整，鸡肉价格随之小幅下行，达到 18.4 元/公斤，同比增长 16.1%。通过对 60 家规模养殖场进行测算，2022 年每只鸡平均销售收入是 29.3 元，较上年的 28.1 元增加 1.2 元，鸡苗按照 3 元每只测算，每只鸡平均成本为 24.8 元，较上年同期增加 0.3 元。照此测算，出栏 1 只鸡的收益在 1.5 元左右。

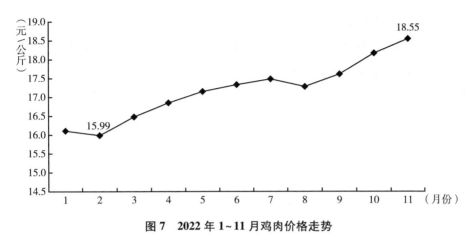

图 7 2022 年 1～11 月鸡肉价格走势

资料来源：农业农村部河北 30 个价格监测县价格周报。

3. 后市展望与预测

从种鸡的情况来看，父母代种鸡上半年淘汰较多，下半年鸡苗供应增加有限；白羽祖代种鸡引种量自 2021 年 11 月开始处于较低水平，尤其是 2022 年第二、三季度受到国外禽流感的影响，祖代种鸡引种量处于历史低位。按扩繁周期测算，预计 2023 年上半年活鸡供应将出现明显减量。第四季度猪肉价格走高，对鸡肉价格形成支撑，春节前鸡肉价格将维持较高价位水平。2023 年鸡肉价格受引种限制，难以形成大规模增量，预计价格会随猪肉价格波动，受成本支撑，大概率会在 15～20 元/公斤波动。

三 发展机遇与挑战

（一）发展机遇

1. 政策支持

新农村建设等一系列政策措施为畜牧业发展注入新的活力。构建多元化食物供给体系、加快推进种业振兴、提升农业绿色发展水平等一系列政策措施的制定和施行，为畜牧业发展奠定了政策基础，提供了行动遵循。农业供给侧改革、种业振兴等国家战略的推进，为畜牧业快速发展创造了难得的历史机遇。资金、用地及环保等方面的政策措施也将不断完善，畜牧业发展正乘着新农村建设的东风稳步推进。

2. 产业基础好

河北省是畜牧业大省，肉、蛋、奶产量分别居全国第5位、第3位和第3位，乳制品产量连续8年稳居全国首位。兽药、饲料等产业配套完备有力，具备了完善的产业体系。河北省也是肉、蛋、奶调出大省，主要产品京津市场占有率稳居全国前列，是保障京津"菜篮子"畜产品重要供应基地，因此，河北省加快畜牧业高质量发展步伐、助力农业现代化和农业强省建设具有重要意义。

3. 科技助力

互联网、物联网、大数据、云计算等信息技术的快速发展、普及和应用，在提升畜禽种业、生产管理、加工储藏、经营流通、消费等各环节综合水平，推动政府部门的监管与服务方式转变过程中发挥了重要作用，产业发展、质量提升、效率提高潜力将进一步释放。

（二）面临的挑战

1. 生产成本增加

饲料、人工、防疫、基础设施等养殖成本逐年增加；肉类、乳制品等畜产品进口数量逐年增加，对国内畜产品市场冲击加剧；受疫情等突发因素影响，畜产品价格波动短期内难以消除。随着市场的饱和、养殖技术的提升，畜产品供应量增加，导致市场竞争不断加剧。

2. 环境约束趋紧

随着绿色农业发展的迫切需要和生态文明建设稳步推进，畜禽养殖、屠宰加工、兽药饲料生产等与环境的矛盾日益突出。受耕地用途管制和非粮化政策因素影响，畜禽适养空间进一步压缩，大面积平整饲草地块受限。种养主体分离，种养循环不畅，稳定成熟的种养结合机制尚未形成，粪污还田利用水平较低。

3. 疫病风险形势严峻

基层动物防疫体系尚未健全，动物卫生监督机构因改革取消或合并，技术支撑能力不足等因素制约动物防疫工作开展，畜禽养殖生物安全防控压力大。非洲猪瘟、高致病性禽流感、口蹄疫、小反刍兽疫等重大动物疫病免疫带毒和免疫临床发病现象依然存在；布病、结核病等人畜共患病尚未得到根本性控制；狂犬病在农村和城乡接合部时有发生；疯牛病、非洲马瘟等外来动物疫病传入风险依然存在。

4. 种业振兴仍需时日

当前种禽、种牛甚至种猪还是多靠进口，自主育种尚不能满足需要，处于"引种、退化、再引种、再退化"的不利局面，部分地方品种处于濒危状态，保护开发力度有待加大。

四 措施与政策建议

以习近平新时代中国特色社会主义思想为指导，全面贯彻新发展理念，牢固树立以人民为中心的发展思想，建设中国特色社会主义农业现代化，立足新发展阶段，以乡村振兴战略和农业供给侧结构性改革为载体，构建新发展格局，推动高质量发展。进一步优布局、调结构、转方式、稳产能，加快现代畜牧业建设步伐，推进畜禽养殖业高质量发展。为"菜篮子"丰满丰富、农业高质高效、乡村宜居宜业、农民富裕富足做出应有贡献。全省畜牧业继续坚持"产出高效、产品安全、资源节约、环境友好"的发展方向，强化政策措施，优化资源要素，创新产业模式，创建知名品牌，大力发展适度规模养殖和标准化生产，不断壮大养殖和加工龙头，实现全省畜牧业向规模化、产业化、市场化转型，为乡村振兴和全省农业农村经济发展做出突出贡献。主要举措和政策建议如下。

（一）着力提升畜禽养殖水平

引导畜牧企业向畜禽养殖优势区集聚，发展工厂化立体养殖，推广节水节料技术。帮助中小养殖户规范养殖，扩大养殖规模。支持养殖场改造提升设施设备，深入推进奶牛养殖场智能化改造。推动规模养殖场粪污处理设施装备提档升级，探索规模以下养殖场（户）粪污资源化利用模式。持续开展畜禽养殖标准化示范场创建活动，每年创建部级标准化示范场5家、省级标准化示范场100家，带动提升全省畜禽养殖集约化、规模化、机械化水平和畜禽粪污资源化利用水平。

（二）全力推进畜禽种业发展

培育种业领军企业，打造世界一流种公牛站。支持种业企业开展育种联合攻关，培育深县黑猪等新品系和小尾寒羊等新品种。2023年，创建国家核心育种场（良繁基地）1家，核心种源自给率达到82%。完成第三次畜禽遗传资源普查工作，摸清资源家底，收集保护珍稀、濒危地方品种。支持保种场升级改造、扩大规模。

（三）重点实施畜禽养殖三大工程

1.千亿级奶业工程

加大支持胚胎移植、人工授精、基因组检测、生产性能测定等技术应用，加快奶牛群体改良步伐。引导现有乳制品厂提档升级、增容扩能，支持新建奶酪、黄油等高端乳制品生产线，加快构建以中高端乳制品为主的产品体系。落实栏位补贴，提升奶牛养殖积极性，新建扩建一批奶牛养殖场。2023年，全省奶牛存栏增加10万头，平均单产达到9吨，全产业链产值达到840亿元。

2.千亿级精品肉工程

稳定生猪生产，支持牛羊养殖，做大肉鸡、肉鸭、肉鸽和驴产业。引导畜禽养殖企业扩大和牛、深县黑猪等高端肉畜养殖量。支持重点肉畜养殖企业升级改造、扩大规模，建设优质肉畜生产基地。鼓励屠宰企业注册品牌、自主经营，发展精细分割和精深加工。加大品牌培育力度，提升河北省肉类知名品牌数量和影响力。力争2023年全省精品肉类产量达到50万吨，全产业链产值达到 600 亿元。

3. 百亿级禽蛋产业工程

巩固冀南、冀中两大蛋鸡产业带，提升养殖集约化水平。支持大午集团、华裕等龙头企业做大做强，扩大大午金凤、太行鸡等地方优势特色品种养殖量。在燕太山区等有条件的地区，发展生态养殖，增加"笨鸡蛋""无抗蛋"等高端产品产量。推广清洁蛋生产等技术，鼓励发展禽蛋深加工，深入开展十大鸡蛋品牌宣传活动，提升产品附加值和品牌收益。力争 2023 年全省禽蛋产量达到 390 万吨，产值达到 350 亿元。

（四）加大畜牧业招商引资力度

聚焦畜牧业龙头企业，建立招商目录清单，了解企业发展规划，宣传河北优惠政策。筛选土地环境宽裕、发展积极性高的县，提前筹划土地，做好项目承接准备。落实扶持政策、优化营商环境、实施"保姆式"服务，打造河北畜牧业投资洼地。通过"政策招商""会展招商""登门招商""以商招商"等多种方式，吸引更多畜禽养殖、畜禽产品加工项目落户河北。按照"建设一批、签约一批、谋划一批"的原则，压茬推进，保持畜牧业发展后劲。

（五）强化要素保障

加大财政支持力度，撬动社会投资。协调自然资源部门，保障畜禽养殖用地。加强科技人才和企业家的培养，为畜牧业发展提供有力的人才支撑。创新金融服务，开展畜禽活体、存单质押贷款和订单、保单融资，为畜牧业发展提供充足贷款。组织学术交流，为畜牧业发展提供前沿信息。

（六）推进技术服务

充分发挥现代畜牧产业技术体系专家作用，整合院校、站所资源，引进、培养人才，壮大科研力量。组织良种繁育、智能化养殖、肉类精深加工等关键技术联合攻关。加强基层技术推广体系建设，推动基因编辑、物联

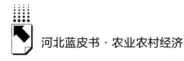
网、人工智能等前沿技术的应用，提升畜牧业科技含量和竞争力。建立健全政府部门引导、畜牧站（所）带头、市场主体活跃的服务保障体系，为畜禽养殖提供市场监测、技术支持、质量检测等服务，保障畜牧业健康有序发展。

（七）加强动物疫病防控

继续推进非洲猪瘟常态化、精准化防控，开展口蹄疫、高致病性禽流感、布病、小反刍兽疫等重大动物疫病强制免疫工作，确保应免尽免，免疫抗体合格率常年保持在 70% 以上。加强疫情监测，重点做好口蹄疫、高致病性禽流感、小反刍兽疫、非洲猪瘟、高致病性猪蓝耳病、猪瘟、布病等病种的监测和流行病学调查工作，配合做好疯牛病、羊痒病等外来动物疫病的监测工作。开展"一县一策"精准预警和省级动物疫情专家解析预警，对动物疫病发生和流行趋势进行预测预警并及时向社会公布。严格执行疫情报告制度，健全应急处置机制，落实强制扑杀政策。强化应急物资储备，完善应急预案体系，及时调整充实应急队伍，提升应急处置能力。加强技术指导，做好畜禽常见多发病防治。

参考文献

国家统计局河北调查总队：《2022 年季度生产数据报告》（内部资料）。

《河北省农业农村厅关于印发〈河北省"十四五"畜牧兽医行业发展规划〉的通知》，河北省农业农村厅网站，2022 年 6 月 17 日，http：//nync.hebei.gov.cn/html/www/zhengcfg/20220600023438.html。

河北省农业农村厅：《河北省 2023 年畜牧业发展思路和重点任务》（内部资料）。

B.4
2022~2023年河北省蔬菜产业形势分析与预测

宗义湘　谷博颖　李　璨　高一丹*

摘　要： 发展蔬菜产业是保障重要农产品供给的客观要求，是促进农民增收致富的重要渠道，是全面推进乡村产业振兴的有效途径。河北省作为京津蔬菜的重要供给基地，积极建设环京津精品蔬菜产业集群，推动蔬菜朝设施化、精品化、产业化方向发展。本报告通过分析2022年全国及河北省蔬菜产业发展形势，发现河北省蔬菜产业面临设施规模水平低、产销衔接不畅、产后加工薄弱等问题，对河北省蔬菜产业发展趋势进行预测，并进一步提出优化产业结构、提升设施生产能力等对策建议，以期推动河北省蔬菜产业优化升级，满足市场高端消费需求。

关键词： 蔬菜产业　蔬菜市场　特色蔬菜　河北省

蔬菜是城乡居民生活必不可少的重要农产品，保障蔬菜供给是重大的民生问题。改革开放以来，蔬菜产业总体保持平稳较快发展，由供不应求到供求总量基本平衡，品种日益丰富，质量不断提高，市场体系逐步完善，总体呈现良好的发展局面。蔬菜产业已经从昔日的"家庭菜园"逐步发展成为

---

* 宗义湘，河北农业大学经济管理学院教授、博士研究生导师，主要研究方向为农业经济与政策；谷博颖，河北农业大学经济管理学院硕士研究生，主要研究方向为农林经济管理；李璨，河北农业大学经济管理学院硕士研究生，主要研究方向为农林经济管理；高一丹，河北农业大学经济管理学院博士研究生，主要研究方向为农业产业经济。

主产区农业农村经济发展的支柱产业，并具有较强的国际竞争力，保供、增收、促就业的地位日益突出。但是蔬菜具有鲜活易腐、不耐贮运，生产季节性强、消费弹性系数小，高投入、自然风险与市场风险大等特点。在当前新的形势下，还存在一些设施规模水平偏低、产销衔接不畅、产后加工薄弱、供应链整合能力弱等突出问题。本报告对2022年全国及河北省蔬菜产业形势进行分析，对2023年蔬菜产业形势进行预测并提出建议，以期促进河北省蔬菜产业高质量发展。

一　2022年全国及河北省蔬菜产业形势分析

（一）2022年全国蔬菜产业形势分析

蔬菜是我国居民日常生活必不可少的食品，随着近年来蔬菜种植结构的调整、产销配送体系的改革以及对食品安全关注度的不断提高，蔬菜产业迅速发展，产量和消费量也随之不断增加。目前，全国各地依托本地蔬菜产业坚持因地制宜发展，区域化布局基本形成，产业化经营进一步发展，流通体系建设进一步加强，有效推动农业增效、农村发展、农民增收。

1. 产业规模稳定上升

近年来，我国农产品种植结构不断调整，蔬菜播种面积呈现快速增长趋势，到2022年底预计全国蔬菜播种面积达到2235万公顷，较2021年增长1.66%。随着乡村振兴战略的全面推进，预计2023年我国蔬菜播种面积仍会稳定上升。蔬菜种植能力的提升和播种面积的增加带动蔬菜产量的增加，预计2022年蔬菜产量达7.91亿吨，较2021年同比增长2.00%（见表1）。从全国蔬菜主产区来看，山东、江苏、河北等区域已形成蔬菜产业的集中地，产量均超过5000万吨，山东蔬菜产量连续6年稳定在8000万吨以上，蔬菜产品销往国内外各大蔬菜市场。

表1　2012~2022年全国蔬菜播种面积及产量

年份	播种面积(千公顷)	产量(万吨)	单产(吨/公顷)
2012	18496.86	61624.50	33.32
2013	18836.25	63197.98	33.55
2014	19224.12	64948.65	33.78
2015	19613.06	66425.10	33.87
2016	19553.14	67434.16	34.49
2017	19981.07	69192.68	34.63
2018	20438.94	70346.72	34.42
2019	20862.74	72102.60	34.56
2020	21485.48	74912.90	34.87
2021	21985.71	77548.78	35.27
2022	22350.00	79100.00	35.39

资料来源：国家统计局，2022年为预测数据。

2. 月均价格波动较大

2022年全国蔬菜价格走势呈现明显的"凹"字形结构，月度价格波动较大。2022年年均价格为4.44元/公斤，较2021年降低4.10%。分季度来看，第一季度2月全国共出现4次雨雪天气，特别是南方地区出现持续低温雨雪天气，平均气温较常年同期低2.8℃，平均降水量较常年同期多90.4%，持续低温、雨雪和寡照致使湖南、云南、贵州、安徽、福建等蔬菜产区不同程度受灾，蔬菜产量出现阶段性下降，导致第一季度蔬菜价格呈现上升趋势，季均环比上升0.57%；第二季度市场状况良好，露地蔬菜大量集中上市，市场供应充足，蔬菜价格持续快速下降，季均环比下降24.11%；第三季度自然灾害频发，南方遭遇多轮强降雨，大暴雨对蔬菜基地造成严重损失，对南方蔬菜运输销售造成较大的影响，进而影响北方市场，价格回升，季均环比上升4.71%；第四季度受疫情反复的影响，运输不便，蔬菜需求量下降导致供大于求，蔬菜价格降低，季均环比下降1.42%（见图1）。

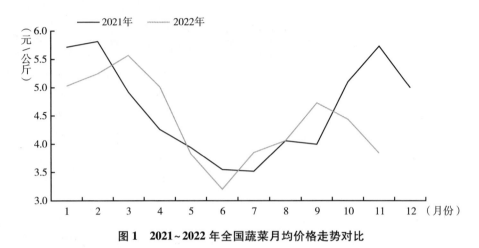

图1   2021~2022年全国蔬菜月均价格走势对比

资料来源：全国农产品商务信息公共服务平台。

3. 对外贸易顺差减少

中国是世界上主要的蔬菜出口国之一，蔬菜出口在促进中国农民增收和平衡农产品贸易等方面发挥着重要作用。海关总署公布的数据显示，2022年我国蔬菜的进出口总额为937.13亿元，较2021年增长12.16%，但蔬菜贸易出口额从2019年的712.40亿元减少到2022年的680.57亿元，进口额增加，贸易顺差逐渐缩小（见表2），其原因可能是蔬菜市场自身的变革以及国际贸易壁垒等对我国蔬菜产品的出口贸易造成影响。除减少和暂停从中国进口蔬菜的直接措施外，疫情减少了人员流动，给外贸、蔬菜加工企业带来负面影响，但与此同时促进了中国蔬菜向高品质、多样化、标准化、深加工转变。

表2   2017~2022年中国蔬菜进出口贸易情况

单位：亿元

年份	进口	出口	贸易总额	贸易差额
2017	136.46	756.45	892.91	619.99
2018	133.58	693.98	827.56	560.40
2019	107.55	712.40	819.95	604.85

续表

年份	进口	出口	贸易总额	贸易差额
2020	135.59	670.21	805.80	534.62
2021	184.63	650.88	835.51	466.25
2022	256.56	680.57	937.13	424.01

资料来源：中华人民共和国海关总署。

4.蔬菜消费稳步提升

中国城乡居民生活水平的不断提升，居民对自身健康、品质、绿色的重视促进了蔬菜需求增长。中国城乡居民蔬菜消费量总体处于波动上升态势，城镇居民蔬菜消费量高于农村，两者之间的差距逐渐缩小。农村居民人均蔬菜消费量从2013年的90.6公斤升至2021年的107.0公斤，涨幅18.10%；城镇居民人均蔬菜消费量从2013年的103.8公斤升至2021年的112.0公斤，涨幅7.90%（见图2）。预计2022年蔬菜总消费量将达到5.64亿吨。从蔬菜消费品种地域差异来看，东北、华北等北方地区的蔬菜消费以白菜、西红柿、黄瓜、大葱等为主；而粤江浙沪等南方地区的蔬菜消费以芽类蔬菜、水生和野生蔬菜、多年生蔬菜为主。南方居民对稀特蔬菜、精品高档蔬菜的消费量比北方居民高，北方城市居民人均生鲜蔬菜消费量比南方城市居民更高。

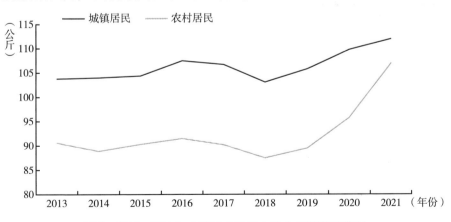

图2　2013~2021年中国城乡居民人均全年蔬菜消费量

资料来源：历年《中国统计年鉴》。

（二）2022年河北省蔬菜产业形势分析

2022年河北省重点在全省24个县打造精品蔬菜产业带，着力开展精品蔬菜产业集群建设，促进全省蔬菜生产规模不断扩大，蔬菜种植结构进一步优化，供应链发展模式趋于多样化，引领带动全省蔬菜产业转型升级和高质量发展。

1.蔬菜种植面积稳中有升

河北省气候适宜，蔬菜作物长势良好，各地相继出台了扶持蔬菜产业发展的惠民政策，加上蔬菜种植技术的进一步提升和农村劳动力回流等一系列利好因素，蔬菜种植面积保持稳定，产量不断提高。预计到2022年底蔬菜总播种面积将达到833千公顷，同比增长2.33%，蔬菜产量将达到5410万吨，同比增长2.38%（见表3）。从品种结构看，菠菜、大白菜、卷心菜、黄瓜、西红柿和茄子等传统种植品种播种面积和产量呈平稳增长趋势，约占到蔬菜总播种面积的50%，占蔬菜总产量的57.9%。此外，全省已形成以日光温室和大中塑料拱棚为主，小拱棚、网棚和钢骨架玻璃连栋智能温室为辅的生产格局，设施蔬菜生产规模逐步扩大。

表3　2012~2022年河北省蔬菜播种面积及产量

年份	播种面积(千公顷)	产量(万吨)	单产(吨/公顷)
2012	734.02	4703.00	64.07
2013	743.60	4823.75	64.87
2014	754.69	4965.13	65.79
2015	755.09	5022.23	66.51
2016	751.55	5038.89	67.05
2017	748.58	5058.53	67.58
2018	787.61	5154.50	65.44
2019	794.61	5093.10	64.10
2020	803.47	5198.21	64.70
2021	814.01	5284.20	64.92
2022	833.00	5410.00	64.95

资料来源：2012~2021年数据来自《河北农村统计年鉴》，2022年数据为预测所得。

2. 河北省蔬菜价格水平低

2022年河北省蔬菜价格与全国、山东省蔬菜价格走势基本保持一致，呈现"同高同低""同升同降"的簇型变化趋势，"一峰一谷"的季节性波动特征明显，年均价格为3.70元/公斤，明显低于全国4.44元/公斤、山东4.35元/公斤的价格（见图3）。虽然价格优势较为明显，但与较强的竞争力和蔬菜品牌发展背道而驰。尽管河北邯郸永年区的叶菜产量排在全国前列，但是河北蔬菜认可度、高端市场占有率低，主要原因可能为种植过程管理粗放、种植面积分散、不挑拣不分等级、市场条件差等。

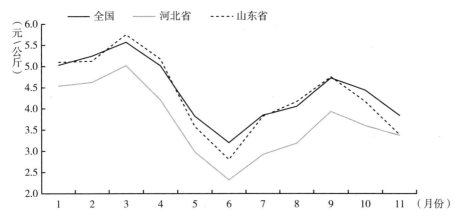

图3　2022年1~11月全国、河北省、山东省蔬菜月均价格走势对比

资料来源：全国农产品商务信息公共服务平台。

3. 经营主体带动成效显著

蔬菜经营主体对周边菜农示范带动作用加强，邯郸市蔬菜专业合作社、农业种植公司不断流转土地建设规模化种植基地，每个县都有2个以上大型蔬菜示范园区带动区域蔬菜产业发展，整体带动效果显著；沧州市蔬菜销售以产地市场销售为主，部分合作社、家庭农场通过微信小程序、直播等多种形式销售，促进多方经营主体共同发展；廊坊市蔬菜产业有龙头企业的带动，如河北万仁农业科技有限公司培育出了优质蔬菜种苗，繁育出的蔬菜种苗在廊坊及周边城市市场占有率高，口碑良好；保定试验基地河北康城现代农产品开发有限公司与叮咚买菜电商签订"石象"牌蔬菜销售协议，预计年供应"石象"品牌蔬菜1000万公斤。

4.供应链模式趋于多样化

科学技术的进步和居民消费水平的提升带动传统的供应链模式发生变化，电子商务供应链模式快速发展壮大，并且从消费端重塑传统蔬菜供应链。截至2021年底，河北省建成省级电商示范基地50个、直播带货基地50个，培育网络零售额5000万元以上电商龙头企业近50家，建设电商服务站15000多个，满足了居民线上蔬菜消费需求。鲜切菜、预制菜等发展迅猛，脱水蔬菜、蔬菜饮品等蔬菜深加工产品日益增多，蔬菜供给新业态不断出现。固安县盛世农合、定州市鲜洁、隆化县鸿兆、秦皇岛丰禾、阜平国煦等企业鲜切蔬菜规模不断扩大，成为超市、食堂和餐饮企业蔬菜供应新生军，石家庄惠康、承德森源等预制菜销量不断增长。

二 2022年河北省主要蔬菜种类市场行情分析

（一）主要蔬菜种类价格变动情况

绝大多数蔬菜种类价格同比下降。通过对2022年河北省15种主要蔬菜的年均价格变动进行分析，发现年均价格同比下降的有11种，上涨的有4种。其中，番茄、大白菜同比涨幅超过20%，而菜花、白萝卜、大葱、甘蓝、生姜降幅超过15%。从具体蔬菜种类的价格同比涨幅来看，番茄、大白菜涨幅分别为31.40%、20.28%；土豆、豆角则分别上涨4.15%、2.17%；西葫芦、黄瓜、青椒、茄子、菠菜、大蒜分别下降3.93%、4.25%、5.23%、5.31%、6.44%、11.32%；菜花、白萝卜、大葱、甘蓝分别下降16.25%、16.48%、17.61%、19.63%；生姜下降46.05%（见表4）。

表4 河北省2022年主要蔬菜批发市场价格情况

单位：元/公斤，%

品种	2022年	2021年	同比
番 茄	4.52	3.44	31.40
大白菜	1.72	1.43	20.28
土 豆	2.01	1.93	4.15
豆 角	7.53	7.37	2.17
西葫芦	2.69	2.80	-3.93
黄 瓜	4.06	4.24	-4.25
青 椒	4.17	4.40	-5.23
茄 子	3.57	3.77	-5.31
菠 菜	4.21	4.50	-6.44
大 蒜	5.56	6.27	-11.32
菜 花	3.35	4.00	-16.25
白萝卜	1.52	1.82	-16.48
大 葱	4.07	4.94	-17.61
甘 蓝	1.72	2.14	-19.63
生 姜	4.64	8.60	-46.05

资料来源：由河北省农业农村厅与布瑞克农业数据终端整理所得。

（二）典型蔬菜品种价格走势分析

1.番茄价格走势分析及行情预测

价格同比上升，涨幅较为明显。2022年，河北省番茄的年均价格为4.52元/公斤，同比上涨31.40%。相较于上年，价格波动幅度较大，价格走势仍呈"凹"字形，季节特征明显。2022年初，受春节影响，番茄需求量大幅增加，且春节前生产、运输、保鲜费用增加，导致价格明显上涨。1~6月河北省番茄月均价格总体走低，6月番茄价格跌到最低点，为2.22元/公斤，主要原因是河北的番茄产量不断增加，市场上销售速度趋缓。进入7月后，北方多地普遍出现连续降雨天气，强降雨和温度下降都对番茄的育苗以及生长造成了不利影响，导致收成与之前相比减少，番茄市场供应量减少，价格上涨（见图4）。

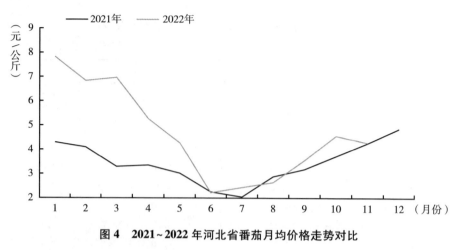

图4　2021~2022年河北省番茄月均价格走势对比

资料来源：全国农产品商务信息公共服务平台。

　　预计2023年整体价差缩小，仍呈"凹"字形走势。2022年河北省番茄种植规模基本稳定，生产能力逐年加强，番茄品质及栽培模式多样，可实现全省周年稳定供应，具有较强的市场竞争力。2022年上半年番茄市场行情较好，激发农户种植积极性，预计未来种植面积会有所扩大，春节期间市场供给量较2022年更为充足，价格会低于2022年同期。建议加强对番茄价格的调控和监测，完善其风险预警机制，引导农户合理安排种植结构，防范突发事件给农户带来的市场风险。

　　2.黄瓜价格走势分析及行情预测

　　黄瓜价差较大，季节特征明显。2022年，河北省黄瓜的年均价格为4.06元/公斤，同比下降4.25%。自春节过后，黄瓜价格一路下跌至6月，在6月达到最低，为1.89元/公斤。主要原因是春节前气温较低，黄瓜产量少，价格较高，后期气温回升并且黄瓜产地增多，产量增多后产地收购价格连续下跌。7~8月黄瓜价格持续走高，主要原因可能是换季，夏转秋使黄瓜价格呈现上涨的趋势。到9月山东地区黄瓜产量增加，山东寿光、聊城、兰陵高质量黄瓜上市供应，货量与货源增多，黄瓜价格下跌。10月以后产地黄瓜供应青黄不接，疫情导致产地滞销，销地价格持续上涨（见图5）。

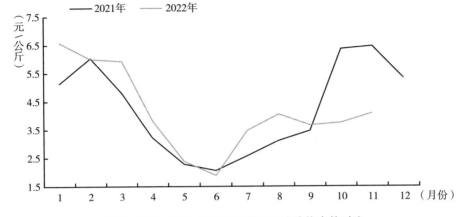

图5　2021～2022年河北省黄瓜月均价格走势对比

资料来源：全国农产品商务信息公共服务平台。

预计2023年黄瓜整体价差继续缩小，市场平稳运行。黄瓜价格受季节性因素影响较大，预计2023年河北省黄瓜月均价格将继续呈先升后降再升的"凹"字形走势。其中，1～3月呈扩张性上涨、4～6月跌至波谷、7～9月再次回升、10～12月有所回落。建议及时预测发布恶劣天气情况，引导农户提前做好防护，减轻由天气所带来的损失。

3.甘蓝价格走势分析及行情预测

价格同比下降，价差缩小。2022年河北省甘蓝的年均价格为1.72元/公斤，与2021年的2.14元/公斤相比下跌19.63%，降幅较为明显。整体来看，2022年甘蓝的价格变动趋势较为平缓。1～3月甘蓝保持较高价位，主要原因是甘蓝为叶类菜，容易受到天气的影响，2022年2月的倒春寒天气，导致叶类蔬菜上市期有所推迟，价格出现一定的上涨。此外，疫情反复导致运输速度放缓，加大了叶类蔬菜的货损。4～8月河北省甘蓝价格走势同上年大致相同，"先降后升"，从10月开始，甘蓝价格持续走低，主要是兰州货、张北货持续供应，供给量充足导致价格下跌（见图6）。

甘蓝价格保持平稳运行，继续防范风险。2021年甘蓝价格波动较大，2022年甘蓝价格基本保持稳定，要继续防范风险，加强农产品产销

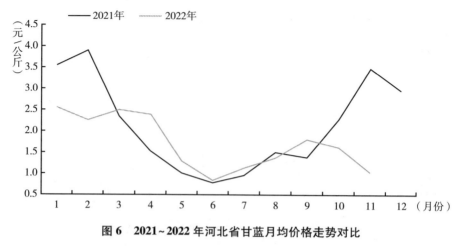

图6 2021~2022 年河北省甘蓝月均价格走势对比

资料来源：全国农产品商务信息公共服务平台。

信息的技术发布，合理调整甘蓝市场价格波动区间，防止价格暴涨暴跌挫伤农户种植积极性。同时要及时监测天气情况，防范恶劣天气带来的损失。

4. 大白菜价格走势分析及行情预测

价格同比上升，月度价格波动明显。2022 年，河北省大白菜的年均价格为 1.72 元/公斤，与 2021 年的 1.43 元/公斤相比上涨 20.28%。2022 年自春节以后大白菜需求迅速升温，导致大白菜价格快速冲高，5~6 月大白菜价格又大幅下降，7~9 月价格缓慢上涨，随后价格持续下降（见图7）。9月以后，造成大白菜价格持续下降的主要原因，一方面是受到上年秋季蔬菜总体价格偏高的影响，2022 年秋季蔬菜总体上是扩种的；另一方面是 2022 年秋季在整个蔬菜生长期内，天气状况基本正常，受灾情况较少。特别是 2022 年秋季的气温比上年同期偏高，更有利于蔬菜生长，使得秋季蔬菜的单产、总产明显超过上年同期。

后期供应充足，价格稳中有降。尽管当前大白菜价格走低，但是春节前后可能会有所好转，气温降低以后蔬菜主要为大棚蔬菜，大棚蔬菜产量较小成本高，在需求量不变的情况下，供应量减少，价格自然会上涨。总体来看，2022 年下半年扩种且受恶劣天气的影响较小，大白菜价

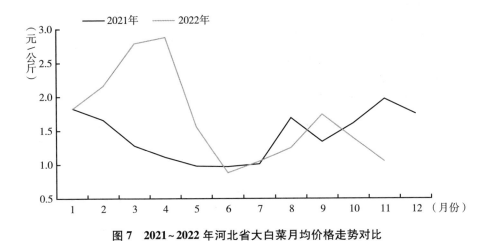

图7 2021~2022年河北省大白菜月均价格走势对比

资料来源：全国农产品商务信息公共服务平台。

格走低，预计2023年农户将降低生产规模，市场供应量相对充足，价格将回归合理区间。

5. 大葱价格走势分析及行情预测

大葱价格同比下降，价差缩小。2022年，河北省大葱年均价格为4.07元/公斤，与2021年的4.94元/公斤相比下降17.61%，全年价格波动幅度较大。3月价格最高，为6.01元/公斤，主要受天气、疫情、汽柴油价格及运输费用上涨等多重因素影响。2022年上半年大葱价格整体呈下跌趋势，6月月均价格最低，为2.61元/公斤。2022年下半年价格上涨，主要是冬季上市的大葱多来自山东，受雨水天气影响，大葱减产，影响了8~9月的大葱供应。9月以后随着供应量的增加，大葱价格下行（见图8）。

预计2023年大葱价格略有下降，降幅不大。虽然"种葱热"持续降温，但是大葱产量依旧处于较高水平，预计大葱的种植面积变化不大，市场上大葱的供应较充足。建议农户对大葱价格要有合理预期，把握销售节奏，避免盲目跟风，造成产品滞销，此外还应提高科技手段，降低自然灾害对农产品的不利影响。

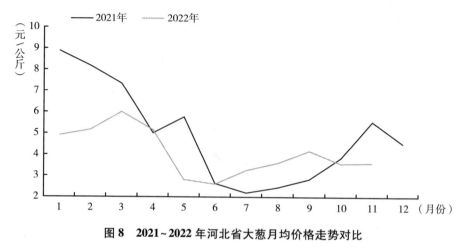

图8　2021~2022年河北省大葱月均价格走势对比

资料来源：全国农产品商务信息公共服务平台。

三　河北省蔬菜产业面临的问题

（一）设施规模水平有待提升

河北省设施蔬菜面积不足蔬菜总面积的30%，用于深冬生产的日光温室设施不到一半，主要是因为每亩造价偏高，在8万~12万元。综合土地资源、流转成本、地形地貌、水源保证、光照条件等方面的因素，河北省的塑料拱棚建造成本比淮河以南各省高4倍以上。随着科技含量的增加，种子种苗价格越来越高，河北省设施蔬菜以果菜为主，种子种苗价格高于叶菜，而且以购买商品苗为主，种苗成本每亩平均超过1200元，如何降低种苗价格减少种植成本、加大新技术推广应用力度、提高设施蔬菜生产能力、保障市场稳定供应依然是当前需要解决的重要问题。

（二）疫情导致产销衔接不畅

2022年11月以来疫情反复，导致河北各地的种植大县都存在不同程度的蔬菜滞销情况，邢台信都区白塔村的大萝卜因疫情滞留在地里，保定市清苑区的芹菜也面临无法收购运输的问题，定州市杨家庄乡大涨村蒜黄也由每公斤8元左右降至4元左右。蔬菜滞销一方面是因为蔬菜种植端过于乐观，增产导致供大于求；另一方面是因为物流不畅，各地不一的通行政策增加了运输的不确定性和运费成本，叠加司机资源紧张，菜运不出去，供应链告急，导致蔬菜价格剧烈波动。从10月底到11月初，蔬菜的地头价与市场价走势"背道而驰"，一些品类的蔬菜地头价从1元跌至几毛甚至几分，而新发地市场的蔬菜价格周环比上涨了9.03%。

（三）蔬菜产后加工相对薄弱

河北省蔬菜以鲜销为主，随着消费者尤其是京津市场对便利化加工蔬菜的需求日益增加，净菜、鲜切蔬菜、预制菜等需求快速增长。但省内大多数加工企业受制于规模小、生产条件差、设备陈旧简陋导致的工艺技术落后、自动化控制水平低等技术瓶颈，蔬菜产后加工能力有限。以脱水蔬菜为例，大部分脱水蔬菜产品由小作坊生产，技术投入、设备投入和人力投入严重不足，无法形成规模。蔬菜加工业普遍存在粗加工产品多高附加值产品少、中低档产品多高档产品少、老产品多新产品少等弊端，产后加工成为河北省蔬菜产业发展的短板。

（四）蔬菜供应链整合力度弱

目前的蔬菜供应链整合力度弱，供应和销售渠道未充分整合，规模效应不显著。蔬菜的流通主体数量虽然不断增加，但总体来看，蔬菜从生产到销售的组织化程度还较低，蔬菜"小生产"与"大市场"的矛盾仍比较突出。蔬菜供应市场整体呈现无序竞争状态，既有若干大商户组建和参与的供应渠道，也有很多小的散户甚至农民自收自卖，产销信息不对称，衔接不充分，无法发挥产地规模效应，影响农户收益水平。市场的无序竞争也导致下游市场参与者和营销商无法获得比较理想的收益，许多蔬菜供应销售渠道处于自发无序状态，亟须从供应链的角度进行分类整合。

四 河北省蔬菜产业未来趋势及高质量发展对策

（一）河北省蔬菜产业未来趋势

1. 产业集群建设精品化、标准化

河北省蔬菜产业集群以京津高端市场需求为导向，以设施蔬菜种植、良种繁育、全程机械化与净菜加工水平提升为抓手，全力打造蔬菜强省。积极建设全国最大的十字花科蔬菜新品种研发、繁育、销售中心，全国一流的设施蔬菜新品种测评和新技术新装备创新、集成、示范中心，全国最大的拱棚叶菜生产基地，亚洲单体最大的智能连栋玻璃温室。促进产业链竞争能力和蔬菜供给保障能力显著提升，在保持京津传统市场占有率第一的基础上，成为京津高端蔬菜市场供应第一大省。

2. 产业组织形式规模化、集约化

政策支持推动蔬菜产业组织化水平的快速提升，规模优势显著、市场影响力大、抗风险能力强的大型产业化龙头企业，成为深化蔬菜产业链条的重要推动力量。廊坊益海嘉里中央厨房、滦平河北中鸿记食品科技有限公司、固安顺斋、河北渔筷生活、平泉瑞斌、秦皇岛丰禾等中央厨房企业和净菜加工企业、河北晨光生物科技集团等精深加工龙头企业，在蔬菜产业化经营、出口引领中的作用进一步凸显，并通过跨区域产业投资带动张家口、邢台等地蔬菜产业发展。

3. 生产技术研发机械化、专业化

良种自给化、育苗集约化、生产机械化、栽培标准化、加工多样化的全产业链技术创新升级，将成为产业高质量发展的重要推动力量。预计未来辣椒、甘蓝、大葱等露地蔬菜全程机械化、轻简化栽培技术将进一步推广应用；北苗南移、新品种测评与良种繁育需求将推动冀南集约化育苗基地规模持续扩大；蔬菜采后保鲜技术、精深加工质量控制关键技术等加工技术创新将成为提升产业效益的重点环节。

4. 产品市场需求多样化、特色化

随着蔬菜消费结构升级，地方优质特色蔬菜产品、加工食品需求量提升。问卷调查数据显示，河北省城乡居民的鲜菜消费比重为85.56%，其中净菜、深加工蔬菜消费占比分别为9.5%、7.19%。在主要消费蔬菜类型中，辣椒、莲藕、芋头等特色蔬菜消费量持续增长。需求变化带动蔬菜生产布局的动态调整与优化，环京津高端精品设施蔬菜、坝上绿色有机露地蔬菜仍将保持较快增长态势。

（二）河北省蔬菜产业高质量发展对策建议

党的二十大报告提出，要全面推进乡村振兴，坚持农业农村优先发展，加快建设农业强国，扎实推动乡村产业振兴。河北省牢固树立"大食物观"，以提高蔬菜产业发展水平和保障京津蔬菜有效供给为目标，统筹保数量、保多样、保质量，推动蔬菜设施化、周年化、标准化、品牌化、产业化"五化发展"，为乡村振兴提供产业支撑。

1. 优化蔬菜产业结构，满足市场高端消费需求

在落实结构调整任务中，把发展蔬菜产业作为重要任务，强力推进。一是调优品种结构，积极发展绿色、有机蔬菜产品。强化品牌打造，引导龙头企业及各类新型经营主体发展绿色蔬菜。明确市场定位，强化环境保护，倡导有实力的企业创造条件，积极发展有机蔬菜。二是构建科学合理的周年高效种植模式，根据区域优势，结合市场需求，总结提炼试验示范成果，围绕优势季节、重要时段和优势单品，抓好种植，按轮间套作原理，提高蔬菜供给质量和效率。三是建设蔬菜质量追溯管理平台，实时采集蔬菜从田间到上市全过程的完整数据，使蔬菜生产主体、田间生产档案、采收加工等信息以追溯码为载体，与加工包装、物流配送等信息相关联，着手建立完整的蔬菜质量追溯管理体系。

2. 提升设施生产能力，增强特色蔬菜生产性能

突出河北特色，建造性能优越、土地利用率高、宜于机械作业的蔬菜生产设施。一是大力发展日光温室生产。土墙和石块墙体日光温室，仍是河北

省冬季不加温生产精细果菜的简便高效设施，冬季光照充足的京沈铁路沿线、冀东地区和北部山区，继续扩大日光温室面积，主攻精细果菜生产。二是积极推广连栋塑料拱棚。冀中平原地区积极推动新建设施向大体量发展，扩大单体设施面积，扩充生产空间，配置双层覆盖装置和遮阳网装置，改善棚内温度条件，延长设施利用期限，为机械作业提供便利。三是加快引进研发推广适宜设施蔬菜生产的小型农机具，应用物联网控制技术，提高设施蔬菜生产机械化水平，实现耕整地起垄、水肥灌溉、植保打药等全程机械作业，减少劳动力投入，降低生产成本。

3. 建设流通信息平台，市场引导构建产销体系

在"大市场、大流通、大商贸"的市场流通格局下，河北省蔬菜打通流通环节的堵点，加强蔬菜流通主体的紧密合作，建设信息平台与物流服务平台，推进河北省蔬菜产业优化升级。一是搭建蔬菜流通协同创新平台，包括信息平台、技术平台、融资平台、交易平台、人才流动平台等，实现蔬菜流通领域资源共享。二是建立蔬菜市场联盟，实现市场联盟、企业联盟、学者联盟，加强蔬菜产业生产、流通、物流、学术研究等各方面的沟通与交流。三是鼓励和支持发展多层次、多元化的各类蔬菜产销信息中介组织，拓宽经营者获取产销信息的渠道，建设一支相对固定的专业队伍和相应的工作制度，提高预测预警的明确性、针对性、指导性，提高生产经营者的信息应用水平。

4. 打通生产加工链条，推动加工业高质量发展

推动打造全产业链条，确保河北省蔬菜产业稳步高效发展。一是政府部门应出台相关补贴政策，鼓励引进一批起点高、带动力强的龙头企业在河北省各县域就地投资办厂，在提高蔬菜生产加工效率的同时，培养并扶持本地企业。二是整体规划产业布局，加快蔬菜育种、生产、加工、存储、销售规模基地建设，实现蔬菜全产业链朝着布局区域化、种植规模化、生产标准化、销售品牌化的方向发展。三是加强蔬菜加工设备和生产工艺研究与推广，重点开展节约劳动力的自动化和半自动化蔬菜加工前处理设备的研发，提高劳动效率。加强脱水蔬菜节能设备和工艺的研发，提高产业的自动化水平。加大对蔬菜副产物及废弃物的研究和利用力度，促进蔬菜加工业可持续发展。

参考文献

张有望、许月艳、刘姣姣：《小宗农产品价格风险识别及其应对策略研究——以大葱、生姜、大蒜为例》，《价格理论与实践》2022年第10期。

贾俊香、杨国栋、崔连伟：《加快发展我国特色蔬菜产业的对策建议》，《农业经济》2022年第10期。

李连英等：《蔬菜种植大户农业物联网技术的扶持政策需求优先序分析》，《北方园艺》2022年第17期。

宗义湘等：《河北省蔬菜产业形势及"十四五"发展对策》，《中国蔬菜》2021年第11期。

B.5

2022～2023年河北省水果产业形势
分析与预测

李军 王俊芹 袁媛 张建峰*

摘　要： 2022年，河北省水果产量总体平稳，个别品种出现不同程度减产，但价格普遍好于往年。随着消费需求持续升级，高品质果品销售前景良好，为全省水果产业高质量发展打下良好基础。总体来看，河北省水果产业发展仍面临生产成本居高不下、果品品牌建设落后、自然灾害抵御能力不足和销售渠道较为单一等问题。今后，要紧紧围绕特色优势水果产业发展，优布局、调结构，抓特色、提质量，强龙头、创品牌，拓市场、增效益，推动河北省水果产业基础优势更加稳固、增长潜力充分发挥，国内市场更加强大、经济结构更加优化，创新能力显著提升、竞争优势更加突出，资源配置更加合理、生态环境持续改善，加快实现河北省水果产业的绿色高质量发展，推动河北省由果业大省向果业强省跨越。

关键词： 水果产业　品牌建设　河北省

我国是世界第一水果生产大国，水果种植面积占世界种植总面积的20%，水果产量占世界总产量的16%。水果品种中，桃、苹果、柑橘、

---

* 李军，河北省社会科学院农村经济研究所研究员，主要研究方向为农村经济理论与实践研究；王俊芹，河北农业大学教授，主要研究方向为林业经济研究；袁媛，河北省林业和草原信息中心正高级工程师，主要研究方向为林业生态文化与产业经济；张建峰，河北省农业特色产业技术指导总站高级农艺师，主要从事水果行业管理与技术指导。

梨等产量一直稳居全球第一。经过多年发展，水果种植更加向优势产区集中，区域布局更趋合理，苹果、柑橘、梨、葡萄等优势产业带已基本形成，优势集中度明显提升，为全国农业实现高质量发展奠定了坚实基础。

一　2022年全国水果生产总体形势

2022年，克服疫情和不利天气影响，我国水果生产保持向好发展势头，水果产业的质量效益持续提升。

（一）总产量稳中略降，优果率上升

2022年全国范围内春季冻害、夏季冰雹、秋季阴雨复杂天气较多，水果总产量与上年相比小幅下降。2022年全国苹果产量不超过3000万吨，可能达到近10年产量最低值。受极端天气影响，各主产区产量变化存在差异。陕西、山东等苹果大省因种植面积减少和不利气候条件等因素，产量小幅下降；甘肃省小幅增产或与上年持平，山西、河南产量与上年持平或小幅下降，新疆、四川、云南总产量与上年基本持平。苹果优果率总体高于上年，早中熟苹果优果率提高20个百分点左右，果个普遍增大，小果、残果、次果明显减少。2022年全国梨总产量降低，减产幅度有限。由于天气影响和局部地区砍树、弃种等因素，全国第一大主产区河北小幅减产，第二大主产区新疆受高温影响坐果率降低，减产幅度大于50%，其他产区变动幅度不大。受减产影响，新疆香梨个头大、偏甜，优果率在80%左右，高于往年。2022年全国樱桃产量预计为65万吨，比上一年增长8%，品质普遍良好。樱桃最大产区山东由于授粉期遭遇高温和干旱，预计产量减少20%~30%，西南和西北等其他产区产量增长将抵消山东减产影响。

（二）价格高于上年同期，优质优价现象明显

全国水果减产导致2022年整体收购价格高于上年同期，优质优价趋

势明显。以苹果为例，整体收购价格高于上年，呈现高开低走、平稳运行态势。早熟品种西部产区价格高于东部产区，以质论价现象凸显。7~8月上市的松本锦、秦阳、嘎啦、蜜脆，总体价格比上年高1.0~1.5元/斤，西部嘎啦最高价格为4.5~5.0元/斤，山东最高价格为3.5~4.0元/斤；质量、价格两极分化，好果价格高开后相对平稳，差果价格随供应量增大不断下降，降幅为50%左右。山东产区红将军受节日效应带动提前上市，开秤价格为5.0元/斤，节后为2.8~3.0元/斤；陕西等西部产区阴雨天气导致苹果推迟上市，红将军价格在3.0~3.5元/斤。花牛苹果收购价格最初为5.0元/斤，节后下降到2.8~3.0元/斤。山东新红星、甘肃花牛等中熟苹果元帅系，平均产地收购价比上年上升0.8元/斤左右。原料果西部地区收购价格在1000~1200元/吨，2021年收购价格为450元/吨左右，上涨幅度较大。梨收购价格普遍高于上年同期，也表现出高开低走趋势。绿宝石、早酥梨、新梨7号等早熟梨开秤价格比上年高1.0元/斤左右，后期走低，其中绿宝石上市初期收购价格为2.9元/斤，收尾价为1.3~1.4元/斤。中熟品种黄冠梨（250g以上）开秤价格较高，收购期间价格波动下行。7月8日全国黄冠梨开秤均价为5.97元/公斤，较上年开秤价格2.55元/公斤上涨134%；由于上市进入旺季和鸡爪病影响外观，8月26日收购均价为3.90元/公斤，较开秤均价下降了34.7%。雪花梨、鸭梨收购价格也高于上年。鸭梨（225g）收购价格为2.58元/公斤，较上年开秤价（2.05元/公斤）上涨25.9%；雪花梨（300g）收购价格为3.11元/公斤，较上年开秤价（1.85元/公斤）上涨68.1%；库尔勒香梨受减产影响价格高开。高端葡萄品种阳光玫瑰价格一路下滑。近些年国内阳光玫瑰种植面积不断扩增，2021年突破100万亩，葡萄品质参差不齐，价格层次逐渐拉大，批发价从每斤6元到60元不等。部分省份受倒春寒影响，杏产量很低。2022年金太阳和串枝红的批发价格在1.1~2.0元/斤；鲜果批发价格在3~7元/斤，零售价格在5~15元/斤。

二　2022年河北省水果生产形势分析

同全国一样，2022年河北省水果生产在克服了疫情等不利因素后，取得了较好的发展成绩，优势果品品种价格提升明显，果品销售渠道呈现多元化发展态势。

（一）产量总体平稳，不同品种价格差异明显

2022年河北省大部分地区苹果、梨产量较2021年小幅减产，不同水果品种价格存在一定差异，多数品种价格高于上年同期。苹果受花期高温天气影响，坐果率低于往年水平，夏季持续高温影响了果实膨大，总产量比上年减少20%以上。2022年中早熟苹果价格普遍高于上年，同一产地、同一品质的苹果比往年平均高0.5~1元/公斤。例如唐山遵化，金冠3~4元/公斤，较上年高1元/公斤；王林4~5元/公斤，较上年高2元/公斤；嘎啦3~5元/公斤，较上年高2元/公斤。保定产区顺平嘎啦地头收购价5~6元/公斤，一些订单优质果可卖到7元/公斤以上，鲁丽在7元/公斤左右，信浓红在8元/公斤左右。晚熟富士苹果收购价格也高出2021年，80#以上片红富士收购价格达到3.5元/斤以上，80#以上条红富士达到4元/斤以上。河北省梨呈减产趋势，减产幅度有限。其中赵县受天气影响较大，预计减产30%左右；辛集、晋州等地由于砍树、弃种以及退林还耕等原因，产量略有下降；魏县总体增产15%左右，其中鸭梨增产20%，新梨7号受天气影响小幅减产；威县新挂果面积增加19%；泊头小幅增产。

樱桃、草莓、杏、李子等小品种第三季度价格均高于上年同期。7~9月河北省樱桃均价分别是19.39元/公斤、21.67元/公斤、34.14元/公斤，9月樱桃价格涨势明显，第三季度均价为25.07元/公斤，与2021年同期价格25.56元/公斤基本持平。第三季度草莓批发价格呈倒U字形波动，7~9月均价分别是18.9元/公斤、20元/公斤、18元/公斤，第三季度均价为18.97元/公斤，分别高于2021年、2020年同期价格。2022年第三季度红

枣价格呈凹字形变化趋势，杏、李子价格波动平稳。红枣季度均价最高，为10.74 元/公斤，李子季度均价最低，为 5.78 元/公斤；红枣、李子和杏季度价格环比下降，杏和李子季度价格同比上升。

（二）消费需求升级，高品质果品销售前景良好

随着收入水平提升，消费升级不断深化，居民对高品质水果的需求不断增加。消费者不仅要求果品外观精美、果形端正、果实表面光洁整齐、品种着色均匀，而且要求果品内在品质佳、营养价值高、果实固有风味浓郁、糖酸比例适中。消费需求变化带动市场上果品供应结构的调整，近三年，北京新发地批发市场高端进口水果比例明显上升，由 5%上升至 40%，市场上品牌苹果、进口苹果的销售量不断增加。其中，新西兰苹果由于包装精美、大小适宜，耐贮运，受到消费者欢迎，单个果品售价为 5~7 元，而国内普通中大型果的批发价格为 5~7 元/斤。高端品牌水果销售畅通且前景良好，如经营主体河北富岗食品有限责任公司苹果销售以专卖店为主要渠道，以天猫电商作为辅助。岗底村在 2022 年市场行情普遍下降的情况下仍然保持销售稳定，村民的苹果在 1 月已销售完毕，高品质和健全的市场销售体系是确保果农收益稳定的基础。与往年相比，顺平顺安绿生、阜平博嘉、滦县卧龙谷等重点企业的销售形势向好，企业信心倍增。截至 3 月下旬，产品已基本销售或订购完毕，与往年销售迟缓和滞销形成鲜明对比。

（三）科技集成创新，助力产业高质量发展

技术创新及推广能够助力河北省从果业大省向果业强省迈进，河北省遵循"四个农业"、水果产业转型升级和高质量发展要求，按照产业链布局创新链，围绕产业技术的薄弱环节确定研究命题，解决了多项影响产业发展的技术问题。内丘县成为河北省首批科技特派团派驻县，以富岗集团为引领，针对制约内丘县苹果产业集群发展的共性技术和关键技术，集中破解管理、技术、融资、招商等服务难题，着重从两个方面加强推进：一是推进老龄低效果园更新技术，对郁闭果园树体树形进行改造，对果园基础设施进行提升

改造，扩大果品加工新技术应用，包括果品初加工自动分拣与包装、基地与初加工厂冷链物流运输等。二是建设太行山智慧农业大数据平台，促进数字技术与农产品生产、加工、物流、销售、服务等产业环节融合，实现产品在产前、产中、产后环节短链化和农业产业治理结构优化，推动苹果产业实现高质量发展，提高内丘苹果的市场竞争力。

（四）发展区域规模，打造集群式发展优势

河北省水果总量位居全国前列，区域规模优势逐渐显现，集群式发展已成为引领特色水果产业高质量发展的新引擎，拉动了全省农业供给侧结构性改革和农民增收。重点扶持打造河北省八大梨产业集群，如威县现代高效生产示范区2022年重点建设越海、龙集等现代高效生产基地2万亩，大力发展秋月梨，集成轻简化栽培、水肥一体化、病虫害统防统治等关键技术措施，降低生产成本，提升单位面积优果率和产出率，打造全国梨高效生产第一县。辛集电商协同发展示范区2022年重点支持辛集翠玉果品公司与各网络大型平台合作，持续做大做强阿里数农、美团、雨润、菜鸟、云集、支付宝等6大平台梨果直管仓，年销量力争突破1.5万吨，直采量保持全国第一，成为全国梨果电商领跑者。按照省特色优势产业集群推进思路，葡萄主产区建立标准化生产和品牌展示基地，示范展示葡萄新品种、新模式、新技术等，开展葡萄生产、质量和安全全程溯源，实施葡萄"品种、品质、品牌和品德"管理，建立可推广、可复制、可借鉴的示范样板基地，加速葡萄产业提质增效。

（五）储藏加工落后，果品质量亟须提升

河北省水果保鲜加工产业发展尚不完善，产品质量竞争力较弱。河北果品在北京新发地批发市场年交易量中的占比仅为11.5%，其中苹果市场占有率较低，且呈下滑趋势，河北苹果在品质、规模、品牌、包装、卖相等方面仍与其他生产大省有一定差距。根据71家苹果贮藏企业调研现状，河北省苹果贮藏企业大库容量冷库较少，多为中型冷库；类型以机械冷库为主，

部分企业建有气调库，承德地区存在较多小库容量窖藏冷库；分选方式以传统人工分选为主，配有智能分选设备的企业较少；应用保鲜剂的企业较少；对冷库管理技术、贮藏保鲜技术的需求较多。苹果采收时间较为集中，在1~2个月内完成，急需高标准的分选冷藏设施。但河北省采后分拣贮藏加工设备落后，商品化处理的精细化程度不够，经过长途运输及不当储存后，流通腐损率及脱水率达到10%~20%。同时，面对霜冻、大风、冰雹等自然灾害时，现有技术设备抵御能力差，难以形成持续稳定的产品供应链，果品商品性差，缺乏高端精品果。梨果加工产品以梨汁、梨罐头、梨干等为主，产品档次不高、同质化严重、市场竞争力不足，相关标准体系建设有待完备。对鲜果质选、农残检测、加工制品等方面的技术规程、标准了解不足限制了梨果出口。目前，河北省筛选梨果品质主要依赖人工进行，仅能评判果实的大小、外表，对如梨核内部腐烂等梨果内部品质无法把控，梨果品质检测设备水平较低，关键技术缺乏自主知识产权，相关技术规程和标准亟须构建。

三 河北省水果产业发展存在和面临的主要问题

2022年，河北省水果产业发展除了需克服疫情和恶劣天气影响外，还存在以下主要问题。

（一）生产成本居高不下

目前河北省果园以小农户分散经营为主，立地条件多是山地丘陵，地形迥异，难以全程机械化生产，对劳动力需求大。劳动支出刚性增长，生产效益下降，人工成本超过总成本的50%以上，占比大，上升快，且劳动力老龄化程度高，60岁以上的老年人比例较大，劳动效率较低，产业发展缺乏持续内生动力。近年来，由于农资投入品的价格不断上升、人工成本上涨幅度大，苹果效益低，低质低效老果园伐树、弃种现象明显。如何降本增效成为小农户和大中型经营主体面临的关键难题。

（二）果品品牌建设落后

在水果产区，企业和果品品牌混乱，影响力和知名度不足，缺乏价格竞争力。以苹果为例，河北处于苹果优生区，苹果个大、色润、爽口，且距离京津市场较近，地理位置优越，但多数农户仍停留在即摘即卖阶段，价格低廉，包装随意。品牌文化内涵挖掘、宣传推介力度不够，品牌塑造不够突出，在高端市场占有率较低，影响力和知名度与烟台苹果、洛川苹果仍有一定差距。河北苹果产业除少数几个品牌运作比较成功外，大多数经营者品牌意识淡薄，尚未实施品牌战略，由于种植区域分散，苹果种植散户对品牌营销认知明显不足。

（三）自然灾害抵御能力不足

河北省自然灾害天气时有发生，早春低温冻害及夏季大风、强降雨、冰雹等对部分果园影响较为严重，但目前大多数果园缺乏有效的应急预案。一旦自然灾害天气发生，没有及时有效的抵御措施，受损严重。如承德5月上旬出现了晚霜低温危害，围场、隆化等金红苹果产区花量明显减少，个别园区甚至绝产。6月上旬宽城、滦平等县区发生了雹灾，对产量有一定影响。石家庄5~6月出现极端高温天气，造成设施栽培的阳光玫瑰、玉波二号等品种日灼、气灼病害较多，严重影响葡萄果品生产。

（四）销售渠道较为单一

目前河北省水果销售仍以"农户—收购商"传统销售模式为主，尽管农产品流通模式呈现多样化，农超、农社、农餐等产销衔接新模式正在兴起，新媒体销售渠道进一步拓展，但短期内集市、批发市场等线下销售渠道仍占主体地位，新兴销售渠道占比较低，销售总量提高有限。单一化的销售模式加剧了果农生产的风险，尤其是疫情下，以田间地头、批发市场为主的销售途径更加具有不确定性，部分地区刚刚上市的果品难以销售，果农损失较大，亟须拓宽流通渠道，促进果品销售模式多元化。

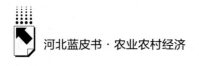

四 2023年河北省水果产业发展思路与建议

针对河北省水果产业发展现状和存在的问题，有针对性地提出 2023 年河北省水果产业发展的总体思路和发展建议。

（一）发展思路

进入新时代、新阶段，水果产业也发生新的变化，供应总量有余但结构性矛盾突出，优质、高端、有品牌的果品不能满足消费需求，低端、低质果品积压滞销，尤其是疫情给国内农产品销售带来了极大的冲击与挑战。传统的销售渠道遭遇重创，水果产业频频出现卖难滞销等问题，加剧了果农减收风险。

新时期，要紧密围绕"十四五"时期经济发展总目标，以实施乡村振兴战略为总抓手，以科技农业、绿色农业、品牌农业、质量农业为着力点，以科技创新为动力，以国内国际双循环为载体，深入实施农业供给侧结构性改革，紧紧围绕特色优势水果产业发展，优布局、调结构，抓特色、提质量，强龙头、创品牌，拓市场、增效益，推动河北省水果产业基础优势更加稳固、增长潜力充分发挥，国内市场更加强大、经济结构更加优化，创新能力显著提升、竞争优势更加突出，资源配置更加合理、生态环境持续改善，加快实现河北省水果产业绿色高质量发展，推动河北省由生产大省向质量强省跨越。

（二）发展建议

1. 适应消费升级和消费多层次多样化趋势，深耕供应链

2022 年以来国内疫情多发频发，对相关地区消费恢复造成一定制约。但我国消费市场韧性强、潜力大，消费规模扩大，消费结构升级的总体态势没有改变。高收入群体对高端、高品质、品牌果品的需求相对稳定，要保证供应链的稳定性，提高消费者复购率和黏性，通过稳定的货源、品质和价格获

取高收益。中低收入消费者的可支配收入降低，购买力下降，但需求量大且对价格相对比较敏感，要进一步加大销售力度，开拓下沉市场，薄利多销。

2. 加大线上销售力度，满足消费新需求

疫情发生后，生鲜电商在涉疫城市保供中发挥了重要作用。居民对生鲜以及日常必需品的消费转移到线上，强化了线上消费习惯。生鲜电商用户规模、使用时长均维持了较大幅度增长。随着人们受教育程度提高、电商渗透率提升，生鲜电商应用将延续增长趋势。特别是短视频平台崛起沉淀了大量的私域流量，为企业线上产品推广销售降低了成本。要加大线上消费市场的培育力度，刺激消费，全渠道发力，促进水果销售。随着线上销售渠道的进一步成熟，零售企业要具备线上线下、公域私域多阵地运营流量池的能力，同时要提升全渠道、多场景、精细化管理用户的能力，并通过数字化技术有效链接消费者需求及反馈，为消费者提供更适合的产品。

3. 全方位开拓国际市场

从我国鲜梨的出口情况来看，2021年出口量占鲜梨生产总量的2.7%，出口比重还很小，并且出口国家以印度尼西亚、越南、泰国等东南亚国家为主，品质以中低端果为主，出口到欧美等高端市场的数量有限。今后要提高水果品质，进一步开拓国际销售渠道，推动河北省水果在国际市场同台竞争，提高国际竞争力。水果主产区政府和有关部门、行业组织要积极主动担当作为，搭建国际交流对接平台，为水果出口创造好的环境和条件。

4. 深化加工技术转化利用，提升全产业链价值

近年来随着果汁加工技术的转化和应用，以中高浓度果汁为代表的NFC果汁消费需求快速增长，以果汁为主要配料的新果饮市场充分利用水果和茶叶等原料，通过加工不断迎合年轻消费者的口感和需求。果干、果脯、水果罐头等加工品从质量到口感都有了极大提升并逐渐兴起，加工技术的转化应用为水果销售开辟了新路径。要深化加工技术转化利用，不断提升深加工水平，提高加工产品的质量和附加值，用新技术创造新需求，提升全产业链价值。

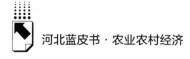

5. 组建市场联合体，加快标准化和品牌建设

为解决规模小、影响力小的问题，倡导各农户组成市场联合体，在标准化生产基础上实现更大的市场影响力，也可以共享品种、植保等生产资源，在生产技术环节取长补短，进一步实现一定规模的标准化。做到更贴近市场需求的产品标准化、商品化，提高市场竞争力和效益，组合好并走向品牌化，用品质和品牌引导消费者购买更安全、更健康、更好吃的水果。

参考文献

《2022 产季苹果产销形势分析报告》，"中国果品流通协会"微信公众号，2022 年 10 月 3 日，https：//mp. weixin. qq. com/s/uO-iE4g31OHQ0xo245N3LQ。

《2022 产季梨产销形势分析报告》，"中国果品流通协会"微信公众号，2022 年 8 月 28 日，https：//mp. weixin. qq. com/s/E86Ip3TPVRdGXpENb1vDWA。

《大樱桃小规模种植也要实现标准化 大樱桃市场动态评析 第 49 期》，"中国果品流通协会"微信公众号，2022 年 9 月 3 日，https：//mp. weixin. qq. com/s/vsi1yywBYej 3lopmbXonzA。

《阳光玫瑰价格"跳水"，仍是葡萄届"天花板"》，"中国果品流通协会"微信公众号，2022 年 8 月 15 日，https：//mp. weixin. qq. com/s/n2QpUQW0u OzIfOOUGuS15w。

蒙菊花等：《乡村振兴背景下水果电商营销环境的 SWOT 分析与发展路径探析》，《中国果树》2022 年第 8 期。

武婕、宋正阳、武晋：《当前中国水果及其制品进出口贸易分析》，《农业展望》2022 年第 1 期。

张强强、司瑞石、施凡基：《中国水果生产集中化水平的演进趋势》，《中国农业资源与区划》2021 年第 2 期。

B.6

2022~2023年河北省渔业生产形势
分析与预测

周栓林 *

摘　要：　2022 年全省水产品总产量、渔民人均纯收入同比均有显著增长。
捕捞业：渔民补贴形式改变、国家捕捞限额制度及特许捕捞制度
逐步推动，将进一步降低捕捞业对天然渔业资源的破坏，部分高
品质捕捞产品逐步呈现产量增长态势。养殖业：水产种业创新能
力进一步增强，品种以高值、高效、高抗为主，地区间同质化竞
争逐步减少，水产养殖经济效益将稳步提高。休闲渔业：建设规
模明显扩大，科技水平、市场竞争力、市场影响力明显提高，建
设热情持续高涨，游客数量呈逐年递增趋势。渔业一二三产业深
度融合发展成为河北渔业一大亮色。在上述综合研判基础上，本
报告还对年度渔业发展存在的问题进行了分析，提出了河北渔业
健康发展的年度措施及长远对策建议。

关键词：　渔业生产　渔业资源　河北

　　2022 年，全省渔业系统把加快渔业绿色发展作为渔业渔政重点工作，
踔厉奋发、笃行不怠，继续推动渔业供给侧结构性改革，加快转变渔业发展
方式，不断挖掘渔业发展潜力。着力加强休渔禁渔管理、渔业资源增殖放流、

---

　*　周栓林，河北省农业农村厅渔业处副处长，主要研究方向为渔业资源管理、渔业行政执法、
海洋牧场和休闲渔业管理。

海洋牧场建设、渔业资源和水域生态环境保护；积极发展水产健康养殖，促进水产养殖从量的增长实现质的提升；积极发展远海远洋捕捞，推动捕捞业从资源依赖型向环境友好型转变；积极发展渔业二、三产业，大力发展休闲渔业，持续发力解决发展不平衡和不充分的问题，促进渔业产业绿色高质量发展。全省渔业经济发展呈现稳中向好、质量效益同步提高的有利局面。

一 2022年河北省渔业生产形势

2022年，全省水产品产量预计达109.64万吨（不含远洋捕捞产量），较2021年增长6.30%，渔业经济总产值预计达390亿元，同比增长6.34%，渔民人均纯收入为2.5万元，同比增长16.09%，年度任务目标全部完成。受疫情影响，全省休闲渔业接待游客人数429万人次，同比增长6.75%。全省全年休闲渔业经济总产值达9.03亿元，同比增长23.7%。2022年渔业发展形势呈现以下几个特点。

（一）着力强化政策支持引导能力

制定印发了《河北省渔业发展"十四五"规划》，从夯实产业基础、促进融合发展、强化改革创新等方面明确了到2025年渔业高质量发展方向。制定印发了《河北省特色水产集群2022年推进方案》，明确了年度工作目标，细化了重点任务和责任分工，确保各项工作任务落实。制定印发2022年渔业补助资金中央一般性转移支付项目（渔业生产发展）、省级渔业资源养护项目实施方案以及《河北省2022年国家级海洋牧场示范区人工鱼礁建设项目实施方案》、《河北省2022年渔业绿色循环发展试点项目实施方案》，充分发挥财政资金支撑带动作用，推动河北省渔业加快发展。

（二）重点推进水产养殖绿色发展

重点打造唐山特色水产集群，建设绿色养殖示范基地5个。争取国家渔业绿色循环发展试点，在唐山曹妃甸区开展集中连片养殖池塘标准化改造和尾水治理1.3万亩，与省财政厅印发试点实施方案，规范项目实施。拉动社会投资1亿多元，新扩建养殖车间10万平方米。黄骅市现代农业示范园区被认定为省级现代农业示范园区。"昌黎扇贝"地理标志使用范围扩大到40余家。与省生态环境厅印发《关于加强海水养殖生态环境监管的意见》，促进海水养殖业绿色发展。

（三）加快推动渔业产业融合发展

深入落实"向江河湖海要食物"的重要指示，充分利用湖泊、水库等大水面资源，采用"人放天养"生态模式，积极发展大水面生态渔业，推动唐山、承德、张家口、衡水等地建设大水面生态渔业示范基地5个。对到期的第二批省级休闲渔业示范基地进行复查并安排部署第六批基地评选工作，加大对各地休闲渔业重点项目的督促力度，加快建设进程，推动休闲渔业平稳发展。支持建设省级休闲渔业示范基地，已完成建设并验收20余个。提升水产品加工、仓储、保鲜等能力，提高水产品附加值和溢价能力，优化水产品包装、加工等设施设备，补齐产业发展短板。

（四）加大渔业资源养护力度

充分发挥"以鱼净水、以鱼养水"生态作用，保护生物多样性，持续改善水域生态环境。制定并印发中央、省级增殖放流实施方案以及水产种质资源保护区建设方案；2022年前三季度，在渤海海域和内陆大中型湖库放流各类海淡水品种30亿单位。对白洋淀、衡水湖、栗香湖等6处国家级水产种质资源保护区建设予以支持。6月6日，在石家庄黄壁庄水库、唐山曹妃甸等地开展了2022年全国"放鱼日"河北增殖放流活动，提高社会公众渔业资源保护意识。批准新建海洋牧场1个，投放人工鱼礁10万空方。同时加大白洋淀重点水域保护力度，进一步推动白洋淀水生生物养护工作落地落实。具体内容如下。年初制定《白洋淀农业农村生态环境保护2022年工作方案》，对白洋淀流域渔业资源养护等进行安排部署；6月对雄安新区白洋淀水生生物养护工作进行专项调研；积极协调推进中国水科院搬迁事宜；

组织研究院等开展白洋淀水生生物本底调查 1 次、日常监测各 3 次，为白洋淀水域生态保护提供有力的数据支撑。

（五）加大渔业安全监管力度

强化组织领导，先后印发《河北省 2022 年度渔业安全生产执法检查方案》《河北省 2022 年渔业安全生产工作要点》《关于贯彻落实〈渔业船舶重大事故隐患判定标准（试行）〉的通知》《2022 年河北省渔业安全生产专项大检查工作方案》《河北沿海"商渔共治 2022"专项行动实施方案》，两次召开全省会议部署调度渔业安全工作。强化安全教育培训，组织开展"安全生产月"系列宣传活动。加强督导检查，组织开展全省渔业安全生产专项大检查，联合河北海事局共同开展商渔船航路畅通、"网位仪 AIS"清理治理和事故调查"回头看"三个专项行动，组织开展渔业安全生产"百日攻坚"行动、海洋渔业船舶安全生产风险隐患专项整治。积极落实渔业安责险，已完成支付互保费补贴 1444.6 万元，完成进度 65.6%，提供保障额度 113.7 亿元。

（六）加大渔船渔港综合管理力度

争取国家投资 8000 万元，推动实施唐山国家级沿海渔港经济区二期工程建设、滦南嘴东中心渔港提升改造工作。调研沧州黄骅市渔港现状、产业发展等情况，积极申报沧州（黄骅）国家级沿海渔港经济区建设项目。印发《关于贯彻落实〈海洋渔业船员违法违规记分办法〉做好海洋渔业船员管理工作的通知》，加强渔业船员培训、考试和记分管理。加强涉外渔业管理，组织开展远洋渔业"监管提升年"活动和远洋渔船船位监测监控设备核查工作，严格涉韩入渔许可审核和远洋渔业项目监管。印发《河北省海洋渔业资源养护补贴实施方案》，指导各地落实海洋渔业资源养护补贴政策。

（七）加大渔船渔港信息化建设力度

强化渔船通导配备和智慧渔港建设，推动北斗卫星示位仪和插卡式 AIS

安装工作，全年计划安装 4923 台套，已安装 3622 台套，完成进度的 74%。修订《河北省渔业船舶通导设备建设与使用管理规定》，两次升级河北省渔船渔港动态监控管理系统，对海洋渔船"九位码"进行核对和数据维护，为中国海警局北海分局、河北省海警局等单位安装全省渔船渔港动态监控管理系统。

（八）加大渔政执法力度

印发《"中国渔政亮剑 2022"河北系列专项执法行动方案》《河北省 2022 年休禁渔管理工作方案》《2022 年海洋伏季休渔期间口虾蛄专项捕捞工作方案》，召开全省会议部署全年休禁渔管理、特许专项捕捞工作。组织开展渔业安全生产、海洋伏季休渔、内陆水域禁渔期、违规渔具和涉渔"三无"船舶等专项执法行动。密切与河北海事局、海警局等单位协作执法，制定《2022 年河北省涉渔船舶监管专项联合行动方案》，组织开展各类联合执法行动 10 次，跨部门、跨区域联合执法行动 4 次，省级水生野生动物经营利用"双随机"抽查 2 次。开展省级水产品监督抽查 6 次，抽检水产品 82 批次，指导地方对不合格水产品进行跟踪调查处置。全省累计出动执法人员 4.6 万人次、执法车辆 11331 辆次、执法船艇 3347 艘次，发放宣传材料 12.8 万份，清理整治涉渔"三无"船舶 11 艘、违规网具 10814 张，查办违规违法案件 315 件，查获涉案人员 488 人，移送司法案件 40 起，涉 67 人，行政处罚金额 266.21 万元。

（九）加大种业创新力度

加强水产供种繁育基地建设，支持 16 家省级原良种场种业能力提升。2 家被评为第一批中国水产种业育繁推一体化优势企业，上榜企业数量居全国第三，位居种业强省山东、广东之后。与黄海水产研究所等单位联合选育的红鳍东方鲀新品种通过省级初审，并报国家审定。国家级罗非鱼良种场通过国家复查。加州鲈、毛蚶本地化规模繁育实现突破，培育转口加州鲈苗种 54.4 万尾、毛蚶稚贝 9325 万粒。中央投资的红鳍东方鲀种质资源场已竣工，正在试产。新争取种质资源场建设项目 1 个，中央投资 1000 万元。预计全省年繁育各类水产苗种 700 多亿尾，同比增长 110% 以上。

二　河北省渔业发展存在的问题

对标高质量发展要求，河北省渔业工作还有很多亟待解决的突出问题。

（一）渔业基础设施比较落后

渔港、码头等渔业基础设施建设依然比较落后，仍存在布局不合理、功能性缺失等问题。虽然目前正在大规模建设渔港及渔港经济区，但建设速度与渔业发展需求仍有较大差距。

（二）渔业安全生产监管能力还需进一步提高

渔业安全管理措施有待加强，渔船编组生产、进出港报告、驻港监管等依港管船管人管安全措施在基层还未完全落实到位。渔民安全意识还有待增强，对渔船安全设备、救生设备和渔船通信设备配备的监管，执法不严、处罚不及时，需要进一步落实责任，提高监管能力。

（三）渔政执法机构及队伍还不健全

存在执法人员编制与工作任务量不匹配的情况，渔政执法人员力量明显偏少，全省驻港人员人均管船 40 艘，15 处临时停泊点无法派出人员值守，不适应新形势下渔政执法管理需要。

三　2023年渔业经济形势研判

2023 年，全省渔业将努力克服经济下行等压力，保持平稳发展的走势。

捕捞业：改变渔民补贴形式，促进捕捞业发展更加规范，国家逐步推动的捕捞限额制度及特许捕捞制度，将进一步降低捕捞业对天然渔业资源的破坏，部分高品质捕捞产品将逐步恢复产量。

养殖业：水产种业创新能力将进一步增强，水产养殖品种以高值、高效、高抗为主，地区间差异将更加明显，同质化竞争将逐步减少，水产养殖经济效益将进一步提高。

休闲渔业：经过多年的探索积累，休闲渔业企业建设规模将明显扩大，科技水平、市场竞争力、市场影响力将明显提高，建设热情继续保持高涨态势，游客数量也会有大幅增加。休闲渔业经济产值继续保持增长，渔业一二三产业融合发展进一步深化。

四 关于2023年河北省渔业发展的对策建议

2023年，全省渔业系统将坚决落实农业农村部和省委、省政府的决策部署，积极培育新产业新业态，提高渔业现代化发展水平，促进渔业经济保持平稳较快增长。2023年全省水产品总产量将达到113万吨（不含远洋捕捞产量），渔业经济总产值将达到410亿元，渔民人均纯收入将达到27500元。

（一）加强年度工作调度

通过召开全省渔业工作会议，及时贯彻落实中央、省委及厅党组重点工作部署，以二十大精神引领行业持续快速发展。精心筹办全国"放鱼日"河北同步活动，提高公众参与保护渔业资源的积极性。同时，结合各市实际需求，做好项目储备征集工作。制定渔业资金实施方案，加强渔业项目督导及绩效评价，合理发挥资金效用，确保全年工作落到实处。

（二）推进水产养殖绿色发展

大力推广池塘多品种混养、工厂化循环水养殖、渔农综合种养等生态健康养殖技术。指导曹妃甸做好国家渔业绿色循环发展试点工作，开展万亩以上集中连片池塘标准化改造。继续组织好水产养殖种质资源普查，制定河北省水产养殖种质资源名录。加强虾、鲆鲽、河鲀等河北省优势特色品种选育攻关，支持水产种业能力提升。争创省级以上水产健康养殖和生态养殖示范区（场）10 个以上。

（三）持续做好渔业资源养护工作

规范有序开展水生生物增殖放流，计划增殖水生生物 30 亿单位。计划申报创建国家级海洋牧场示范区 1 家以上。重点加强 5 处国家级水产种质资源保护区管理，配套完善基础设施并开展试验。持续开展白洋淀等重点渔业水域水生生物资源调查，对水生外来物种普查情况进行汇总，为渔业水域生态安全提供科技支撑。

（四）加强渔业产业融合发展

深入组织开展休闲渔业品牌培育活动，抓好各带、区休闲渔业典型示范，组织省级休闲渔业示范基地（第六批）申报和评审工作。计划开展大水面生态渔业人才技术培训，以易水湖等大水面生态渔业新型经营主体为引领，建设高标准、特色突出、带动能力强的示范基地 5 个。

（五）加强渔业安全管理

构建渔业安全治理体系，制定完善依港管船管人管安全各项规章制度，推行渔船编组编队生产和定时点验制度，指导有关市制定涉渔"三无"船舶整治方案，在山东等地设立工作点，组织省、市、县三级力量对长期停泊省外的渔船进行严格监管。筑牢渔业安全防线，强化人防，提升渔业船员安全生产意识和适任水平；夯实物防，提升渔船装备、渔民技能、渔港避风、自救互救和风险防范能力；创新技防，实现现代通导和安全救生设备升级改造。健全渔业安全应急管理体系，推广应用渔业安全事故直报系统。完善渔业保险政策，推动安责险落地实施。

（六）加强渔港建设管理

指导唐山市推进唐山国家级沿海渔港经济区建设，积极申报沧州（黄骅）国家级沿海渔港经济区建设项目。推动智慧渔港建设，为日常进出港渔船安装船铭牌，划定电子围栏，实现涉渔"三无"船舶进出港自动报警等功能。推进渔港综合管理改革，完善渔港管理体制，发布渔港名录。推动渔获物定点上岸，实现渔政渔港监督执法力量驻港监管，严格落实渔船进出港报告、渔船船位实时监测制度。

（七）加强渔政执法监管

加强渔政执法装备建设，推进600吨级左右的渔政执法船建造项目，强化执法无人机、移动执法终端等执法装备配备。组织开展执法培训、案卷评查等执法监督活动，提升渔政人员政治素质和法律素养，严格规范公正文明执法。强化执法协同机制建设，建立健全部门间、区域间合作机制。加强执法信息资源共享，实施河北省渔政执法调度指挥中心建设项目，建立完善渔政执法调度指挥和管理信息系统。加强对渔船渔港动态监控管理系统和渔港视频监控系统的使用，对渔船渔港信息化设施功能、AIS基站等进行升级完善，切实发挥好渔船渔港信息化手段的作用。实施"中国渔政亮剑"专项执法行动。加强涉外渔业管控，压实属地管理责任，与公安、海警、边海防等部门密切协作，形成监管合力，始终保持对涉渔"三无"船舶的高压严打态势。加大宣传教育力度，提升培训的针对性和实用性，提高渔民和企业对周边形势和安全生产重要性的认识，提高渔民守法依规自觉性。

参考文献

农业农村部渔业渔政管理局、全国水产技术推广总站、中国水产学会编制《2022中国渔业统计年鉴》，中国农业出版社，2022。

河北省农业农村厅：《河北省渔业统计年鉴2021年》（内部资料）。

B.7

2022~2023年河北省农产品进出口
贸易形势分析与预测

邵红岭　路　剑　张晶晶*

摘　要：　受世界经济和贸易增长放缓、RCEP 红利持续释放、国际大宗
农产品价格持续走高、国内经济下行压力加大、省内农业经济
运行平稳等的影响，2022 年 1~10 月河北省农产品进出口贸易
规模持续扩大，出口增速快于进口增速，贸易逆差略降。农产
品贸易商品结构和市场结构持续优化，但仍较集中，仍以一般
贸易方式进出口农产品为主。预计 2023 年河北省农产品进出
口贸易规模仍将扩大，但增速可能面临放缓的压力，且进口农
产品增速低于出口农产品增速的情况可能仍将持续。农产品贸
易商品结构和市场结构趋于多元，贸易方式不断创新。面对复
杂严峻的国内外形势，亟须进一步优化农产品贸易商品结构和
市场结构，深化跨境农业产业链合作以及加快发展农产品跨境
电商等。

关键词：　农产品　进出口贸易　河北省

　　面对世界经济和贸易增长放缓、国际经贸摩擦加剧、大宗农产品国际价
格高涨、国内经济下行压力增大等困难和挑战，2022 年 1~10 月河北省农产

---

* 邵红岭，河北农业大学经济管理学院副教授，主要研究方向为农产品国际贸易；路剑，河北
农业大学经济管理学院教授，主要研究方向为农业经济与管理；张晶晶，河北农业大学经济
管理学院硕士研究生，主要研究方向为农业管理。

品进出口贸易规模再上新台阶，贸易结构不断优化，但河北省农产品进出口贸易发展面临的不确定性仍较突出。

一 2022年河北省农产品进出口贸易的形势与特点

（一）农产品进出口贸易规模再上新台阶，出口增速大于进口增速

2022 年 1~10 月河北省农产品进出口总额、出口额和进口额均出现不同程度的增长。其中农产品进出口总额为 66.97 亿美元，与 2021 年同期相比增长了 9.07%；农产品出口额为 17.09 亿美元，同比增长 19.54%；农产品进口额为 49.88 亿美元，同比增长 5.90%，出口增速大于进口增速；农产品贸易仍为逆差，逆差额为 32.79 亿美元，略低于 2021 年同期水平。分月度来看，如表 1 所示，2022 年 1~10 月河北省农产品进出口总额呈波动变化趋势，和进口额的变动趋势基本一致，9 月达到研究期内的最高值（9.61 亿美元），2 月最低，为 3.26 亿美元。就同比增长幅度来看，1 月最高，为 51.10%，8 月最低，为-35.47%。农产品出口额变动较为平稳，6 月出口额最多，为 1.92 亿美元，2 月最少，为 1.19 亿美元。就同比增长幅度来看，每月农产品出口额的同比增长率均大于 0，其中 6 月同比增长率最高，达到 57.97%，10 月同比增长率最低，为 4.98%。农产品进口额波动幅度较大，研究期内 9 月达到一个高峰，为 7.96 亿美元，2 月最低，为 2.07 亿美元。每月农产品进口额的同比增长率变化幅度较大，其中 1 月同比增长率最高，达到 62.03%，8 月同比增长率最低，为-46.23%。从贸易差额来看，各月均为逆差，逆差幅度最大的是 9 月，逆差额为 6.31 亿美元，逆差幅度最小的是 2 月，逆差额为 0.88 亿美元。

表1　2022年1~10月河北省月度农产品进出口规模与同比增长率

单位：亿美元，%

月份	进出口额	同比增长	出口额	同比增长	进口额	同比增长	贸易差额
1	7.25	51.10	1.91	27.14	5.34	62.03	−3.43
2	3.26	−22.19	1.19	14.12	2.07	−34.22	−0.88
3	5.19	25.81	1.78	15.36	3.41	32.03	−1.63
4	8.52	32.00	1.59	15.39	6.93	36.5	−5.34
5	6.22	12.13	1.79	16.15	4.43	10.58	−2.64
6	7.74	6.78	1.92	57.97	5.82	−3.54	−3.90
7	6.54	−7.97	1.79	25.01	4.75	−16.3	−2.96
8	5.83	−35.47	1.77	19.45	4.06	−46.23	−2.29
9	9.61	21.08	1.65	7.08	7.96	24.47	−6.31
10	6.81	37.27	1.70	4.98	5.11	52.92	−3.41

注：此处农产品是指HS编码01~24章的产品（下同）。

资料来源：根据石家庄海关数据计算所得。

（二）进出口商品种类不断丰富，但仍较集中

河北省农产品贸易商品结构仍较集中，有待进一步优化。就出口商品结构来看，如表2所示，2022年1~10月河北省农产品出口额排名前十的农产品主要集中于蔬菜及其制品、糖及糖食、水果和坚果及其制品、水海产品等，多为劳动密集型产品。排名前五的不同农产品出口额所占比重合计为52.75%，排名前十的不同农产品出口额所占比重合计为85.79%，可见出口商品结构仍较集中。与2021年同期相比，排名前十的农产品出口额均出现不同程度的增长，其中增长幅度最大的是HS编码15章的农产品，同比增长了83.91%，主要得益于豆油及其分离品出口的大幅增长和菜籽油或芥籽油及其分离品、人造黄油等的出口；增长幅度居于第二位的是HS编码21章的农产品，同比增长了58.36%，主要是因为增加了对以咖啡浓缩精汁或以咖啡为基本成分制品的出口；增长幅度居于第三位的是HS编码17章的农产品，同比增长了45.46%，主要是因为增加了固体甘蔗糖、甜菜糖及化学纯蔗糖的出口以及不含可可的糖食和其他固体糖的出口有了较大幅度的

增长。

就进口商品结构来看，如表2所示，2022年1~10月河北省农产品进口额排名前十的农产品为含油子仁及果实等（主要是大豆）、动植物油脂、水海产品、糖及糖食、蔬菜、乳品和天然蜂蜜、谷物、肉及食用杂碎、水果和坚果等，多为土地密集型产品。排第一位的是HS编码12章的农产品，主要是大豆，该章农产品进口额所占比重为79.23%，遥遥领先于其他进口农产品，排名前五的不同农产品进口额所占比重合计为92.94%，排名前十的不同农产品进口额所占比重合计为96.89%，可见进口商品结构集中度高于出口商品。与2021年同期相比，排名前十的农产品进口额除了HS编码10章和02章的农产品有了较大幅度的下降之外，其余农产品均出现不同程度的增长。其中HS编码02章的肉及食用杂碎的进口额同比下降了76.85%，主要是因为鲜、冷、冻的猪肉、羊肉和牛肉以及各种食用杂碎的进口额均出现较大幅度的下降；HS编码10章的谷物的进口额同比下降了58.25%，主要是因为大麦、小麦以及荞麦和谷子等的进口额出现大幅度下降。增长幅度居于第一位的是HS编码07章的食用蔬菜、根及块茎，其进口额同比增长了120.29%，主要是脱荚干豆的进口有了大幅增加；增长幅度居于第二位的是HS编码17章的糖及糖食，其进口额同比增长了70.24%，主要是因为固体甘蔗糖、甜菜糖及化学纯蔗糖及其他固体糖的进口有了大幅度增加；增长幅度居于第三位的是HS编码04章的农产品，其进口额同比增长了50.62%，主要是因为天然蜂蜜以及乳清和其他品目未列名的含天然乳的产品的进口有了大幅度增加。

表2 2022年1~10月河北省进、出口额排名前十的农产品及进、出口额占比

单位：%

排名	HS编码及对应出口农产品	出口额占比	出口额同比变化	HS编码及对应进口农产品	进口额占比	进口额同比变化
1	20(蔬菜、水果、坚果或植物其他部分的制品)	12.65	6.09	12(含油子仁及果实；杂项子仁及果实；工业用或药用植物；稻草、秸秆及饲料)	79.23	7.68

续表

排名	HS 编码及对应出口农产品	出口额占比	出口额同比变化	HS 编码及对应进口农产品	进口额占比	进口额同比变化
2	17(糖及糖食)	11.25	45.46	15(动、植物油、脂及其分解产品;精制的食用油脂;动、植物蜡)	6.38	17.24
3	08(食用水果及坚果;柑桔属水果或甜瓜的果皮)	10.29	3.40	03(鱼、甲壳动物、软体动物及其他水生无脊椎动物)	2.92	33.39
4	07(食用蔬菜、根及块茎)	9.44	3.15	17(糖及糖食)	2.84	70.24
5	03(鱼、甲壳动物、软体动物及其他水生无脊椎动物)	9.12	18.86	07(食用蔬菜、根及块茎)	1.57	120.29
6	05(其他动物产品)	8.54	9.51	04(乳品;蛋品;天然蜂蜜;其他食用动物产品)	1.28	50.62
7	21(杂项食品)	7.62	58.36	22(饮料、酒及醋)	0.82	6.24
8	16(肉、鱼、甲壳动物、软体动物及其他水生无脊椎动物的制品)	6.34	4.75	10(谷物)	0.75	-58.25
9	15(动、植物油、脂及其分解产品;精制的食用油脂;动、植物蜡)	5.54	83.91	02(肉及食用杂碎)	0.62	-76.85
10	23(食品工业的残渣及废料;配制的动物饲料)	5.00	34.25	08(食用水果及坚果;柑桔属水果或甜瓜的果皮)	0.48	11.56

资料来源:根据石家庄海关数据计算所得。

(三)进出口市场日趋多元,但仍较集中

河北省农产品进出口市场结构不断优化但仍较集中。从农产品贸易区域来看,河北省农产品贸易伙伴遍及六大洲。如表3所示,与2021年同期相比,2022年1～10月河北省与各洲的农产品进出口总额同比增长的有亚洲、北美洲和大洋洲,与欧洲、拉丁美洲、非洲的农产品进出口总额出现了不同

程度的下降,其中增长最多的是大洋洲,同比增长率为50.92%,与非洲的农产品进出口总额下降最多,同比下降了25.80%。河北省对各洲的农产品出口均出现不同程度的增长,其中对拉丁美洲的出口额增长幅度最大,同比增长率达到51.37%,其次是大洋洲和亚洲;河北省农产品进口中,自大洋洲、北美洲和亚洲的农产品进口额出现不同程度的增长,增长幅度最大的是大洋洲,同比增长率为56.46%,自非洲、欧洲和拉丁美洲的农产品进口额均出现不同程度的下降,下降幅度最大的是非洲,同比下降了35.04%。2022年1~10月河北省与各洲的农产品进出口总额所占比重居于前三位的分别是拉丁美洲、亚洲和北美洲,所占比重合计为89.49%,所占比重最少的是非洲,仅为1.93%。其中出口区域所占比重居于前三位的分别是亚洲、欧洲和北美洲,所占比重合计为88.85%,仅亚洲的比重就达到63.24%;进口来源区域所占比重居于前三位的分别是拉丁美洲、北美洲和亚洲,所占比重合计为93.51%,仅自拉丁美洲的农产品进口额所占比重就达到51.38%。

表3　2022年1~10月河北省农产品贸易区域分布

单位:%

区域	贸易额同比增长			贸易额所占比重		
	进出口	出口	进口	进出口	出口	进口
亚洲	18.17	20.64	14.07	25.34	63.24	12.35
欧洲	-4.70	9.52	-28.15	5.97	16.73	2.28
北美洲	43.53	15.83	47.13	24.44	8.88	29.78
拉丁美洲	-6.82	51.37	-8.15	39.71	5.66	51.38
非洲	-25.80	4.24	-35.04	1.93	2.50	1.73
大洋洲	50.92	38.97	56.46	2.61	2.99	2.48

资料来源:根据石家庄海关数据计算所得。

从农产品贸易国家(地区)来看,2022年1~10月河北省农产品出口到遍及六大洲的150多个国家(地区),农产品进口来源于六大洲的70多个国家(地区)。如表4所示,2022年1~10月河北省农产品前十大出口国家(地区)分别是东盟、欧盟、日本、韩国、美国、中国香港、中国台湾、澳大利亚、加拿大和墨西哥，河北省对其农产品出口额占河北省农产品出口总额的比重合计为85.78%，这一比重略低于2021年同期水平。与2021年同期相比，欧盟的排名由第3位上升到第2位，澳大利亚由第9位上升到第8位，日本由第2位下降到第3位，加拿大由第8位下降到第9位。其余国家（地区）的排名没有变。2022年1~10月前十大进口来源国家（地区）分别是巴西、美国、东盟、印度、日本、澳大利亚、欧盟、新西兰、智利和塞内加尔，农产品进口额占河北省农产品进口总额的比重合计为95.13%，这一比重与2021年水平相当。与2021年同期相比，新西兰和智利取代了阿根廷和加拿大进入河北省前十大农产品进口来源地，巴西和美国的排名没有变，东盟由第4位上升到第3位，日本由第8位上升到第5位，澳大利亚由第9位上升到第6位，印度由第3位下降到第4位，欧盟由第5位下降到第7位，塞内加尔由第7位下降到第10位。进口来源国排名上升的均为RCEP成员国。

表4　2022年1~10月河北省农产品前十大出口市场和进口来源地情况

单位：%

排名	出口市场		进口来源地	
	国家（地区）	所占比重	国家（地区）	所占比重
1	东盟	24.13	巴西	48.80
2	欧盟	15.04	美国	29.41
3	日本	14.88	东盟	5.83
4	韩国	11.70	印度	3.28
5	美国	6.89	日本	2.40
6	中国香港	4.00	澳大利亚	1.71
7	中国台湾	3.17	欧盟	1.59
8	澳大利亚	2.34	新西兰	0.77
9	加拿大	1.99	智利	0.69
10	墨西哥	1.64	塞内加尔	0.65

资料来源：根据石家庄海关数据计算所得。

（四）以一般贸易为主，保税物流贸易增长较快

河北省农产品贸易以一般贸易为主，加工贸易和其他贸易为辅。如表5

所示，2022年1~10月，河北省农产品一般贸易进出口额为61.85亿美元，同比增长9.02%，占河北省农产品进出口总额的比重为92.35%。其中，一般贸易出口农产品15.81亿美元，同比增长18.85%，占河北省农产品出口总额的比重为92.51%；一般贸易进口农产品46.04亿美元，同比增长6.00%，占河北省农产品进口总额的比重为92.30%。加工贸易进出口农产品3.92亿美元，同比下降4.97%，占河北省农产品进出口总额的比重为5.85%，且以进料加工贸易为主，占比达97.45%。其中，加工贸易出口农产品1.21亿美元，同比增长27.15%，占河北省农产品出口总额的比重为7.08%；加工贸易进口农产品2.71亿美元，同比下降14.60%，占河北省农产品进口总额的比重为5.43%。其他贸易方式中，主要是保税监管场所进出境货物和海关特殊监管区域物流货物所占比重最高，且同比增长幅度最大。

表5 2022年1~10月河北省农产品进出口贸易方式

单位：亿美元，%

贸易方式	进出口			出口			进口		
	进出口额	同比增长	所占比重	出口额	同比增长	所占比重	进口额	同比增长	所占比重
一般贸易	61.85	9.02	92.35	15.81	18.85	92.51	46.04	6.00	92.30
加工贸易	3.92	-4.97	5.85	1.21	27.15	7.08	2.71	-14.60	5.43
来料加工贸易	0.10	61.86	0.15	0.06	54.91	0.35	0.04	72.90	0.08
进料加工贸易	3.82	-5.94	5.70	1.15	26.04	6.73	2.67	-15.23	5.35
其他贸易	1.20	121.75	1.79	0.07	63.94	0.41	1.13	126.84	2.27

资料来源：根据石家庄海关数据计算所得。

二 影响河北省农产品进出口贸易发展的主要因素

（一）全球经济增长放缓，面临多重下行风险

国际货币基金组织2022年10月发布的《世界经济展望》报告中预测2022年全球经济增速将保持在3.2%的水平不变，较2021年下降2.8个百

分点。其中发达经济体经济将增长 2.4%，相较 7 月的预测值下调了 0.1 个百分点；新兴市场和发展中经济体经济将增长 3.7%，相较 7 月的预测值上调了 0.1 个百分点。世界银行 2022 年 6 月发布的《全球经济展望》报告中预计 2022 年全球经济增速为 2.9%，远低于 2022 年 1 月预期的 4.1%。其中预计发达经济体经济增长 2.6%，比 1 月的预测值低 1.2 个百分点；预计新兴市场和发展中经济体经济增长 3.4%，远低于 2011~2019 年 4.8% 的年均增长率。全球经济本就因疫情被削弱，又遭受到数次冲击，不确定性随之上升。地缘政治不稳定因素的冲击，尤其是俄乌冲突对全球能源及粮食市场造成影响，地区经济增长严重放缓，发生了全球性的通货膨胀，全球金融环境收紧加剧新兴市场和发展中经济体债务问题，疫情等加大了全球经济下行的压力。

（二）世界贸易增长缓慢，经贸摩擦处于高位

受疫情和俄乌冲突叠加影响，世界经济脆弱性突出，加之一些国家采取各种贸易限制措施，主要是通过配额、临时禁令等措施限制各种产品的出口，使得 2022 年的世界贸易增长乏力。2022 年 10 月 5 日，世界贸易组织发布的《贸易统计及展望》报告中预测 2022 年全球商品贸易量将增长 3.5%，该预测值略好于 4 月预测的 3.0%。预计 2022 年出口贸易和进口贸易增长最快的均为中东地区，亚洲在出口贸易增长中居第三位，南美洲居最后一位，在进口贸易增长中居最后一位的是亚洲。

与 2021 年相比，2022 年经贸摩擦形势趋于紧张。如图 1 所示，2022 年 1~8 月全球经贸摩擦指数呈波动变化趋势，且均高于 2021 年同期水平。2022 年 1~8 月全球经贸摩擦指数月均值处于高位，为 184。8 个月中，只有 7 月处于中位，其余月份均处于高位，其中 6 月达到最高点，7 月达到最低点。这表明全球经贸摩擦冲突处于较高水平。

（三）RCEP 红利持续释放，助力农产品贸易保稳提质

2022 年 1 月 1 日，《区域全面经济伙伴关系协定》（RCEP）正式生效。

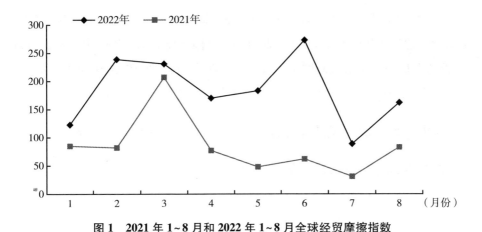

图1　2021年1~8月和2022年1~8月全球经贸摩擦指数

资料来源：贸易风险预警网，http：//www.risk-info.com/list.aspx？id=52。

RCEP生效后，在关税优惠方面，区域内90％以上的包括农产品在内的货物将通过立即降税到零、逐步降税到零的方式实现零关税。通过RCEP，中国与日本首次建立了自贸关系，达成了农产品关税减让安排。中国与其他成员国在部分农产品品种上做出了超过现有双边自贸协定的开放承诺。在原产地累积规则方面，允许原产成分在整个区域范围内累加计算。企业生产的部分最终农产品，在RCEP所有成员国区域价值不低于40％时，该农产品就能获得RCEP原产资格，可享受优惠待遇。在海关程序和贸易便利化规则方面，一般货物争取48小时内放行，快运货物和易腐货物等争取实现货物抵达后6小时内放行，特殊情况下，在海关的工作时间之外予以放行。此外，还提到减少不必要的技术性贸易壁垒，在涉农服务贸易领域和投资领域，15个成员国均做出了高于原有双边自贸协定水平的开放承诺，RCEP区域内首次引入统一的电子商务规则等。RCEP降低了区域内贸易关税和非关税壁垒，为农产品贸易带来了更广阔的贸易产品空间和市场空间，为广大中小农产品贸易企业提供了机遇，有助于加深区域内农业产业链的合作，有助于企业借助跨境电商平台扩大出口等。

　　RCEP是全球最大的自贸区，其成员国是河北省重要的贸易伙伴。在当前国内外形势依然严峻复杂的情况下，RCEP生效助力河北省农产品进出口贸易保稳提质，为河北省农产品进出口贸易带来新活力。与2021年同期相比，2022年1~10月河北省与RCEP成员国的农产品进出口总额增长了31.54%，其中河北省对RCEP成员国农产品出口额增长了22.50%，河北省自RCEP成员国农产品进口额增长了50.48%，远高于同期河北省整体农产品进出口贸易增长幅度。

（四）地缘政治风险叠加极端天气，国际大宗农产品价格持续走高

2022年地缘政治风险呈现加剧趋势，被誉为"世界粮仓"的俄罗斯和乌克兰军事冲突的爆发和升级，叠加拉尼娜等极端天气对农业生产的影响，使得全球大宗商品市场出现供需错位，引发能源价格上涨，农产品生产成本和运输成本攀升，冲击国际农产品市场价格。如表6所示，与2021年同期相比，2022年1~10月全球肉类、奶类和谷物的价格指数均出现不同程度的增长，植物油和食糖的价格指数除了8月、9月和10月低于2021年同期外，其他月份均高于2021年同期水平。如表7所示，与2021年同期相比，2022年1~9月除了稻米外，其他大宗农产品的国际价格普遍上扬，就2022年1~9月的均值来看，小麦、玉米、大豆、棉花、油料和食糖的国际价格分别上升了41.13%、18.25%、14.73%、42.11%、46.98%、14.11%。此外，对比2022年1~9月这些产品的国内价格和国际价格均值，可以发现稻米、大豆和食糖的国内价格高于国际价格，存在价格倒挂现象。小麦、玉米、棉花和油料的国内价格低于国际价格。大宗农产品价格的变化将直接影响全球各国的供需关系，进而影响农产品进出口贸易局势。

表6 2021年1月~10月和2022年1~10月国际农产品价格指数

月份	肉类		奶类		谷物		植物油		食糖	
	2022年	2021年	2022年	2021年	2022年	2021年	2022年	2021年	2022年	2021年
1	112.1	96.0	132.6	111.2	140.6	125.0	185.9	138.87	112.7	94.2
2	113.9	97.8	141.5	113.1	145.3	126.1	201.7	147.46	110.5	100.2
3	119.3	100.8	145.8	117.5	170.1	123.9	251.8	159.30	117.9	96.2
4	121.9	104.3	146.7	119.1	169.7	126.2	237.5	162.19	121.5	100.0
5	122.9	107.4	144.2	121.1	173.5	133.7	229.2	174.88	120.4	106.8
6	125.9	110.7	150.2	119.9	166.3	130.3	211.8	157.68	117.3	107.7

续表

月份	肉类		奶类		谷物		植物油		食糖	
	2022年	2021年	2022年	2021年	2022年	2021年	2022年	2021年	2022年	2021年
7	124.1	114.1	146.5	116.7	147.3	126.3	168.8	155.50	112.8	109.6
8	121.1	113.5	143.4	116.2	145.6	130.4	163.3	165.86	110.5	120.5
9	120.3	112.8	142.7	118.1	147.9	132.8	152.6	168.57	109.7	121.2
10	118.2	112.1	139.3	120.7	152.3	137.1	151.3	184.84	108.6	119.1
平均	120.0	107.0	143.3	117.4	155.9	129.2	195.4	161.5	114.2	107.6

资料来源：联合国粮农组织。

表7 2022年1~9月部分大宗农产品国内外价格变化

价格		1月	2月	3月	4月	5月	6月	7月	8月	9月	均值
稻米 （元/斤）	2022年国内价格	2.04	2.02	2.01	2.00	2.00	2.01	2.04	2.02	2.02	2.02
	2022年国际价格	1.59	1.63	1.63	1.69	1.89	1.83	1.69	1.72	1.78	1.72
	2021年国际价格	1.98	2.03	2.00	1.90	1.88	1.81	1.62	1.56	1.54	1.81
小麦 （元/斤）	2022年国内价格	1.54	1.54	1.73	1.74	1.74	1.69	1.63	1.63	1.66	1.66
	2022年国际价格	1.74	1.75	2.16	2.16	2.41	2.14	1.82	1.79	1.94	1.99
	2021年国际价格	1.29	1.31	1.29	1.34	1.43	1.39	1.47	1.58	1.63	1.41
玉米 （元/斤）	2022年国内价格	1.40	1.41	1.44	1.45	1.47	1.44	1.40	1.40	1.46	1.43
	2022年国际价格	1.27	1.32	1.56	1.61	1.64	1.57	1.51	1.43	1.53	1.49
	2021年国际价格	1.10	1.15	1.16	1.25	1.36	1.35	1.42	1.28	1.25	1.26
大豆 （元/斤）	2022年国内价格	3.24	3.25	3.25	3.25	3.25	3.25	3.26	3.26	3.26	3.25
	2022年国际价格	2.23	2.52	2.66	2.62	2.70	2.75	2.46	2.52	2.63	2.57
	2021年国际价格	2.14	2.14	2.13	2.06	2.37	2.40	2.36	2.30	2.30	2.24
棉花 （元/吨）	2022年国内价格	22510	22848	22714	22618	22186	20389	16776	15877	15684	20178
	2022年国际价格	21164	21836	21746	24236	25385	25610	19584	21049	20033	22294
	2021年国际价格	14796	15338	15346	15103	15358	15460	15841	16839	17110	15688
油料 （元/斤）	2022年国内价格	4.92	5.35	5.53	5.65	5.88	5.97	4.89	5.26	5.13	5.40
	2022年国际价格	5.46	6.04	6.86	7.35	7.48	6.77	5.61	5.76	5.53	6.32
	2021年国际价格	4.30	4.30	4.30	4.30	4.30	4.30	4.30	4.30	4.30	4.30
食糖 （元/吨）	2022年国内价格	5628	5604	5722	5829	5812	5916	5790	5660	5563	5725
	2022年国际价格	4641	4665	5080	5382	5216	5111	4980	4886	5099	5007
	2021年国际价格	3944	4195	4246	4160	4305	4410	4469	4864	4902	4388

资料来源：中国农业农村部《2021年9月大宗农产品供需形势分析月报》和《2022年9月大宗农产品供需形势分析月报》。

（五）国内经济下行压力加大，总体保持扩张态势

受疫情反复、俄乌冲突等因素影响，2022 年国内经济面临较大挑战，下行压力加大，但总体保持扩张态势。国家统计局数据资料显示，2022 年前三季度中国 GDP 为 870269 亿元，按可比价计算，比 2021 年同期增长 3.0%，其中第一产业增加值同比增长 4.2%，第二产业增加值同比增长 3.9%，第三产业增加值同比增长 2.3%。前三季度社会消费品零售总额同比增长 0.7%，货物贸易总额同比增长 9.9%，全国固定资产投资（不含农户）同比增长 5.9%，全国城镇新增就业 1001 万人。前三季度，全国居民人均可支配收入为 27650 元，同比名义增长 5.3%，实际增长 3.2%。城镇居民人均可支配收入为 37482 元，同比名义增长 4.3%，实际增长 2.3%；农村居民人均可支配收入为 14600 元，同比名义增长 6.4%，实际增长 4.3%。城乡居民人均收入比为 2.57，比 2021 年同期缩小 0.05。此外，河北省统计局数据资料显示，2022 年前三季度河北省 GDP 为 30591.1 亿元，同比增长 3.7%，其中第一产业增加值同比增长 3.9%，第二产业增加值同比增长 4.4%，第三产业增加值同比增长 3.1%。前三季度全省社会消费品零售总额同比增长 4.5%，货物贸易总额同比增长 2.4%，全省固定资产投资（不含农户）同比增长 8.2%，全省城镇新增就业 80.02 万人。前三季度，全省居民人均可支配收入为 22783 元，同比名义增长 5.3%，实际增长 3.3%。城镇居民人均可支配收入为 30455 元，同比名义增长 4.0%，实际增长 2.3%；农村居民人均可支配收入为 14605 元，同比名义增长 6.5%，实际增长 4.1%。城乡居民人均收入比为 2.09，比 2021 年同期缩小 0.05。

（六）省内农业生产稳中向好，农业经济运行平稳

河北省统计局数据显示，2022 年前三季度，河北省农林牧渔业增加值为 2712 亿元，同比增长 4.1%。夏粮生产再获丰收，每亩产量和总产量分别同比增长 0.2% 和 0.3%。蔬菜和水果生产稳定增长，蔬菜总产量为 3349.7 万吨，同比增长 3.6%，水果总产量为 609.0 万吨，同比增长 7.3%。林业生

产稳步推进，林草资源总量和质量稳步提升。畜牧业生产稳中向好，猪牛羊禽肉产量为361.7万吨，同比增长3.8%。猪肉产量为211.7万吨，同比增长3.6%；禽蛋产量为305.2万吨，同比增长4.4%；牛奶产量为414.5万吨，同比增长10.8%。渔业生产基本恢复，呈平稳增长态势。蔬菜、果品和畜牧业三大支柱产业产值占农林牧渔业总产值的比重为72.7%，比2021年同期低1.0个百分点。

三 2023年河北省农产品进出口贸易形势展望

疫情的反复、地缘政治风险的加剧等使得世界经济贸易不确定性增强，世界经济与贸易增速可能进一步放缓。国际货币基金组织2022年10月发布的《世界经济展望》报告中预测2023年全球经济增速将放缓至2.7%，比7月预测值低0.2个百分点，且存在25%的可能性会降到2%以下。世界贸易组织将其对2023年全球经济增速的预期由3.3%下调至2.3%，预计2023年全球商品贸易量将仅增长1.0%，远低于此前估计的3.4%，并表示随着主要经济体出于不同原因增长放缓，进口需求预计将减弱。此外，国际货币基金组织对2023年中国经济增长的预测值下调至4.4%。中国经济将承压前行，但长期向好的基本面没有变。这都会给河北省农产品进出口贸易的发展带来一定的压力。

2023年河北省农产品贸易规模仍将扩大，但增速可能面临放缓的压力，且进口农产品增速低于出口农产品增速的情况可能仍将持续。农产品贸易商品结构和市场结构趋于多元，贸易方式不断创新。出口方面，出口农产品种类将日益丰富，出口产品质量将不断提升。随着河北省水果、蔬菜和水海产品生产效率和质量的快速提升，蔬菜、水果和水海产品等农产品的国际竞争优势仍然明显，出口规模将保持增长，尤其是附加值相对较高的加工品出口比例将呈上升态势。进口方面，受国际粮价波动的影响，大豆进口增速或将放缓，会冲击畜产品市场，肉类进口可能会增加。随着居民消费结构的不断升级和健康消费需求的增长，国外优质农产品的进口将会增加。

四 河北省农产品进出口贸易发展的对策建议

面对当前复杂、严峻的国际国内环境，需多措并举推动河北省农产品进出口贸易高质量发展。

（一）优化农产品进出口贸易商品结构

出口方面，一是充分挖掘部分农产品的潜在价值，朝精深加工方向发展。不断增强农产品精深加工的技术创新能力，延长产业链条，拓展产品种类，提升农产品附加值和产品差异化水平，满足不同国家消费者需求，推动高质量农产品走出国门。二是积极推进农业国际贸易高质量发展基地建设。立足河北省优势农产品，培育打造一批产业集聚度高、对标国际标准、品牌认可度高、不断迈向农业产业链中高端的农产品进出口贸易骨干力量，促进农产品出口提质增效。三是加强出口农产品质量安全监管。做到源头能控制、过程可追溯、质量有保障，全面提高出口农产品质量监管的科学性和有效性，确保出口农产品的质量安全。同时根据进口国家反馈的出口农产品质量不合格的情况，及时采取相应的风险预警措施和快速反应措施。进口方面，一是为满足省内多样化消费需求，推动进口农产品品种的多样化，扩大适应省内需求的优质农产品进口。二是加强对进口农产品多元化替代的关注，利用替代品进口来源广的特点，扩大重点农产品的替代品进口，从而降低对单一农产品的过度依赖，以增强自身抗风险能力。

（二）优化农产品进出口贸易市场结构

在深耕传统市场的基础上积极开拓新兴市场，优化农产品进出口贸易国际市场布局。一是可以在前十大出口市场布局建立"农产品出口支持平台"，对河北省农产品出口企业提供专业、全面、持续的支持，并且以出口市场需求为导向，因地制宜地开展活动，促进河北省农产品出口。二是支持农业企业在日本、东盟十国等RCEP国家注册境外商标、获取专项认证，通过设立农产品直销中心等方式，深耕 RCEP 市场。三是通过线上线下相结合的方式，举办农业贸易促进洽谈会，增进与贸易伙伴的了解，寻求更多的合作机会。四是引导企业通过参加农产品博览会和展览会，借助境外农产品展示中心和"海外仓"等平台，广泛结识客户、拓展贸易渠道。五是促进重要农产品进口来源多元化，改变因进口来源地过于单一而受制于出口国政策和该农产品产量变化的局面。六是建立包括政策动向、农情形势、国内消费结构、贸易潜力、风险评估、风险预警等内容的国际市场信息库。

（三）深化跨境农业产业链合作

考虑到河北省与伙伴国在农业资源、人力资源、市场和技术等方面的差异和互补性，充分利用有关自贸协定关于农业服务贸易和投资领域的规则，推进农业"走出去"和"引进来"同步发展，充分发挥投资带动贸易的协同效应，深化跨境农业产业链合作。一是积极推进农业"走出去"。对接国内市场的进口需求，鼓励省内有实力的农业企业在农业资源丰富的国家建立大宗农产品生产基地，构筑跨境大宗农产品产业链，形成境外农业园区，由区内农业企业与当地政府和农民成立农业合作社和专业公司，进行农业生产，并研究和出台对大宗农产品回运的优惠政策。鼓励生产规模较大、资金较充裕的果蔬生产及加工企业或水产品加工企业在别国投资，根据当地相关产业发展情况，考虑是向产业链上游延伸还是向产业链下游延伸。二是积极推进农业"引进来"。瞄准国际前沿农业技术和农业领域最新成果，积极引进适合河北省农业发展的新品种、新技术、农业机械、人才和经营模式等外部资源，以加快资源优势向经济优势转变。三是建立"走出去"和"引进来"双向开放综合服务保障体系，建立公共信息和项目信息服务平台，建立农业国际合作风险预警与控制体系，完善国际法律服务、金融创新、人员往来等方面的服务功能。

（四）加快发展农产品跨境电商

依托河北省内跨境电商综合试验区的建设和跨境电商零售进口试点城市

的发展，加快发展农产品跨境电商。一是创立跨境电商示范县，推出以数字化农业为特点，注重农产品质量与科技含量，高效率、高效益的品牌农业。二是运用新媒体宣传"互联网+农业"创业的相关案例和信息，并引导企业利用"互联网+农业"营销方式和跨境电商优势，创建境外展销平台，增强农产品品牌培育能力，同时对农产品的互联网经营进行引导和规范，并给予更多政策上的支持。三是提高跨境仓储物流体系的服务保障能力。由于自身特点，农产品对跨境仓储物流要求较高，政府可加大出口农产品冷链基础设施建设投入力度，加强对智能仓储设施和运输设备的投入和建设，构建地区性农产品进出口贸易的冷链物流仓储配送中心，着力发展数字化的现代物流业。针对生鲜农产品，鼓励跨境电商企业和物流企业参与海外仓的建设，提升农产品流通效率。四是不断提高贸易便利化水平。简化进出口通关手续，降低通关时间和通关成本，提高农产品查验处置效率和通关效率。

参考文献

"World Economic Outlook", International Monetary Fund, https：//www.imf.org/en/Publications/WEO/Issues/2022/10/11/ world-economic-outlook-october-2022.

"Trade Growth to Slow Sharply in 2023 as Global Economy Faces Strong Headwinds", World Trade Organization, https：//www.wto.org/english/news_ e/pres22_ e/pr909_ e.htm.

中国农业科学院组织编写《中国农业产业发展报告 2022》，中国农业科学技术出版社，2022。

《中国对外贸易形势报告（2022 年春季）》，道客巴巴网站，2022 年 7 月 19 日，https：//www.doc88.com/p-51699400752953.html。

《区域全面经济伙伴关系协定》（RCEP），中国自由贸易区服务网，http：//fta.mofcom.gov.cn/rcep/rcep_ new.shtml。

《2022 年前三季度河北省经济形势新闻发布稿》，河北省统计局网站，2022 年 10 月 26 日，http：//tjj.hebei.gov.cn/hetj/xwfb/101664506326425.html。

郑国富、张鑫：《中国与 RCEP 成员农产品贸易合作发展的特征、问题与对策》，《农业展望》2021 年第 11 期。

B.8

2022~2023年河北省农产品价格形势分析与预测

刘 珺*

摘　要： 河北省有效统筹疫情防控和经济社会发展，农业综合生产能力稳步提高，各地保障初级农产品供给政策落地见效，主要农产品价格相对稳定。但受俄乌冲突叠加疫情影响，2022年前三季度，河北省主要农产品生产者价格呈现上涨态势，指数为102.87，与上年同期相比，增速有所放缓。其中，小麦、生猪、蔬菜、棉花等农产品生产者价格涨幅较为明显，马铃薯、活羊、渔业产品等农产品生产者价格同比下降。预计，粮食价格仍将继续高位运行，牛羊价格保持稳定，鸡蛋价格小幅下调。河北省要保障农民种粮效益，稳定粮食生产预期，提高粮食等重要农产品生产的标准化、规模化水平，满足城乡居民基本生活需要，缓解农产品生产者价格大幅波动。

关键词： 农产品　生产者价格　河北省

2022年，受俄乌冲突、疫情等影响，河北省农产品市场波动明显，畜禽等产品价格变动幅度较大，总指数持续上行。

---

* 刘珺，国家统计局河北调查总队农业调查处一级主任科员，主要研究方向为农产品生产者价格、农产品集贸市场价格。

一 总体运行情况

2022 年前三季度，河北省主要农产品生产者价格呈现上涨态势，指数为 102.87,[①] 与上年同期相比，增速有所放缓（见图 1）。

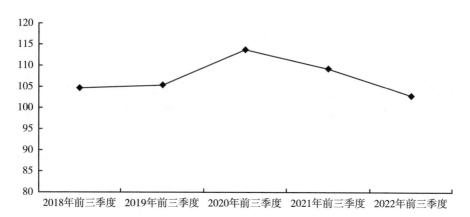

图 1　2018 年前三季度至 2022 年前三季度农产品生产者价格指数

资料来源：国家统计局河北调查总队。

二 结构变化情况

2022 年第三季度，受活猪价格快速上涨影响，河北省主要农产品生产者价格同比上涨 15.04%。从农、林、牧、渔四大板块来看，前三季度"2 涨 2 降"，农业、林业分别同比上涨 8.88% 和 1.62%，牧业、渔业均呈现下降态势，分别下降了 5.85% 和 15.17%（见图 2）。

（一）农业产品生产者价格同比大幅上涨

2022 年前三季度，河北省农产品生产者价格上涨了 8.88%，涨幅比上

---

① 本报告数据来源于国家统计局河北调查总队。

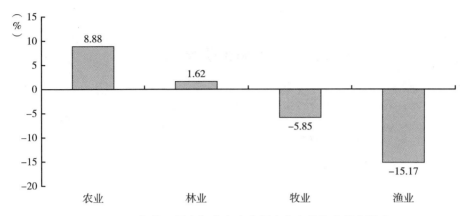

图 2　2022 年前三季度河北省农产品生产者价格分行业涨跌

资料来源：国家统计局河北调查总队。

年同期回落了 2.55 个百分点。涨幅明显的品种主要为小麦、棉花、蔬菜、水果等，其涨幅在 5% ~ 22% 区间；降幅较大的品种为马铃薯，降幅为 3.61%。其中，河北省农产品生产者价格第三季度上涨 15.61%，为 2022 年最高水平。

（二）林业产品生产者价格略涨

2022 年前三季度，河北省林业产品生产者价格同比呈上涨态势，上涨了 1.62%。出售类别仅有松树苗。

（三）牧业产品生产者价格同比明显回落

2022 年前三季度，河北省牧业产品生产者价格总体降幅明显，同比降幅为 5.85%。但单从第三季度来看，受生猪价格上涨 61.2% 的影响，牧业产品生产者价格上涨 17.1%。

（四）渔业产品生产者价格同比下降

2022 年前三季度，河北省渔业产品生产者价格同比下降了 15.17%。出售类别仅有淡水养殖类鲤鱼、草鱼两个品种。

三 主要品种价格情况

（一）小麦价涨玉米价跌

2022 年前三季度，河北省小麦生产者价格平均为每公斤 2.94 元，同比上涨 13.52%。其中，第三季度，小麦价格为每公斤 3.03 元，创历史新高，玉米价格达到每公斤 2.46 元，同比下降 2.95%。

小麦价格上涨的主要原因如下。一是受国际复杂政治局势影响，国际粮价上涨趋势明显，叠加全球疫情持续影响，部分国家限制粮食出口，市场供应偏紧，小麦价格不断攀升。二是近些年小麦在生长及收获时期遭遇多次气候灾害，特别是每年 5 月底 6 月初小麦收割季节，干热风、暴雨等极端天气因素都会影响小麦质量，从而引起农作物供应链的变化，导致粮食价格大幅波动。三是受国际大宗粮食市场的影响。世界银行的数据显示，2020 年受疫情影响，全球食品价格在 2020 年总体上涨了 20%。

影响玉米价格下降的原因如下。一是国际市场低价玉米冲击明显。二是国内玉米库存充足。三是玉米深加工企业效益不佳，导致玉米需求不足，玉米价格雪上加霜。

（二）蔬菜价格涨幅明显

2022 年前三季度，河北省蔬菜生产者价格同比上涨了 14.46%。8 个蔬菜小类中，同比价格 6 涨 2 降。其中，叶菜类、甘蓝类、瓜菜类、豆类、茄果类、葱蒜类涨幅分别为 9.21%、3.85%、16.59%、10.09%、19.75% 和22.48%。白菜类、根茎类分别下降 3.45% 和 6.37%。菜价上涨主要原因如下。一是产量减少。2022 年河北省低温气候减缓了黄瓜、西红柿、青椒等设施蔬菜生长发育，导致产量减少。二是生产成本增加。2022 年，化肥、农药等农资价格持续上涨，抬高了蔬菜的生产成本。三是随着人们生活水平的提高，蔬菜等素食消费需求增加，同时通货膨胀，人工成本、设备成本和土地成本等直接成本上涨，加之运费提高，过桥费及燃油费等成本上涨，蔬菜价格涨多跌少。

（三）水果价格涨幅明显

2022年前三季度，河北省水果类生产者价格同比上涨6.82%。主要品种为苹果、梨，涨幅分别为6.85%和22.15%。价格上涨的主要原因是基期价格低，上年水果丰收，量多价跌，2022年是恢复性上涨。

（四）活猪价格前抑后扬

2022年前三季度，河北省活猪生产者价格为16.66元/公斤，同比下降了22.2%。分季度看前抑后扬。2022年前两个季度，活猪生产者价格同比分别下跌三至五成，第三季度，活猪生产者价格回升，突破20元/公斤，达到21.9元/公斤，同比上涨六成。除去2020年疫情因素影响外，活猪养殖效益低过红线，很多养殖户入不敷出，部分养殖户缩减养殖规模，母猪存栏数下降，供小于需导致活猪价格上升。当养殖户看到高位运行的活猪价格，纷纷开始扩大养殖规模，又会导致活猪价格走低。这是活猪价格非良性发展的主要制约因素。

（五）牛价上涨羊价下跌

2022年前三季度，河北省活牛生产者价格为33.08元/公斤，同比上涨1.23%。活羊生产者价格为27.68元/公斤，同比下降5.2%。活牛价格持续走高，主要原因如下。随着人们生活水平的逐步提高，健康饮食观念日趋深入人心，牛肉消费增加，拉动了市场需求量的提升，促使价格上涨。活羊价格自2018年初开始进入上行区间，经过3年多的上涨，2021年初价格已至高位，突破30元/公斤，4年的时间活羊价格每公斤上涨了近10元，直接导致农民养羊收益增加、养殖积极性高涨，加之养羊生产成本低、饲养周期短、生产技术要求不高等多种因素的影响，农户养羊规模无序扩大，市场供应明显增加，价格随之开始回落。

（六）禽蛋价格双升

2022 年前三季度，河北省肉鸡生产者价格为 8.92 元/公斤，比上年同期上涨了 2.39%；鸡蛋生产者价格为 8.65 元/公斤，比上年同期上涨了 5.93%。2021 年初受疫情影响，河北鸡蛋价格出现大幅下滑，且河北省部分地区出现了鸡瘟现象，市民购买禽蛋十分慎重，部分活鸡、鸡蛋被迫低于成本价出售。从 2022 年第二季度开始，河北省范围内饲养、流通、销售各环节更加规范，卫生防疫工作保障在先，无禽流感疫情发生，禽蛋价格逐步走向合理区间。2022 年随着疫情得到缓解，养殖户信心回升，禽蛋价格逐步走高。

四　后市研判

（一）粮食价格仍将高位企稳

受全球疫情影响，叠加部分地区冲突带来的不利因素，国际市场价格高企，粮食价格预计将继续高位运行。但 2022 年河北粮食丰收，粮食总产量为 3865.07 万吨，比上年增加 39.98 万吨，连续 4 年产量稳步提升，创近 10 年产量新高，其中，夏粮产量为 1486.46 万吨，较上年增加 3.78 万吨，秋粮产量为 2378.61 万吨，较上年增加 36.19 万吨，粮食供应稳定，因此价格难以有大的上涨。

（二）活猪价格涨易跌难

当前，活猪价格维持在每公斤 24 元左右的水平，处于近 10 年来的中位水准。叠加玉米价格较高、饲料价格高企等因素，2023 年，随着元旦和春节的临近，猪肉消费进入旺季，需求增加，活猪价格将继续走高。

（三）活牛、活羊价格企稳

河北省活牛、活羊生产者价格自 2021 年下半年开始进入上行通道，目前依然持续保持小幅回升的态势，基本回升到了较为理性的价格水平。特别是当活猪价格重回高位时，居民日常生活采购，会用部分牛、羊肉产品来替代猪类产品。预计活牛、活羊价格同比将继续保持稳定的态势。

（四）鸡蛋价格小幅下调

从供给看，2022 年第四季度并非产蛋高峰期。从往年数据分析来看，当前鸡蛋市场需求不会大幅增长，供给端保持相对稳定态势，出现大幅波动的可能性不大。2022 年产蛋鸡存栏先减后增，存栏水平逐步恢复正常，能够有效支撑鸡蛋市场供给，蛋价继续上涨的支撑不足。

五　农产品价格方面需关注的问题

（一）提高农产品生产的标准化、规模化水平，缓解农产品价格大幅波动

近年来，河北省综合施策，大力推进农业规模化、标准化、品牌化发展，农业综合生产能力不断提升，但受区域、结构、季节等因素影响，农产品价格波动较为频繁。在全省耕地面积难以大幅度增加的情况下，客观需要改造提升耕地质量、增加单位面积产出、提高产品质量安全水平，以化解供给与需求的矛盾。要抓住国家加大"三农"投入、支持高标准农田等农业基础设施建设的有利契机，以增加耕地灌溉面积、推进宜机化改造等为重点，抓好节水灌溉、项目管理、多元筹资、后期管护等工作，持续增加高标准农田数量，稳定提高粮食等重要农产品产能，稳定市场供应，减少农产品价格的周期波动。

（二）积极提高种粮效益，稳定粮食生产预期

要保持各项支农惠农政策的稳定性和连续性；完善土地流转市场，鼓励

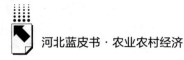
规模化、专业化生产,解决农村劳动力流失、土地耕种质量不高等问题;着力提升农业社会化服务水平,组织农机大户、农机专业化服务机构、植保专业公司等为农户提供全流程的专业社会化服务;推进农业供给侧结构性改革,坚持市场导向,发挥政府支持和宏观调控作用,促进粮食生产调结构、提质量、增效益。

(三)抑制主要农产品价格过快上涨,满足城镇居民基本生活需要

粮食、蔬菜、肉蛋奶等农产品属于生活必需品,其需求呈刚性增长态势,农产品价格上涨对中低收入人群生活影响较大,因此要准确把握城镇化发展和人口结构变化带来的食物消费结构变化趋势,统筹兼顾口粮与重要农副产品生产,提高供给体系的适配性、精准性,避免价格过快上涨导致需求产生较大波动,要进一步平衡家庭食品支出占消费支出的比重,有效降低城镇居民生活压力。

参考文献

李浩:《近年来河北省部分重要农产品价格影响因素的调查分析》,《统计与管理》2013年第4期。

韩杨:《从维护国家安全高度保障粮食安全》,《粮油市场报》2022年7月5日。

B.9
2022~2023年河北省农村居民收入
形势分析与预测

李彩芳*

摘　要： 2022年，河北省农村居民收入稳步增长，工资性收入仍然是农村居民增收的主要方面，收入水平略高于全国平均水平。本报告认为，2023年，国内外经济复苏压力和农牧产品价格波动较大等因素，均给农村居民增收带来不确定性影响。各级政府需关注农村居民工资性、经营性、财产性、转移性等方面的收入，激励农民就业创业，大力发展乡村特色产业，严格落实各项惠农政策，推动农村居民收入增长。

关键词： 农村居民　可支配收入　河北省

2022年，河北省统筹疫情防控和经济社会发展，扎实推进稳经济运行一揽子政策及配套措施落地见效，河北省农村居民收入稳步增长。国家统计局河北调查总队住户收支与生活状况调查资料显示，2022年前三季度，河北省农村居民人均可支配收入为14605元，比上年同期增加889元，同比增长6.5%，比同期城镇居民人均可支配收入增速快2.5个百分点。

---

* 李彩芳，国家统计局河北调查总队居民收支调查处三级主任科员，主要研究方向为农村居民收入。

一 2022年前三季度农村居民收入增长特征

2022年前三季度，河北省农村居民人均可支配收入为14605元，同比增长6.5%，比上半年加快0.9个百分点，比第一季度回落0.7个百分点，高于城镇2.5个百分点。

（一）四项收入全面增长，工资性收入仍为主导

1.工资性收入持续发挥"压舱石"作用

2022年前三季度，河北省农村居民人均工资性收入为7596元，同比增长6.0%，占人均可支配收入的52.0%，对可支配收入增长的贡献率为48.5%。工资性收入占比、贡献率均为四大类收入中最高的，对可支配收入的增长起到重要支撑作用。增资拉动因素较强，主要原因如下。农民工监测数据显示，非农就业劳动力总量平稳回升，政府出台多项就业政策，加强岗位培训、召开专场招聘会、推动农村劳动力转移就业等措施促进农民就业，带动农村居民工资性收入稳步增长。

2.经济运行稳中向好，经营净收入较快增长

2022年前三季度，河北省农村居民人均经营净收入为4583元，同比增长6.5%，占人均可支配收入的31.4%，对可支配收入增长的贡献率为31.6%。主要原因如下。一是主要农产品生产者价格稳中有升，农业生产前景向好，夏粮播种面积、总产量、单产实现"三增长"，牧业牛、猪出栏量增加，主要产品产量增加；二是河北省稳定经济运行"1+20"政策体系实施成效逐步显现，涉及规上工业、小微企业等支持政策，促进经营净收入增长。

3.收入来源多样化，财产净收入平稳增长

2022年前三季度，河北省农村居民人均财产净收入为314元，同比增长5.0%，占人均可支配收入的2.2%，对可支配收入增长的贡献率为1.7%。金融机构月末存款余额持续增长，带动利息增长；居民投资企业效益见好，红利增长；出租房屋等收入的增长，带动财产净收入增长。

4.民生保障持续加大，转移净收入快速增长

2022年前三季度，河北省农村居民人均转移净收入为2111元，同比增长8.3%，占人均可支配收入的14.5%（见表1），对可支配收入增长的贡献率为18.2%。一是养老金提高：自2022年1月1日起，调整企业和机关事业单位退休退职人员基本养老金，定额调整46元/（人·月）；城乡居民基础养老金标准提高，自7月1日起全省城乡居民基础养老金标准由113元/（人·月）提高至123元/（人·月），全省人均养老金收入上涨10.7%。二是外出从业人员寄回带回以及赡养收入的提高，促进转移净收入增长。

表1　2022年前三季度农村居民人均可支配收入情况

单位：元，%

指标名称	水平	增量	增速	占比
农村居民人均可支配收入	14605	889	6.5	—
一、工资性收入	7596	432	6.0	52.0
二、经营净收入	4583	281	6.5	31.4
三、财产净收入	314	15	5.0	2.2
四、转移净收入	2111	161	8.3	14.5

资料来源：国家统计局河北调查总队。

（二）农村居民收入增速快于城镇，城乡差距逐步缩小

2022年前三季度，河北省农村居民收入增速均快于城镇，城乡差距进一步缩小。第一季度，农村居民人均可支配收入同比增长7.2%，比城镇高1.8个百分点；上半年，农村居民人均可支配收入同比增长5.6%，比城镇高2.2个百分点；前三季度，农村居民人均可支配收入同比增长6.5%，比城镇高2.5个百分点。前三季度城乡居民收入比由上年的2.13缩小到2.09，同比缩小0.04。

（三）收入水平高于全国，增速快于全国

从水平看，2022年前三季度，河北省农村居民人均可支配收入比全国

高 5 元，居全国第 12 位，排在河北之前的 11 个省（市）分别为上海、浙江、北京、天津、江苏、广东、福建、山东、辽宁、安徽和重庆。

从增速看，2022 年前三季度，河北省农村居民人均可支配收入同比增长 6.5%，高于全国 0.1 个百分点。与周边省（区、市）相比，低于山西、内蒙古，高于其他周边省（区、市）。

二 2023年河北省农村居民收入形势预测及面临的压力

从国际看，国际环境更趋复杂严峻，外需收缩进一步显现，全球经济复苏压力和国际政治诸因素影响依然较大。从国内看，需求收缩、供给冲击、预期转弱"三重压力"加大，对经济运行制约明显，农牧产品价格波动较大等因素均给农村居民增收带来不确定性影响。

（一）有利因素

1. 工资性收入增长条件充足

一是农村劳动力外出务工规模稳定，转移就业形势向好。2022 年第三季度末，河北省非农从业劳动力总量为 1825 万人，比上年同期增长 1.8%，转移就业企稳向好。二是坚持以市场为导向，拓宽渠道促进就业，引导农村未就业人员参与技能培训。发挥培训机构、职校、企业等各类培训资源作用，开设面点师、挖掘机、家政服务、钟点工等受市场和广大农民工欢迎的工种培训，打造有一技之长的新型农民工群体。三是加强与企业、劳务用工单位对接，拓宽就业渠道，增加就业岗位。积极拓展省内劳务输入地和输出地的对口协作，完善跨区域、常态化的劳务合作机制，在信息交流、跨区招聘、跟踪服务等方面搭建对接平台。

2. 经营净收入逐步恢复

一是粮食生产能力居全国上游水平。河北省各级政府高度重视粮食安全，严格落实耕地保护制度，持续加强科技推广对粮食生产的支撑作用,加大政策补贴力度,充分调动农户生产积极性,粮食生产能力在稳固的基础上实现新提升。2022年河北省粮食播种面积、单产、总产量呈现"三增长",其中,播种面积和总产量增长趋势与全国保持一致,在全国处于上游水平。二是扎实推动巩固拓展脱贫攻坚成果同乡村振兴有效衔接,建设宜居宜业和美乡村。对接京津需求,大力发展现代农业,全方位夯实粮食安全根基,着力深化农村改革。着力搭建平台、营造环境、优化政策,全力推进项目落地落实,提高粮食综合生产能力,推进设施蔬菜、奶业等特色产业发展,提高农产品加工水平,全面加快农业强省建设。三是激发第三产业增收活力,灵活就业显成效。全省制定出台"1+20"稳经济运行一揽子政策措施及20个配套政策,涉及小微企业及个体工商户扶持、基本民生保障、就业、营商环境、稳经济、促消费等方面的有效措施。

3. 各项惠民政策落地见效

一是城乡居民基础养老金标准提高,养老金预计稳步提升。二是随着稳经济各项举措进一步落实,我国经济逐步恢复,将带动就业需求扩大,增加就业岗位。预计农村外出务工人员数量增加,务工时间延长,会促进寄回带回收入增长。

(二)不利因素

1. 收入差距仍然存在

一是城乡差距。2022年前三季度,河北省城乡居民收入比为2.09,虽然相对差距有所缩小,但农村居民收入水平仍不及城镇居民的一半,绝对差距依然较大。二是区域差距。2022年前三季度,唐山市农村居民人均可支配收入水平领跑全省,为18495元。承德市农村居民人均可支配收入水平最低,为12438元,不到唐山市农村居民人均可支配收入水平的七成,地区收入差距仍较大。

2. 农业生产水平依然偏低

河北省农村第一产业以农牧业为主,农业方面,多种植小麦、玉米,种

117

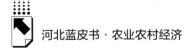

类较为单一，小规模生产仍占主导地位，农业生产力水平依然偏低。牧业方面，价格波动频繁阻碍畜产品消费能力提升。全省散养户、小规模养殖依旧大量存在，生产存在一定的盲目性，供给不稳致使价格波动。

3. 农民就业技能偏低

随着城镇化进程的发展以及产业结构调整，高新技术产业对劳动力素质的要求逐渐提高，农村外出务工者的技能素质难以满足劳动力市场日趋专业化、技能化的需求。农村劳动力大多从事一些技术含量较低、劳动密集型的工作，工资待遇提升存在局限。

4. 财产净收入偏低

2022年前三季度，河北省农村居民财产净收入占人均可支配收入比重仅为2.2%，对可支配收入增长的贡献率也较低，仅为1.7%。且农村居民获取财产性收入的渠道较为单一，基本为利息收入和土地经营权租金，表明全省农村居民理财观念淡薄，或没有余钱进行投资理财，财产净收入短期内难以对农村居民增收形成有效支撑。

三 对策建议

（一）全方位增加农村居民工资性收入

目前农民的收入来源多为工资性收入，其占河北省农村居民人均可支配收入比重最高，对农民增收的贡献率达到48.5%。因此，要培育引进一批龙头企业，为农民提供更多就地就近工作岗位，同时强化农民工职业技能培训，提高其就业能力，增加就业机会。

（二）促进农民经营性收入快速增长

经营净收入的占比和贡献率仅次于工资性收入，要稳定并提高经营净收入所占比重及其对农民增收的贡献率。要大力发展乡村特色产业，瞄准特色产业发展的关键环节，坚持问题导向，创新思路措施，集中资源要素，支持特色优势产业集群尽快做大做强。立足当地资源禀赋和产业基础，唱响特色品牌，提高乡村产业发展质量和效益。

（三）保障农民财产性收入

农民可获得的财产性收入不足，已成为城乡居民收入来源的显著性差异。2022年前三季度，农村居民财产净收入占比2.2%，而同时期城镇居民财产净收入占比9.6%，除去城镇居民的房屋虚拟租金，农村居民财产净收入仅为城镇居民财产净收入的三成。要全面深化农村改革，尤其是土地制度和农村集体产权制度改革，打通资源变资本、资本变财富的渠道，进一步提高财产净收入所占比重及其对农民增收的贡献率。

（四）拓宽农民转移性收入渠道

一是继续完善农村居民基本养老、医疗保险制度，筑牢政策、保险、捐赠、救助四道保障防线，加大资金监管力度，确保振兴政策落实落细。二是稳步提高农村居民基础养老金标准和医保报销比例，不断减少农村居民养老、看病、失业等后顾之忧，提升农村居民政府转移支付的受益水平，让农村居民生活更有保障。三是完善农业补贴制度，提高农业补贴政策的指向性和精准性，加大对农业生产的保费补贴力度，切实做到支农惠农。

参考文献

王薇涵：《农民实现共同富裕的思考及建议》，《当代农村财经》2022年第7期。

余丽生、宋莹莹、楼蕾：《共同富裕视角下缩小城乡差距的公共服务体系研究》，《经济研究参考》2022年第7期。

B.10
2022~2023年河北省农村居民
生活消费形势分析与预测

范　旻*

摘　要： 2022年，河北省精准出台一系列促消费政策，激发居民消费热
情，有效应对疫情冲击，前三季度全省农村居民人均生活消费支
出为11639元，同比增长8.9%，城乡消费差距进一步缩小，消
费八大项"六升两降"，食品烟酒支出增长最快，生活消费支出
增速高于全国平均水平。为促进全省农村居民消费持续平稳增
长，本报告建议继续制定实施促进消费的政策措施，提升促进消
费优惠措施的普及广度和深度；多措施、多渠道促进城乡居民增
收，让城乡居民敢于消费，有能力消费；建设完善农业农村基础
设施，补齐乡村产业发展短板；挖掘基层就业岗位，稳定家庭收
入进而促进消费；有效管理市场流动，稳定市场价格，保障城乡
居民基本生活需求。

关键词： 农村居民　生活消费　河北省

2022年，河北省高效统筹疫情防控与经济社会发展，精准出台一系列
促消费政策，激发居民消费热情，有效应对疫情冲击，居民消费支出继续保
持增长。

---

* 范旻，国家统计局河北调查总队居民收支调查处四级主任科员，主要研究方向为农村居民
消费。

一 2022年河北省农村居民生活消费的主要特点

2022年前三季度，河北省农村居民人均生活消费支出为11639元，[①] 同比增长8.9%。第四季度疫情防控政策调整，人民生活秩序有序恢复，预计全年农村居民消费支出同比增速仍会保持稳定增长。

（一）农村居民消费支出平稳增长，城乡消费差距缩小

2022年前三季度，河北省农村居民人均消费支出为11639元，同比增长8.9%，比上半年高2.1个百分点。前三季度，河北省城镇居民人均消费支出为18043元，同比增长5.1%，增幅低于农村3.8个百分点，城乡消费比为1.550，较上年同期的1.607下降0.057。从绝对差值看，城乡居民生活消费绝对差值从上年同期的6481元缩小到6404元，城乡消费比及绝对差值均缩小。

（二）消费八大项"六升两降"，食品烟酒支出增长最快

2022年前三季度，河北省农村居民人均消费支出八大项呈现"六升两降"态势。其中，食品烟酒类支出为3996元，居住类支出为2106元，其他用品和服务类支出为217元，衣着类支出为753元，生活用品及服务类支出为695元，教育文化娱乐类支出为1000元，同比分别增长22.5%、10.7%、10.6%、6.4%、4.3%和1.8%。医疗保健类支出为1254元，交通通信类支出为1618元，同比分别下降2.0%和4.0%（见表1）。

---

① 本报告数据来源为国家统计局河北调查总队调查数据。

表1 2022年前三季度河北省农村居民人均消费支出情况

单位：元，%

指标	支出	同比增长
农村居民人均生活消费支出	11639	8.9
食品烟酒	3996	22.5
衣着	753	6.4
居住	2106	10.7
生活用品及服务	695	4.3
交通通信	1618	-4.0
教育文化娱乐	1000	1.8
医疗保健	1254	-2.0
其他用品和服务	217	10.6

资料来源：国家统计局河北调查总队。

（三）商品性和服务性消费支出均增长

疫情防控政策精准有效，促进了商品性和服务性消费支出的增长。2022年前三季度，河北省农村居民人均商品性消费支出为7511元，同比增长9.9%；服务性消费支出为4129元，同比增长7.3%。

（四）疫情依旧影响消费习惯，食品类消费增速仍较快

随着疫情形势逐渐好转，农村居民消费也持续活跃，但疫情持续时间较长，依旧影响着人们的消费习惯。2022年前三季度，河北省农村居民人均食品烟酒消费支出同比增长22.5%，增速最快。其中，蔬菜和食用菌消费支出增长30.0%，水产品消费支出增长28.4%，烟酒消费支出增长32.9%，饮料消费支出增长31.8%。

（五）生活消费支出增速高于全国，水平低于京津地区

2022年前三季度，全国农村居民人均消费支出为11896元，河北省比全国低257元，居全国第12位；全国农村居民人均消费支出增速为6.4%，

河北省增速为 8.9%，高于全国 2.5 个百分点。2022 年前三季度，河北省农村居民消费支出增速远高于北京的 0.8% 与天津的-2.1%，但北京市农村居民人均消费支出为 17494 元，高于河北 5855 元，是河北的 1.50 倍，天津市农村居民人均消费支出为 13864 元，高于河北 2225 元，是河北的 1.19 倍，绝对差值依旧较大。

二 2022年河北省农村居民生活消费影响因素分析

（一）有利因素

1. 政府促进消费的政策支持

2022 年前三季度，政府不仅灵活调整防疫政策，而且为了促进消费，采取了一系列稳定经济的措施，比如发放超市代金券、提供生活大礼包、打击抬价造假行为等，有效地稳定了市场并带动了经济复苏。此外，河北省推出稳定经济运行一揽子政策措施，从生产、流通、销售等环节保障农业生产，在就业、保障、救济等方面提升农村居民收入，从而进一步促进农村居民消费。

2. 经营净收入稳步增长，农民消费总体上涨

2022 年前三季度，农村居民人均经营净收入同比增长 6.5%，比第一季度和上半年分别高 3.8 个和 2.5 个百分点。其中，牧业、第二产业经营净收入都由上半年的负增长转为正增长，分别增长了 8.0% 和 3.0%。

3. 健全农村消费品流通体系

2022 年河北省 20 个县先行先试，加快建立完善以县域为中心、乡镇为重点、村为基础的县域商业体系。着力培育电商龙头企业，创建电子商务示范基地和示范企业，完善农产品供应链，全年全省重点培育农产品供应链 12 条以上。

4. 健全完善种粮收益保障政策

出台《河北省 2022 年小麦最低收购价收购工作方案》，开展夏粮收购专项检查，规范收购行为，维护市场秩序。及时发放第二批农资补贴，暂缓低保对象的动态退出，并采取增发救助金、发放临时生活补助、购买防护用品或基本生活必需品等方式保障低保对象、特困人员等困难群众基本生活，做好因疫情受困群众社会救助，落实社会救助和保障标准与物价上涨挂钩联动机制。

（二）不利因素

1. 居民收入增长承压运行

从增速看，2022年前三季度河北省居民人均可支配收入5.3%的增速仅高于2020年同期；从增加额看，河北省居民人均可支配收入也有所减少。前三季度较上年同期增量为1140元，疫情发生之前，2019年同期、2018年同期增量分别为1637元、1457元。前三季度疫情给应届毕业生、农村外出务工人员求职和个体经营户经营等带来不利影响，居民收入增长面临压力。建议持续落实稳经济运行一揽子政策及配套政策，加大对困难企业的帮扶力度，稳住市场主体，稳定就业态势。

2. 疫情反复提振消费难度加大

受疫情反复的影响，居民抗风险意识持续增强，家庭储蓄相应增加，2022年前三季度河北省金融机构月末存款余额同比增长12.1%；而消费欲望减弱，全省社会消费品零售总额仅增长4.5%。同时2022年前三季度农村居民教育文化娱乐消费支出同比仅增长1.8%，远低于第一季度的22.1%。受"双减"政策影响，教育支出下降，加之2022年前三季度部分地区受疫情影响，消费场景受限，娱乐文化服务类支出下降，教育文化娱乐类支出占比较上年同期降低1.4个百分点。交通通信类支出下降。一方面，疫情对居民的出行产生较大影响，人们出行受到一定阻力，交通消费支出减少，下降5.6%。另一方面，随着5G推广和智能手机的广泛应用，通信费用小幅上涨0.4%。提振居民消费信心，释放消费潜能，仍需各级党委、政府高度关注。

3. 收入水平依旧较低

与京津相比，河北省农村居民收入依旧较低。2022年前三季度，河北省农村居民人均可支配收入仅为北京的 53.5%、天津的 66.2%。而从城乡看，尽管城乡相对差距有所缩小，但绝对差值仍比较大。2022 年前三季度，河北省农村居民人均可支配收入与城镇居民人均可支配收入绝对差值为 15850 元，农村居民收入占城镇居民收入的 48.0%。从地区看，农村居民人均可支配收入最高的唐山市比最低的承德市高 6057 元，发展不平衡问题较突出。

三 促进河北省农村居民生活消费的对策

（一）政府持续制定促进消费的政策措施

消费券仍为最快速直接的方式，建议增加消费券品类、数量与发放频次，特别是汽油、家庭购房装修、医疗检查、育婴等涉及民生的消费领域；延长使用时间，扩大使用范围，进一步扩大惠及面，让有需要的人都能得到消费券；政府有针对性地促进消费服务向乡村普及，目前政府发放的消费券主要为大型商超消费券，而农村住户的消费主要集中在村内的小超市、小卖部等，需要制定针对性促消费措施，提升政府促进消费优惠措施普及广度和深度，加大对农村住户的宣传力度，促进农村消费有效增长。

（二）政府持续促进城乡居民增收

增加收入是提高居民消费水平和消费质量、缩小城乡居民消费差距的根本。要把促进居民增收作为重要任务，竭尽全力采取多种措施、多种渠道促进居民增收，为提高城乡居民生活水平奠定坚实的基础，让城乡居民敢于消费，有能力消费。一是鼓励种养大户、家庭农场等主体扩大经营规模，发展农产品精深加工、乡村旅游等经营活动，提高农村居民收入。二是利用互联网技术，创新订单农业的模式和运行机制，大力发展农产品现代流通方式、新型流通业态和农业会展经济等，积极发展农产品连锁经营和电子商务，形成稳定的生产资料供应、农产品收购、农机农技服务网络。三是完善风险分担机制，根据农业发展的风险特征，建立税收、信贷、政策性保险等机制，化解农村产业融合发展中存在的各类风险，引导企业负担起相应的社会责任，保障农民的基本收益。

（三）建设完善相应的基础设施

政府要因地制宜，做好本地产业发展的规划和引领，包括产业政策制定，对符合市场规律的本地产业发展进行激励和引导。要重视农村地区商贸流通业基础设施和环境的建设，也要制定一系列符合实际的长效机制。完善基础设施，对于产业发展所需的道路、交通、水利、网络等基础设施进行改造，搭建科技成果转化平台，推进科技信息技术在农村的推广与应用。加大农村教育投入，制定合理的人才补贴政策，提高农村人力资本存量，努力解决农村产业发展的智力支持不足问题。鼓励农村金融创新，特别是健全农村普惠金融体系，根据农村实际需要为农村产业融合提供多元化金融产品。

（四）挖掘基层就业岗位

通过保障家庭就业来稳定家庭收入，通过稳定收入进而稳定消费，要开展行业技术培训，培养农民种植、饲养、销售等方面的技术，并提供后续就业保障。统筹开发基层就业社保、医疗卫生、养老服务、社会工作、司法辅助等就业岗位。鼓励大学生回原籍就业，社区专职工作岗位出现空缺要优先招用或拿出一定数量专门招用高校毕业生，落实高校毕业生赴基层就业学费补偿和助学贷款代偿政策。建立就业网站，及时更新就业信息，并为失业者定期提供培训，提高其职业技能及自身竞争力。

（五）稳定物价

稳定物价是民众心之所盼，建议有效管理市场流动，控制物价过快上涨，加强价格监管，维护市场秩序。同时要打击哄抬价格、制假售假等违法犯罪行为，切实保障城乡居民基本生活需求。

参考文献

刘敏楼等：《乡村振兴战略背景下农村一二三产业融合：理论框架与发展对策》，《河北农业大学学报》（社会科学版）2022 年第 4 期。

刘洋：《农民消费意愿及消费特征变化分析——面向农村商贸流通的实证》，《商业经济研究》2022 年第 14 期。

B.11

2022~2023年河北省农民工
就业形势分析与预测

李　波*

摘　要： 2022年，河北省积极应对省内疫情严峻挑战，巩固扩大稳经济一揽子政策措施实施效果，全省经济运行总体平稳，农民工就业稳中向好。前三季度，全省农村非农从业劳动力总量呈增长态势，外出地点以乡外县内为主，月均外出从业时间较为稳定，外出收入和生活消费平稳增长。调研显示，河北省农民工就业能力偏低、权益保障不足、市场开拓困难。建议做好农村富余劳动力转移就业；以乡村振兴和雄安新区建设为契机，促进就地就近转移就业；强化农民工务工服务，积极促进劳动力就业；完善就业保障，维护农民工合法权益；帮助农民工"开源节流"，推动线上线下营销深度融合。

关键词： 农民工　就业　农村劳动力

2022年以来，面对复杂严峻的国内外形势和多重超预期因素冲击，在以习近平同志为核心的党中央坚强领导下，河北省委、省政府高效统筹疫情防控和经济社会发展，巩固扩大稳经济一揽子政策措施实施效果，全省经济延续恢复增长态势，总体运行平稳。国家统计局河北调查总队农民工监测调查资料显示，2022年全省农民工就业稳中向好，第一、二、三季度全省农村非农从业劳动力总量和收入双增长。

---

* 李波，国家统计局河北调查总队住户监测处一级主任科员，主要研究方向为农民工监测调查。

一 劳动力总量和流向特征

（一）劳动力总量增长

2022年第一季度，全省农村非农从业劳动力总量为1763万人，① 比上年同期增长0.6%。其中，外出从业劳动力总量为735万人，比上年同期增长3.8%；本地非农从业劳动力总量为1029万人，比上年同期减少1.6%。第二季度，全省农村非农从业劳动力总量为1780万人，同比增长0.7%。其中，外出从业劳动力总量为735万人，同比增长1.1%；本地非农从业劳动力总量为1045万人，同比增长0.4%。第三季度，全省非农从业劳动力总量为1825万人，同比增长1.8%。其中，外出从业劳动力总量为742万人，同比增长1.6%；本地非农从业劳动力总量为1082万人，同比增长1.9%。2022年第一、二、三季度河北省农村非农从业劳动力总量均呈增长态势。

（二）就业地区以县（市）城区为主

从外出务工农村劳动力就业地区来看，2022年第一季度，全省外出务工农村劳动力在县（市）城区就业的人员占40.3%，比上年同期提高2.6个百分点；地级市占17.5%，比上年同期下降1.1个百分点；直辖市占16.3%，比上年同期下降0.5个百分点；省会城市占11.2%，比上年同期下降0.5个百分点；建制镇占9.9%，比上年同期提高0.9个百分点；村委会占4.5%，比上年同期提高0.9个百分点；其他地区占0.3%，比上年同期下降0.4个百分点。第二季度，全省外出务工农村劳动力在县（市）城区就业的人员占39.9%，比上年同期提高1.7个百分点；地级市占16.8%，比上年同期下降0.6个百分点；直辖市占16.0%，比上年同期下降0.8个百分

---

① 国家统计局河北调查总队调查数据，因四舍五入，存在总计与分项合计不等的情况。

点；省会城市占 11.9%，比上年同期提高 0.5 个百分点；建制镇占 9.5%，比上年同期下降 1.5 个百分点；村委会占 5.3%，比上年同期提高 0.8 个百分点；其他地区占 0.6%，比上年同期下降 0.2 个百分点。第三季度，全省外出务工农村劳动力在县（市）城区就业的人员占 39.3%，比上年同期下降 0.1 个百分点；地级市占 17.4%，比上年同期提高 0.2 个百分点；直辖市占 15.9%，比上年同期提高 0.2 个百分点；省会城市占 11.7%，比上年同期提高 0.6 个百分点；建制镇占 11.2%，比上年同期提高 0.7 个百分点；村委会占 3.9%，比上年同期下降 1.6 个百分点；其他地区占 0.6%，比上年同期提高 0.1 个百分点。全省外出务工农村劳动力就业地区以县（市）城区为主。

（三）外出就业地点以乡外县内为主

从外出就业地点来看，2022 年第一季度，全省外出务工劳动力在乡外县内的占比 35.8%，比上年同期提高 0.4 个百分点；在省外的占比 32.6%，比上年同期提高 0.6 个百分点；在县外省内的占比 31.7%，比上年同期下降 1.0 个百分点。第二季度，全省外出务工劳动力在乡外县内的占比 35.3%，比上年同期提高 1.3 个百分点；在省外的占比 32.9%，比上年同期下降 0.8 个百分点；在县外省内的占比 31.8%，比上年同期下降 0.5 个百分点。第三季度，全省外出务工劳动力在乡外县内的占比 34.8%，比上年同期下降 0.2 个百分点；在省外的占比 33.7%，同比无变化；在县外省内的占比 31.5%，比上年同期提高 0.2 个百分点。全省外出务工农村劳动力外出就业地点以乡外县内为主。

二 外出从业稳定性增强

（一）从事当前工作时间长的人员比例提高

2022 年第一季度，全省外出务工农村劳动力从事当前工作时间长的人员比例提高，从事当前工作时间短的人员比例下降。以从事当前工作时间在

3 年以上的人员为主，占 40.3%，比上年同期提高 1.1 个百分点。第二季度，外出务工农村劳动力从事当前工作时间在 1 年以上的比例为 70.7%。其中，从事当前工作时间在 3 年以上的人员占 42.1%，比上年同期提高 4.0 个百分点；从事当前工作时间在 3 个月以下的人员占 12.6%，比上年同期下降 2.3 个百分点。第三季度，外出务工农村劳动力以从事当前工作时间在 3 年以上的人员为主，占 44.2%，比上年同期提高 5.8 个百分点；从事当前工作时间在 1~3 年的人员占 30.5%，比上年同期提高 1.7 个百分点；从事当前工作时间在 1 年以下的人员占 25.3%，比上年同期下降 7.5 个百分点。

（二）外出时间稳定

2022 年第一季度，全省外出务工农村劳动力月均外出从业时间为 23 天，比上年同期增加 1 天；第二季度，全省外出务工农村劳动力月均外出从业时间为 24 天，比上年同期减少 1 天；第三季度，全省外出务工农村劳动力月均外出从业总时间为 26 天，与上年同期持平。

（三）外出收入增长

2022 年第一季度，全省外出务工农村劳动力外出月均收入为 4171 元，比上年同期增长 14.7%；第二季度，全省外出务工农村劳动力外出月均收入为 4175 元，比上年同期增加 35 元，增长 0.8%；第三季度，全省外出务工农村劳动力外出月均收入为 4583 元，比上年同期增加 198 元，增长 4.5%。

（四）外出消费增加

2022 年第一季度，全省外出务工农村劳动力外出月均生活消费支出为 787 元，比上年同期增长 6.1%；第二季度，全省外出务工农村劳动力外出月均生活消费支出为 781 元，比上年同期减少 32 元，下降 3.9%；第三季度，全省外出务工农村劳动力外出月均生活消费支出为 840 元，比上年同期增加 6 元，增长 0.7%。

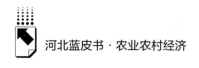

三 稳就业面临的问题

为了解河北农民工当前就业面临的问题和困难，国家统计局河北调查总队于2022年4月、7月、10月开展三次专题调研，调研显示河北农民工稳就业主要面临以下四个问题。

（一）就业能力偏低，市场竞争力较差

农民工普遍受教育年限较少，缺乏知识与技能，大多数人没有职业资格证书或者技能等级证书。农民工生活和工作压力较大，通常没有时间、精力和机会接受再教育再培训，持续处于就业竞争力低下的状态，只能从事简单重复、易替代的体力劳动。在用人单位经营困难时，这些人首先受到影响，工作时间大幅减少甚至失去工作岗位。

（二）信息来源单一，权益保障不足

老一代农民工因不会或不能熟练使用网络，信息来源单一，影响就业；新生代农民工则因面向农民工群体的招聘网站等平台较少，难以及时获取适合其需求的用工信息，求职效率不高。对于各级政府和有关部门举办的线上线下招聘会，仍有大量求职者缺乏了解。亲朋好友介绍、老乡带老乡、自己寻找等方式依然是当前农民工进城务工的主要途径，存在就业质量不高、与企业需求匹配度不高、权益难以保障等问题。农民工在实际工作中存在"书面合同"少、"口头约定"多的情况，"五险"参保率较低，大多只有意外伤害险，就业呈"短工化"趋势。由于养老、医疗等权益保障不足，农民工对现在的生活和未来的养老都存在担忧顾虑，就业满意度较低。

（三）开拓市场难，融资难，发展受限

自营户一方面开拓市场难，大多通过老客户提供信息或者朋友介绍开拓市场，没有能力独自开拓新的市场；另一方面资金来源主要是自筹，受条件

限制，能够拿到政府扶持创业的小额贷款的只有少数经营户，并且小额贷款额度难以满足自营项目的需求。自营户缺少政府资金支持，无钱投入成为经营发展的瓶颈。

（四）成本增加，消费市场复苏缓慢

当前国际形势错综复杂，同时受疫情影响，原材料价格和雇工工资上涨，面、油、淀粉等原材料涨价，小规模餐饮业利润被进一步压缩；油价上升运输成本增加，运输范围缩小。疫情影响市场复苏，一是客流量减少，市场需求不足；二是收入减少，抑制消费；三是物流运输受到影响，货源和原材料不足。

四　促进稳就业的建议

（一）在巩固成果的基础上，做好农村富余劳动力转移就业工作

一是进一步细化物流管控；二是制定就业应急预案，向有需要的农民工提供就业帮助，加大公益性岗位的提供力度，可通过发放临时性公益性岗位补贴等，鼓励基层开发保洁环卫等临时性的公益性岗位，用以安置困难农民工，减轻其经济收入压力；三是采取更加精准的帮扶措施，加强对企业的指导和回访，对重点行业、重点企业进行跟踪监测和分析，对农民工进行有针对性的指导。

（二）以乡村振兴和雄安新区建设为契机，促进就地就近转移就业

全省外出劳动力分布以县内为主，且外出劳动力在省内的占近七成。一方面，发挥河北资源多样性优势，发展新产业新业态，拓展农业多重功能和乡村多元价值，加快县乡旅游发展，加强与媒体合作，进一步加大乡村旅游的宣传推介力度，为乡村振兴增添"一抹新绿"，创造更多就业机会，引导农村富余劳动力充分就地就近转移就业；另一方面，发

挥京津冀协同发展优势，要做好首都政治"护城河"，疏解北京非首都功能，抓住建设雄安新区这一契机，坚持生态优先、绿色发展，加强对文旅新业态发展的指导、激励和督导，出台针对文旅新业态的税收减免、贴息贷款等优惠奖励政策，培育一批重点文旅企业，做大做强河北市场主体。

（三）强化农民工服务，积极促进劳动力就业

一是推动信息服务高质量下沉基层，向村、社区一级延展，通过喇叭广播、悬挂横幅标语、张贴海报等传统形式，结合平台直播、宣传车、微信群等新媒体形式，积极开展宣传，让广大农民更加充分地了解就业政策和招聘信息。二是加强技能培训，提升农民工就业能力，针对农村劳动力的特点，立足岗位技能和职业发展需要，为符合条件的人员提供免费或低价的学历继续教育、职业技能教育，多渠道、全方位宣传有关技能提升的政策措施，扩大受训面，进一步提高农民工的综合素质和就业竞争力，促进农村劳动力较高质量就业。

（四）完善就业保障，维护合法权益

一是积极开展《劳动法》《保障农民工工资支付条例》等劳动保障政策宣传，培养农民工的法律意识、维权意识，提升农民工在法律范围内维护自身权益的能力，不断督促用人单位抓好相关法律法规的落实，进一步健全和完善地方性法规和政策体系；二是加大劳动保障监察执法力度，严惩侵害农民工劳动权益的违法行为，建立农民工维护合法权益的长效机制，畅通农民工投诉、举报渠道，简化农民工维权程序，对损害农民工合法权益的行为依法予以惩处，保障农民工合法权益。

（五）帮助农民工"开源节流"，推动线上线下营销深度融合

对特殊人群采取适当的税收减免政策，改善个体自营户的营商环境。辅助商户开展形式丰富的网络营销，如社区营销、美团优选、闪送外卖等。营

造良好、健康的购物环境，实现线上网络平台下单、线下实体店错峰拿货。整合配送资源优化配送服务，解决自营商户的资金短缺问题。

参考文献

中共国家统计局党组：《迎难而上平稳开局　攻坚克难持续发展》，《中国国情国力》2022年第5期。

王萍萍：《三季度就业形势总体稳定》，《中国信息报》2022年10月25日。

专 题 篇

Special Reports

B.12
河北省保障农民种粮收益对策研究

唐丙元*

摘 要: 保障粮食稳定安全供给始终是建设农业强国的头等大事。为保障国家粮食安全，要健全种粮农民收益保障机制，稳步提高粮食生产效益，让农民愿意种粮、种好粮食。河北省深入实施"藏粮于地、藏粮于技"战略，加强农田水利基本建设，强化农业科技创新，全面推进种业振兴，严格落实各项惠农政策，粮食产量和品质稳步提升，农民种粮效益得到有效保障。但受人工成本、土地成本影响，农民种粮比较收益总体不高，并面临市场风险和自然风险，确保粮食丰收、农民增收，是一项长期重大战略任务。河北省要全面落实国家部署，结合实际省情、粮情，创新粮食生产经营模式、强化科技创新与成果转化、加大政策扶持力度，有效保障农民种粮收益。

* 唐丙元，河北省社会科学院农村经济研究所研究员，主要研究方向为宏观经济、开放经济。

关键词： 种粮收益　生产成本　生产经营模式

习近平总书记强调，强国必先强农，农强方能国强。[①] 粮食安全始终是国之大计、强国之基，粮食安全是买不来的，必须要依靠自己的力量端牢饭碗。因此，保障粮食稳定安全供给始终是建设农业强国的头等大事。保障国家粮食安全，就要健全种粮农民收益保障机制，稳步提高粮食生产效益，让农民愿意种粮、种好粮食。河北是农业大省、粮食大省，以科学有效的机制调动农民种粮积极性，确保粮食丰收、农民增收，是一项长期的重大战略任务。

一　河北省粮食生产特点分析

粮食是战略资源，是一种特殊的商品，需求价格弹性小、供给价格弹性大，消费者对粮食价格的敏感程度远低于生产者，粮食价格的涨跌会明显导致粮食生产扩张或收缩。影响种粮收益的主要因素包括单位面积粮食产量、生产成本、销售价格和财政补贴规模。稳定种粮农民收益，需要对上述影响因素进行分析，以稳定粮食产量，保障国家粮食安全。

（一）河北省粮食生产情况分析

近年来，河北省深入实施"藏粮于地、藏粮于技"战略，加强农田水利基本建设，强化农业科技创新，全面推进种业振兴，严格落实粮食最低收购价、耕地地力保护补贴、种粮补贴等惠农政策，粮食产量和品质稳步提升，农民种粮效益得到有效保障。2022年，全省粮食总产量为3865.1万吨，粮食单位面积产量为5998.1公斤/公顷。从中长期看，随着科技进步和农业生产条件的不断改善，河北省粮食单位面积产量呈平稳上升态势，10

[①] 《强国必先强农，农强方能国强》，光明网，2022年12月26日，https://m.gmw.cn/baijia/2022-12/26/36257378.html。

年间全省粮食单位面积产量增长了745公斤/公顷。小麦和玉米是河北省粮食的主要品种，二者合计占全省粮食总产量的90%以上。小麦单位面积产量总体呈增长态势，而玉米受夏秋季旱涝、风雹等灾害影响，单位面积产量变化较大。2012~2022年河北省粮食单位面积产量如表1所示。

表1　2012~2022年河北省粮食单位面积产量

单位：公斤/公顷

类别	2012年	2013年	2014年	2015年	2016年	2017年	2018年	2019年	2020年	2021年	2022年
粮食	5253	5426	5344	5319	5570	5751	5660	5780	5941	5950	5998
小麦	5551	5835	6008	6193	6194	6338	6155	6297	6501	6539	6562
玉米	5798	6768	6333	6405	6713	6722	6693	6224	6005	5984	6061

资料来源：历年《河北统计年鉴》。

为确保粮食面积和产量不减少，河北省严格落实粮食安全党政同责，逐级落实生产主体，全面落实中央财政实际种粮农民一次性补贴等政策，推动小麦、玉米完全成本保险在产粮大县全覆盖，从严从实开展省市县三级粮食安全年度考核，确保了粮食应种尽种。同时，河北省完善粮食储备体制机制，增加政府粮食储备，压实企业粮食仓储保管、质量安全和资金管理等主体责任，形成了政府储备与企业储备、原粮储备与成品粮储备互为补充的储备体系。

（二）河北省粮食生产成本分析

河北粮食生产成本年际变化较大，主要原因是物质与服务费用、人工成本、土地成本涨跌幅度明显，直接影响粮食生产成本。物质与服务费用主要包括种子费、化肥费、农药费、农膜费、租赁作业费、燃料动力费、工具材料费、维修维护费、固定资产折旧、保险费等。人工成本主要包括家庭用工折价和雇工费用。土地成本主要包括流转地租金、自营地折租。在粮食生产成本中，物质与服务费用约占40%，人工成本约占35%，土地成本约占25%。调查显示，近5年来粮食生产成本年均增长7.5%，其中物质与服务费用较快增长，年均增长9%；人工成本年度变化较大，年均增长6%；土地成本增长较快，年均增长约 8%。

2022 年，受俄乌冲突等影响，国际粮食、化肥价格大幅上涨，国内农资价格呈上行态势。在粮价上涨刺激下，农民种粮意愿增强，购买农资的积极性较高，特别是在春耕集中购买旺季，尿素、磷肥、钾肥、种子等农资价格上涨较快，农民种粮成本进一步提高。但随着国家对农资价格调控力度不断加大，大量储备化肥陆续投放市场，保障了春耕等关键时段农业生产用肥需要，主要化肥品种价格出现回落，但尿素价格仍然高位运行。

（三）河北省粮食生产者价格分析

近年来，河北省粮食生产者价格波动较大，2022 年度小麦价格不断攀升，第三季度小麦价格达到 3.03 元/公斤的历史新高。小麦价格不断上涨主要是受疫情、国际复杂局势等因素影响，市场供应偏紧所致。从中长期看，我国粮食连年丰收，全国粮食产量连续 8 年稳定在 6.5 亿吨以上，河北省粮食产量连续 10 年稳定在 3500 万吨以上，粮食供求总体平稳。2013～2021 年河北省粮食生产者价格指数如表 2 所示。

表 2   2013～2021 年河北省粮食生产者价格指数

类别	2013 年	2014 年	2015 年	2016 年	2017 年	2018 年	2019 年	2020 年	2021 年
粮食	105.3	102.9	97.3	88.4	101.8	103.1	99.1	106.0	119.87
小麦	113.3	102.1	100.0	98.2	103.4	97.9	97.0	103.1	105.19
玉米	100.0	103.4	95.2	81.2	100.6	106.9	100.6	108.6	130.50

注：上年＝100。
资料来源：历年《河北统计年鉴》。

二 河北省粮食生产存在的主要问题

2022 年，河北省农民种粮积极性明显高涨，粮食播种面积稳步增长，但种粮收益不高，粮食生产仍存在一些不容忽视的问题。

农民种粮的比较收益总体不高，从影响农民种粮收益的因素看，粮食单位面积产量主要由粮食生产技术水平决定，尽管河北省粮食单位面积产量呈增长态势，但粮食生产技术短期内难有突破性进展，粮食单位面积产量增长速度将会放缓。受人工工资、农资价格上涨影响，粮食生产成本不断上升。粮食价格受市场供求关系影响而不断波动，粮食丰收、供大于求时，粮食价格下滑；粮食歉收时，国家为维护社会稳定会对粮食价格进行调控。因此，农民种粮虽有收益，但收益水平不高。特别是随着国内外营商环境的改善和扩大就业、稳定经济等政策措施的落实，农村非农从业劳动力总量增加，农民工资性收入远高于家庭经营净收入，农民外出务工积极性明显大于从事农业生产的积极性。近年来，河北省粮食总产量、播种面积和单位面积产量的增长，既与政府加大投入、加强调控有关，也与农民因种粮省工而能腾出时间外出务工有关，种粮收益与粮食产量并不呈正相关。

粮食生产不确定性因素较多，既面临市场风险，又面临自然风险。河北省干旱、强降雨、大风、冰雹、低温冻害等自然灾害易发多发频发；小麦条锈病、赤霉病、纹枯病、白粉病、麦蚜虫，玉米穗腐病、玉米褐斑病、玉米螟、棉铃虫等重大病虫害时有发生，粮食重大病虫害危害较大。同时，河北省中低产田面积较大，农田灌溉、排涝等设施仍不完善，粮食生产旱涝保收能力不足，仍未摆脱"靠天吃饭"的局面。特别是普通小农户，粮食种植面积小，缺乏病虫害预警预测知识和绿色统防统治技术，农田基本建设投资、农业病虫害防治资金不足，难以有效降低粮食生产面临的自然风险损失。

三 保障农民种粮基本收益的对策建议

习近平总书记深刻指出："要创新粮食生产经营模式，优化生产技术措施，落实各项扶持政策，保护农民种粮积极性，着力提高粮食生产效益。"[①]

---

① 中共中央党史和文献研究院编《习近平关于"三农"工作论述摘编》，中央文献出版社，2019，第86页。

河北省要全面落实国家部署，结合实际省情、粮情，创新粮食生产经营模式、强化科技创新与成果转化、加大政策扶持力度，有效保障农民种粮收益。

（一）健全粮食生产经营链条

以粮食全程质量控制为核心，聚焦优势产区，高标准创建一批示范基地，打造绿色优质粮食品牌，不断提升粮食质量效益和竞争力。一是强化粮食生产全程质量控制。聚焦粮食生产经营关键环节，加快产地环境、品种种质、投入品管控、加工储运、包装标识、品牌营销等标准的制修订，着力构建现代化粮食全产业链标准体系。二是推进粮食标准化生产。建立健全粮食生产基地标准化生产激励机制，支持基地开展生产、加工、储运、保鲜等环节设施设备标准化改造。推行绿色生产技术和生态循环模式，加大宣传培训力度，推动标准规程"进企入户"。构建粮食产加销一体的全链条生产经营模式，提升各环节标准化、数字化水平。三是打造绿色优质粮食品牌。支持粮食生产基地采取"公司+合作社+农户"、订单农业等模式，通过统一品种、技术和生产管理，带动区域粮食标准化生产。开展专业化、全程化生产技术服务，将小农户纳入粮食标准化生产体系。培育壮大粮食生产经营主体，促进标准与产业、技术、品牌、服务深度融合，打造绿色优质粮食区域公用品牌、企业品牌和产品品牌。

（二）强化科技创新与成果转化

强化粮食科技创新，提升行业自主创新能力，加快构建开放、科学、高效、实用的粮食科技创新平台体系和成果推广体系。一是打造粮食科技创新平台。深化京津冀粮食科技合作，集中打造一批粮食领域的院士工作站、重点实验室、技术创新中心、产业技术研究院和产业技术创新战略联盟。持续壮大小麦、玉米等省级现代农业产业技术体系专家团队，培育打造一批集科研、孵化、中试、应用、推广于一体的省级粮食类农业创新驿站。二是加强粮食科技攻关。探索完善长期稳定支持机制，加强高层次人才队伍建设，聚焦高产优质粮食品种筛选、高效栽培关键技术开发、丰产技术集成示范应用、粮食精深加工技术装备研发等进行攻关。发挥财政资金引导作用，鼓励企业和社会力量加大粮食基础研究投入力度。三是推进粮食生产绿色防控。在全省粮食主产区创建一批全程绿色防控示范区，辐射带动非化学农药绿色防控技术推广应用，减少化学农药使用量。组织动员植保专业服务组织，加强小麦、玉米等粮食作物重大病虫害统防统治，提高防控效率和效果。

（三）培育壮大新型粮食经营主体

充分发挥家庭农场、农民合作社、社会化服务组织在粮食产前、产中、产后等领域的不同优势，加强体制机制创新和生产经营模式创新，促进各类经营主体和服务主体有机融合，不断增强新型农业经营主体和服务主体的实力、活力、带动力。一是积极培育家庭农场。实施家庭农场培育计划，支持乡村本土人才、有创业意愿的外出农民工、大中专毕业生以及科技人员等人才依法依规创办粮食种植家庭农场。建立健全家庭农场培训机制，强化名录管理，引导粮食种植家庭农场开展适度规模经营，开展无公害农产品、绿色食品、有机食品、农产品地理标志"三品一标"产品的申报认证和商标注册。开展示范家庭农场创建，探索推广家庭农场与农民合作社、龙头企业、社会化服务组织等有效对接合作方式，提高粮食生产组织化程度。二是规范提升农民合作社。深入开展粮食种植农民合作社规范提升行动，有序推进国家级、省级农民合作社示范社创建，大力开展市级、县级农民合作社示范社评选，培育推广一批可复制、可推广的典型创建经验做法。建立省级农民合作社培训基地，深化院校与合作社合作，深入开展高素质农民合作社骨干培育工作。鼓励各地组建专家团队等组织，为农民合作社开展科技成果运用和技术培训等提供服务。发挥社会力量，协同打造社会力量助力农民合作社高质量发展的产业链条和长效机制。三是推动农业社会化服务组织多元融合发展。支持农村集体经济组织为集体成员提供粮食生产托管服务；鼓励农民合作社积极为农户等经营主体提供机耕机收、代耕代种、统防统治、统一购销等各类生产托管服务；引导龙头企业与种粮农户建立稳定的购销关系，为农户提供粮食生产托管服务；积极引导农业生产托管服务专业户开展托管服务，围绕粮食生产，以资金、技术、服务等要素为纽带，打造一体化专业托管服务组织体系。引导农业生产托管服务组织拓展经营范围，从以产中作业环节托管为主向产前、产中、产后全程托管及为农户提供金融保险等配套服务延伸。

（四）加大粮食生产经营政策扶持力度

加大粮食生产经营政策扶持力度，充分调动农民种粮积极性，坚决遏制耕地"非农化"、基本农田"非粮化"，确保粮食安全。一是强化资金支持。发挥财政资金保障作用，足额及时发放实际种粮农民一次性补贴、耕地地力保护补贴、农机购置与应用补贴、农业保险政策性补贴、产粮大县奖励，弥补成本上涨带来的种粮收益下降，保障种粮农民合理收益。统筹高标准农田建设、耕地地力提升、高效节水灌溉、农业防灾减灾等资金，集中打造实打实收"吨半粮"示范区。加强耕地灌溉排水、田间道路、输配电等基础设施建设，提高粮食综合生产能力。加大对农民合作社、家庭农场的支持力度，实施好新型农业经营主体示范带动项目。二是创新金融保险服务。鼓励金融机构专门开发针对新型农业经营主体的信贷产品，合理确定贷款额度、利率和期限，拓宽抵质押物范围。深入推进"双基"共建农村信用工程，积极开展新型农业经营主体和服务主体信用等级评价。充分发挥河北省农业担保公司作用，推动完善"政银担"支农联动机制，着力解决融资难、融资贵问题。推动建立健全农业保险体系，探索从覆盖直接物化成本逐步实现覆盖完全成本。三是强化粮食生产人才、技术支撑。推动普通高校和涉农职业院校设立粮食专业或专门课程，加强粮食生产经营人员专项技术培训，不断提高全省粮食生产经营者素质。加大粮食产业科研投入，创新良种良法，开展全产业链协同攻关，提高粮食生产科技含量。加快推广专用机具和小型适用机具，全面推行精细整地、精量播种、精准管理、高效收获作业模式，建设一批全程机械化示范县。加强市场信息采集预测，为粮农提供市场信息服务，促进粮食生产结构与市场需求结构有机对接。

参考文献

尹成杰：《后疫情时代粮食发展与粮食安全》，《农业经济问题》2021 年第 1 期。

王晓君、何亚萍、蒋和平：《"十四五"时期的我国粮食安全：形势、问题与对策》，《改革》2020 年第 9 期。

普冀喆、钟钰：《当前我国粮食支持政策改革研究》，《理论学刊》2021 年第 6 期。

武汉大学乡村振兴研究课题组：《全面推动乡村振兴，确保粮食安全》，《财贸经济》2022 年第 5 期。

刘慧：《健全农民种粮收益保障机制》，《经济日报》2022 年 3 月 24 日。

河北省农业农村厅：《深入推进新型农业经营主体和服务主体高质量发展》，《河北农业》2021 年第 9 期。

石巍：《河北创建现代农业全产业链标准化示范基地》，《中国食品安全报》2022 年 11 月 1 日。

B.13
河北省加快建设高端奶业集群的思路与对策研究

闫永路*

摘　要： 河北省奶业全产业链优势和市场区位优势突出，是全国奶业大省、重要乳制品生产基地。加快建设高端奶业集群，实现由奶业大省到奶业强省升级，面临养殖模式转型、生产效率提升、全产业链配套协调和环境安全等压力，应抢抓我国新一轮奶类消费增长的新周期，从生产要素优化配置、产业体系完善构建、产业模式转型融合、组织方式多元联合、产业链生态循环、支持政策协同发力等方面，推动奶业由资源型向科技型转型，由产量驱动向价值驱动升级，建设全国奶业强省，打造原奶基地、高端乳制品生产基地、现代营销全产业链高端奶业集群。

关键词： 高端奶业　奶业集群　河北省

奶业是原料导向型产业，是满足城乡居民生活刚性需求的基础性民生产业，涵盖农业、食品加工业、交通运输业、科技服务业等多个产业范畴，既是现代农业的重要组成部分，也是食品制造业的重要支柱，更是强壮民族的富民产业。从全产业链的角度看，奶业包括上游奶牛养殖业和下游乳制品加

---

* 闫永路，河北省社会科学院农村经济研究所副所长、副研究员，主要研究方向为农业农村经济、农村资源环境。

145

工业两部分，上游奶牛养殖业又包括饲草料、畜牧兽医、奶牛养殖等环节，下游乳制品加工业又包括液态奶、奶粉及其他乳制品的加工制造等部分。河北省是奶业大省，是全国重要的乳制品生产基地，深入研究奶业发展思路，对推动全省奶业高质量发展、建设奶业强省和农业强省具有重要意义。

一 河北省奶业生产情况及在全国的地位

2019年省委、省政府出台《河北省奶业振兴规划纲要（2019—2025年）》后，河北奶业飞速发展，呈现全面振兴之势。据国家统计局河北调查总队统计，2018~2021年，全省奶牛存栏从105.9万头增加到135.2万头，复合增长率为8.5%；生鲜乳产量从384.8万吨增加到498.4万吨，复合增长率为9%；乳制品产量达到397.6万吨，连续8年全国第一。①

（一）奶牛养殖业

从奶牛存栏量和牛奶产量看，截至2021年底，河北省奶牛存栏量达到135.2万头，居全国第2位，牛奶产量达到498.4万吨，居全国第3位（见表1）。"三氯氰胺"事件之后，河北奶业经过短暂调整，迅速恢复，奶牛存栏量和牛奶产量稳居全国前列。

表1　2010~2021年河北省奶牛存栏量与牛奶产量

单位：万头，万吨

年份	奶牛存栏量	全国位次	牛奶产量	全国位次
2010	180.8	3	439.8	3
2015	196.3	4	473.1	3
2016	180.6	3	440.5	3
2017	124.6	2	381.0	3
2018	105.9	3	384.8	3

---

① 河北省农业农村厅：《河北省高端奶业集群建设情况》，2022年11月。

年份	奶牛存栏量	全国位次	牛奶产量	全国位次
2019	114.8	3	428.7	3
2020	122.3	2	483.4	3
2021	135.2	2	498.4	3

资料来源：2010~2020 年数据源自历年《中国畜牧兽医年鉴》，2021 年数据源自河北省农业农村厅内部数据。

从规模化养殖看，按照年存栏量划分等级，10 头以下为散户养殖，10~50 头为小规模养殖，50~500 头为中等规模养殖，500 头以上为大规模养殖。2020 年河北中大型奶牛养殖场集中度达到 52.5%，其中大规模养殖集中度达到 24.7%，大规模养殖集中度显著高于内蒙古、黑龙江、新疆等传统奶业大省（区）（见表 2）。

表 2　国内主要奶业大省（区）养殖场规模

单位：户

地区	年存栏 1~49 头	年存栏 50~99 头	年存栏 100~199 头	年存栏 200~499 头	年存栏 500~999 头	年存栏 1000~1999	年存栏 2000~4999 头	年存栏 5000 头以上
河　北	1235	176	279	267	423	162	34	24
内蒙古	23850	1545	851	200	120	62	92	29
黑龙江	13715	441	108	153	71	46	39	16
新　疆	283751	1785	252	103	47	42	26	2

资料来源：中国畜牧兽医年鉴编辑委员会编《中国畜牧兽医年鉴 2020》，中国农业出版社，2021。

（二）乳制品加工业

乳制品是用生鲜乳加工的奶产品，大众消费的乳制品包括液态奶、奶粉、酸奶、奶酪等。近年来河北省乳制品加工能力显著增强，2021 年乳制品产量达到 397.6 万吨，比 2020 年增加 39.2 万吨，接近 400 万吨大关，连续 8 年保持全国第一。全省年销售额 2000 万元及以上乳制品加工企业达到

44 家，其中，销售额 10 亿元以乳制品加工企业达到 11 家（见表 3），新建扩建乳品加工项目 23 个，新增年处理生鲜乳能力 250 万吨，实现了奶酪、黄油等乳制品零的突破，乳制品结构进一步优化。实施学生饮用奶计划，覆盖 400 万农村义务教育学生，每年供应学生奶约 20 万吨。

表 3　2021 年河北省销售额 10 亿元以上乳制品加工企业

序号	地市	企业名单	主营产品
1	石家庄市	石家庄君乐宝乳业有限公司	奶粉、低温乳、常温乳
2	定州市	定州伊利乳业有限责任公司	乳制品
3	保定市	保定蒙牛饮料有限公司	纯牛奶、酸奶
4	唐山市	滦州伊利乳业有限责任公司	液体乳、乳粉、其他乳制品
5	唐山市	蒙牛乳业(唐山)有限责任公司	常温液态乳
6	张家口市	张北伊利乳业有限责任公司	液态奶
7	石家庄市	河北三元食品有限公司	奶粉和液态奶
8	唐山市	蒙牛乳业(滦南)有限责任公司	乳制品
9	石家庄市	河北君乐宝君源乳业有限公司	奶粉
10	张家口市	蒙牛塞北乳业有限公司	特仑苏
11	张家口市	旗帜婴儿乳品股份有限公司	奶粉

资料来源：河北省农业农村厅：《河北省高端奶业集群建设情况》，2022 年 11 月。

（三）大型乳业企业布局情况

河北省现有内蒙古伊利实业集团股份有限公司（伊利集团）、内蒙古蒙牛乳业（集团）股份有限公司（蒙牛集团）、石家庄君乐宝乳业有限公司（君乐宝乳业集团）、三元集团等 4 家全国性大型乳业集团。从地市空间布局看，大型乳业集团在石家庄、唐山、张家口中北部、邯郸中东部等地区集中布局有 24 家生产基地（子公司），其中伊利集团、蒙牛集团、君乐宝乳业集团、三元集团等 4 家大型乳业企业在全省建设自有牧场（自有奶源基地）25 个，存栏奶牛 24.4 万头，大型乳业企业自有牧场（自有奶源基地）存栏奶牛占全省奶牛存栏量的近 1/4。其中，伊利集团 2002 年开始在河北省布局奶业，至 2020 年累计在冀投资 31 亿元，建设有 4 个液态奶生产基地和 1 个冷饮生产基地，自有牧场 6 个，扶持建设规模化牧场 200 个。蒙牛集团在河北建有 6 家全资子公司，建设自有牧场 7 个，原奶供应方有 240 家。君乐宝乳业集团在全省建设自有奶源基地 7 个、合资（合建）牧场 2 个、家庭牧场 1 个（见表 4）、合作牧场 119 家。

表 4 河北省大型乳业企业布局情况

单位：万吨，亿元

序号	企业	年产量	销售额	生产基地(子公司)	牧场情况
1	内蒙古伊利实业集团股份有限公司	100	56	定州、廊坊开发区、滦州市、张北县 4 个液态奶生产基地；1 个冷饮生产基地（定州）	自有牧场 1 个（中都牧业）；控股子公司赛科星股份有限公司自有牧场 5 个，合计存栏 3.38 万头
2	内蒙古蒙牛乳业（集团）股份有限公司	140	100.2	丰润、滦南、察北、塞北、武强、望都 6 家全资公司	自有牧场 7 个，存栏 10.7 万头
3	石家庄君乐宝乳业有限公司	109	180.7	10 家子公司（鹿泉 5 家，行唐、察北、保定高新区、威县、中捷各 1 个）	自有奶源基地 7 个，合资（合建）牧场 2 个，1 个家庭牧场，奶牛共计存栏 8 万头
4	三元集团	13.27	13.5	新乐、迁安、汉沽 3 家子公司	自有奶源基地 2 个，奶牛共计存栏 2.3 万头

资料来源：河北省农业农村厅：《河北省高端奶业集群建设情况》，2022 年 11 月。

二 河北省加快建设高端奶业集群 面临的主要问题

近年来，河北省制定《河北省奶业振兴规划纲要（2019—2025 年）》《高端乳品产业集群 2022 年推进方案》等，推动奶业高端化、集群化、高质量发展，奶业强省建设取得明显成效。但是对标对表《河北省奶业振兴规划纲要（2019—2025 年）》确定的生鲜乳产量和奶牛扩群计划目标（见表 5），全省奶业高端化发展还要集中解决几个关键问题。

表5　2019~2025 年河北省生鲜乳产量和奶牛扩群计划目标

类别		2019 年	2020 年	2021 年	2022 年	2023 年	2024 年	2025 年	合计
生鲜乳产量	同比增幅(%)	8.7	9.4	11.8	14.4	17.6	19.3	19.8	—
	产量(万吨)	425	465	520	595	700	835	1000	—
奶牛存栏(万头)		115	123	136	149	164	178	193	—
泌乳牛年均单产(吨)		7.9	8.1	8.3	8.5	8.7	8.9	9	—
每年购买牛数(万头)		2.5	2.5	2.5	2.5	—	—	—	10
每年购买性控冻精数(万支)		14	14	14	14	14	14	14	98
新增后备牛(万头)		19	21	23	25	29	33	40	190

　　资料来源：中共河北省委办公厅、河北省人民政府办公厅：《河北省奶业振兴规划纲要（2019—2025 年）》（冀办〔2019〕21 号）。

（一）奶牛产奶效率落后于目标效率

　　假定存栏奶牛都处于常态化产奶期，按照平均产奶量匡算，2021 年全省存栏奶牛 135.2 万头，生鲜乳产量 498.4 万吨，单头奶牛平均产奶量为 3.69 吨。但是，按照全省确定的生鲜乳产量和奶牛扩群计划目标，2021 年单头奶牛平均产奶量应达到 3.82 吨，实际产奶量比目标产奶量低 3.5%，到 2025 年目标产奶量应达到 5.18 吨，比 2021 年实际产奶量要提高 40.4%，单头奶牛平均每年的复合产奶效率要达到 10%以上才能保证实现目标任务，全省奶牛养殖业面临不小的增产压力。

（二）奶牛养殖业亟须加快低消耗高产出产业转型

　　2020 年我国主要奶牛养殖省（区）成本收益的截面数据表明，河北省奶牛养殖"低投入、低产出、高耗粮"养殖特征突出。从投入角度看，河北单头奶牛投入总成本为 18373.6 元，其中生产成本 18339.8 元，分别比全国平均水平低 15.8%、15.62%。用工投入 24 天，人工成本 2073.2 元，分别比全国平均水平低 23.1%、38.3%；精饲料投入 3835.7 公斤，粮食投入 2685 公斤，分别比全国平均水平高 19.3%、18.4%。饲养周期 365 天，与全国平均水平一致；净利润 7811.3 元，比全国平均水平低 3.2%。从投入产出的效率角度看，全省每公斤牛奶产值比全国平均水平低 11.9%，总成本比全国平均水平低 12.9%（见图 1），直接和间接投入分别比全国平均水平低 7.08%、14.2%，用工量比全国平均水平低 20.5%，人工投入比全国平均水平低 36.2%，精饲料和粮食投入分别比全国平均水平高 23.4%、22.4%，净利润比全国平均水平高 0.13%。总体来看，全省单头奶牛养殖中的总成本、直接投入、间接投入、人工投入等指标低于全国平均水平，但是精饲料和粮食投入等指标却大幅高于全国平均水平。与养殖大省（区）相比，河北每公斤牛奶精饲料和粮食投入分别比内蒙古高 31%、27%，分别比黑龙江高 43%、29%，分别比山东高 33%、22%，分别比河南高 23%、17%，分别比新疆高 35%、34%，显示出全省奶牛养殖对资源投入依赖较强，亟须加快养殖模式转型。

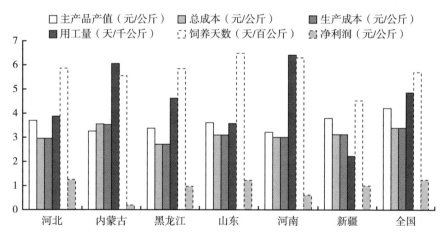

图 1　全国及奶牛养殖大省（区）投入产出效率比较

资料来源：根据全国和各省（区）农村统计年鉴奶牛养殖业成本收益等统计数据计算。

（三）奶牛扩群考验全省奶业全产业链协调配套能力

奶业贯通一二三产业各环节，既是对饲草料等强依赖型资源型产业，也是科技等强要素支撑型产业，奶源供给能力的大规模扩充，需要壮大上游饲草料、疫病防治等养殖环节，更需要拓宽提升下游乳制品加工、销售等渠道，还需要增强奶业生产安全和环境安全防控治理能力。按照《河北省奶业振兴规划纲要（2019—2025年）》，到2025年全省要实现"千万吨"生鲜乳产量目标，必然要求奶业上游养殖业、中游加工业、下游销售业形成整体配套能力，这是全省奶业高端化发展面临的重要系统性考验。

（四）环境安全压力越来越大

养殖畜禽粪污是奶牛养殖对环境安全的首要影响因素。根据实测，单头奶牛在各个生长阶段日均产生粪便10~40公斤、尿液2~4公斤。根据河北省农业农村厅统计数据，2020年全省畜禽粪污产生量为1.15亿吨，34个国家级畜牧大县和52个升级畜牧大县粪污产生量占全省总量的70%。2017年以来，全省累计投入中央资金15.79亿元、省级资金3.66亿元，连续实施畜禽粪污资源化利用整县推进项目。截至2020年底，全省12287个畜禽规模养殖场配置了粪污处理设施装备，但是配置一级（最高级）处理设备的养殖场仅占18.59%，配置二级处理设备的养殖场占34.48%，配置三级处理设备的养殖场占46.94%。① 随着全省奶牛扩群目标逐年达标达效，奶牛养殖对环境安全造成的压力也与日俱增。

三　河北省加快建设高端奶业集群国际国内市场供需趋势

牛奶及乳制品已经成为人类食物消费的重要部分，人均牛奶消费量甚至成为衡量一个国家或地区经济发达程度及居民营养健康程度的重要指标之一。牛奶及乳制品消费的日益普及促进了全球奶业市场的进一步发展。华经产业研究院《2022—2027年中国牛奶行业市场调研及未来发展趋势预测报告》显示，2018年以来全球奶业市场正经历新一轮平稳增长。

---

① 河北省农业农村厅2020年畜牧业部门资料，2021年11月。

（一）全球奶业市场供需趋势

从奶牛存栏量看，2021 年全球奶牛数量达到 1.39 亿头，2022 年将突破 1.40 亿头，2018~2022 年全球奶牛数量平均以 1.0%~1.2% 的速度增长。全球奶牛数量稳定增加带动全球牛奶产量持续增长，2021 年全球牛奶产量达到 5.44 亿吨，2022 年有望达到 5.49 亿吨，2018~2022 年牛奶产量以 1.0%~2.0% 的幅度波动增长。从消费需求看，随着全球乳制品的快速发展及人类对健康饮食的追求，全球牛奶消费量以 1.0%~1.6% 的速度稳定增长。2021 年全球牛奶消费量达到 1.91 亿吨，2022 年预计将达到 1.93 亿吨。其中，印度以 43.5% 的份额成为全球最大的牛奶消费市场，欧盟、美国紧随其后，我国以 7.6% 的份额成为全球第四大牛奶消费市场。[①]

（二）我国奶业市场供需趋势

从供给端角度看，2018 年以来我国牛奶产量迎来新一轮快速增长，2018 年我国牛奶产量增幅为 1.2%，2019 年攀升至 4.1%，2020 年进一步提高到 7.5%，2021 年我国牛奶产量达到 3682.7 万吨，产量增幅依然保持在 7.0% 以上。从消费端角度看，2017 年我国居民人均消费奶类制品突破 12 公斤之后，奶类消费量进入快速增长阶段，2018 年增长 0.8%，2019 年提高到 2.5%，2020 年达到 4.0%，2021 年消费增幅达 10.8%。国内牛奶消费量的井喷式增长，促使我国牛奶进口量逐年扩大。2020 年牛奶进口量突破 100 万吨之后，2021 年进一步增长到 104.73 万吨，2015~2021 年牛奶进口复合增长率达到 14.7%，成为全球牛奶消费增长最快的国家。[②]

---

① 《2021 年奶业市场形势回顾与 2022 年趋势研判》，济南天丽牧业有限公司网站，2022 年 5 月 31 日，http://www.jntianlimuye.com/article-22979-156288.html。

② 《2022 年中国牛奶产量、消费量、进出口及价格走势分析》，"华经情报网"百家号，2022 年 9 月 29 日，https://baijiahao.baidu.com/s? id=1745269405699634728&wfr=spider&for=pc。

四 河北省加快建设高端奶业集群的总体思路

结合国际国内奶业市场消费趋势，抢抓国内奶类消费快速成长机遇期，河北省加快建设高端奶业集群，重点是要加快推进生产模式、价值模式、体系模式转型。具体而言，一是加快推动奶牛养殖业由传统资源型产业向科技型智慧化养殖业转型。加强5G和人工智能新技术应用，在普遍推广自动投喂、自动化挤奶计量、自动化挤奶、TMR全混合日粮监控、温湿度环境自动控制等现代养殖技术的基础上，加强在畜禽生理健康、饲料配比、生长数据获取、大数据对比分析等智慧养殖领域的技术探索，推动奶牛养殖增产由增加饲料等资源消耗向依靠新技术、新方法、新模式转型。二是推动奶业发展由产量驱动向价值驱动转型。大而不强是当前全省奶业高端化的短板特征，加快建设高端奶业集群，推进建设奶业强省，既要夯实数量规模这个产业之基，又要提升价值规模这个产业之要，以数量扩大释放规模效应，以质量提升促进价值跃升。三是加快推动由建设现代化原奶基地向构建全产业链现代产业体系转型。加快补齐饲草、疫病、数字化设施现代化养殖产业链，加快壮大高端乳制品加工、品牌营销现代化奶类产品制造产业，加快完善现代物流、营销网络、电商平台和商品流通产业链，打造原奶基地、高端乳制品生产基地、现代营销全产业链高端奶业集群。

五 河北省加快建设高端奶业集群的对策建议

按照《河北省奶业振兴规划纲要（2019—2025年）》确定的目标，加快生产要素优化配置，构建现代奶业产业体系，创新产业发展模式和生产组织方式，加大政策协同力度，着力构建生态循环产业链条，构建现代化高端奶业集群。

（一）加快生产要素优化配置

发挥市场决定性作用，更好发挥政府作用，促进优质生产要素向高端奶业集群集中。一是加大人才引进培养力度。立足既有奶业技术体系创新团队，面向京津冀各大农业高校院所，引进、聘任奶业领军人才，打破省内创新团队"小圈子"，构建开放式创新团队、创新联盟。鼓励大型奶业集团建立自有技术研发团队，加大研发项目和经费支持力度，增强科技人才支撑。二是加强产业用地供给。按照河北省自然资源厅、河北省农业农村厅《关于进一步改进和完善设施农业用地管理的实施意见》，在明确区域养殖承载力的基础上，制定精细化、差异性供地政策（标准），细化产业用地申请、审批、报备流程，减少供地政策模糊性、提高政策可操作性和可执行性。三是加大金融支持力度。加强政府、金融企业、养殖企业对接，破解资金供需"意愿赤字"，适度降低金融企业按养殖规模发放贷款的标准，扩大圈舍设施、大型机械、大型活体牲畜等可抵押物范围，为养殖企业贷款融资创造便利条件。加大政府财政投入力度及与保险企业的协调力度，提高养殖保险的政府补贴比例，扩大养殖保险覆盖面。创新涉农财政资金使用方式，加强农业保险资金与政府救灾资金协同运用，增强金融对奶牛养殖业的支持能力。四是加强大数据生产能力。加快在超大型养殖企业布置 5G、RFID 等新型监控传感设备，持续获取奶牛生长、健康、疫病等养殖信息，依托"头部"企业或省畜牧信息技术平台，搭建全省奶牛"大数据仓"，为推进全省高端奶业精准化、智慧化发展提供数据支撑。

（二）构建现代奶业产业体系

瞄准高质量发展要求，构建现代奶业产业体系。一是构建奶牛和肉牛协调发展养殖体系。建立淘汰奶牛育肥产业群，促进奶牛与肉牛养殖一体化发展，扩展养殖增值空间。二是健全乳制品加工体系。围绕液态奶、奶粉、奶油、奶酪、乳类饮品等畅销热销产品，加快培育品牌化龙头加工企业，挖掘养殖和加工综合效益，提高奶业高端产品比重，全面提高奶业经济效益。三是完善产品流通体系。完善原奶基地冷鲜设施，建设区域性冷鲜基地，打造全国性冷鲜物流龙头，提高冷鲜产品优质高效配送效率。支持企业加强线上线下品牌营销渠道建设，健全"互联网＋"产品流通体系。四是增强技术体系支撑。加大良种繁育、营养配比、疫病防治、粪污治理、5G技术、大数据分析等现代技术投入，推动奶业由规模效率向技术效率转型升级。

（三）创新产业发展模式

河北省平原、山区、坝上、沿海地理单元多样，各单元资源禀赋条件差异较大，在产业转型升级过程中，要根据实际情况选择适宜的模式，着力突破资源禀赋条件制约，持续创新奶业发展模式。一是加强养殖模式创新。发挥全省地理单元多样性优势，借鉴国内外先进经验，针对不同区域不同品种，加强养殖模式创新。平原区要聚焦产业用地指标、水资源普遍紧张及环境容量、承载力较小等短板，发挥人力、科技、饲料、粮食等资源优势，走集约化养殖道路，促进中大型奶牛养殖场转型升级。山区要发挥产业用地宽裕、环境容量及承载力较大、林草资源丰富等组合优势，规避人力资源短缺劣势，走大型化养殖道路，促进奶牛养殖规模集中、产业集群、粪污集中化治理。坝上地区要发挥牧草资源和养殖经验丰富、养殖技术实践积累较多、产业基础较好、环境容量和承载力较大、产业用地指标充裕等综合优势，走大型化和适度规模化道路，大力发展饲草业，促进奶牛养殖规模集中。二是加强产业融合模式创新。重点推进奶牛和肉牛养殖相互衔接和融合发展，促进淘汰奶牛向肉牛转化，探索奶牛肉牛融合发展模式。三是加强产品销售模式创新。夯实商超、批发市场、农村集市、专营店或专卖店等传统销售模式和路径，扩大淘宝、京东、美团、拼多多等电商营销平台，发展抖音、B站短视频直播带货等多样化销售新业态。在做精产品、做好品质、做实口碑的同时，加快构建"传统＋新兴"相互融合、多元化路径互相交叉的融合销售新模式。

（四）创新生产组织方式

奶牛养殖业已由家庭养殖、养殖小区等传统生产组织方式转向专业化大型化养殖场、"龙头企业+农户"、"龙头企业+合作社+农户"等现代生产组织方式。尽管奶牛养殖规模化程度已相对较高，但仍有一定规模的散养、散销养殖户，对提高全省养殖效率效益、加强养殖粪污治理形成一定制约。在推进全省奶业高端化发展转型过程中，应进一步加强生产组织方式创新，促进效率效益提升。一是加快平原区散养户转型升级。加强龙头企业培育，突出专业合作社带动，从品种、饲料、养殖技术、疫病防治、质量安全、粪污治理、产品销路上，将散养和小规模养殖户纳入龙头企业和专业合作社生产体系，提升带动一批散养户转型升级，淘汰一批落后养殖产能，加快养殖生产组织方式现代化转型。二是加快山区、坝上地区散养和小规模养殖户转型升级。散养和小规模养殖是带动山区和坝上地区农户增收的重要途径，是巩固拓展脱贫攻坚成果同乡村振兴有效衔接的重要手段，短期内不宜大规模淘汰退出，应逐步强化龙头企业、专业合作社在养殖各环节的带动和服务作用，着力加强生产服务供给模式创新，通过产业项目支持、政府购买服务、培育社会化服务组织等多种方式，提高龙头企业、专业合作社的养殖服务能力，壮大专业化社会服务组织实力，提高山区和坝上地区散养和小规模养殖户的生产效率和效益，推动农户生产组织方式持续改进。

（五）构建生态循环产业链

推动奶牛养殖转型升级，必须走大农业生态循环之路，着力构建生态养殖小循环和生态农业大循环产业链。一是加快构建生态养殖小循环产业链。鼓励大型养殖企业自主配建小型水处理系统、粪处理系统，形成"污水再利用—粪变有机肥—有机肥用于饲草料（青贮玉米）—饲草料用于养殖生产"生态种养循环圈。支持大型养殖企业领办种植合作社，形成青贮玉米按养殖需求自主规模化种植、饲料稳定化自给、养殖规模化生产。二是加快构建生态农业大循环产业链。培育生态有机肥大型企业，加强大型养殖企业、有机肥企业、种植企业三方联合对接，加大有机肥施用补贴力度，完善有机肥农村销售网络，贯通有机肥生产到施用"最后一公里"，构建平原区种养循环生态链、山区林果和养殖立体循环生态链、坝上地区饲草—养殖生态链。

（六）加大政策协同力度

构建高端化奶业集群需要加大人地钱、科技、数据、信息等多种要素供给，也需要生态、环境、疫病、质量安全、营养健康等多部门联合支持，加大政策协同力度，促进现代奶业集群高质量发展。一是加强农业农村部门和自然资源部门产业用地政策协同。农业农村部门应从产业集约发展的角度，加强养殖规模与养殖用地匹配规律研究，总结探索立体化养殖节约集约用地新模式，以地理单元养殖承载力为依据，加强县区养殖规模引导，汇总和规范不同品种、不同规模的养殖场（户）用地需求，探索从农业内部调剂产业用地的新空间。自然资源部门应遵循国家和省耕地和永久基本农田保护底线要求，精准对接农业农村部门产业用地需求，创新耕地资源保护方式方法，优化产业用地供给流程，明确不予供地负面清单，促进产业用地供给与需求协同发力，促进耕地资源可持续利用和现代畜牧业可持续发展。二是加强农业农村部门和生态环境部门环境治理政策协同。农业农村部门应从绿色发展、生态发展的角度，加强不同规模的养殖场（户）粪污排放总量、排放规律研究，总结探索生态循环养殖新模式，出台政策推动构建生态养殖小循环和生态农业大循环产业链，完善企业配齐粪污处理设施支持政策，最大限度地降低养殖活动对生态环境产生的负面影响。生态环境部门应结合不同规模的粪污产生量，制定相应的养殖污染防治指南，加大防治技术服务供给力度，用法治思维和法治方式保障养殖污染达标排放。三是加强农业农村部门和金融企业资金支持政策协同。农业农村部门应从养殖规律角度，强化规模化养殖风险评估，加强养殖场（户）资金需求缺口调查，梳理可抵押养殖资产（资源）清单，做大政策性养殖保险资金池，增强贷款和保险两个主渠道资金支持。金融企业应加强资金风险管控，丰富养殖场（户）可抵押资产清单，优化政策性保险和商业性保险配比结构，全力支持全省畜牧业向高质量发展转型升级。四是加强农业农村部门和科技部门科技政策协同。农业农村部门应从"卡脖子"关键技术角度，加强地方种质资源、5G技术、大数据技术、生物技术等调查研究，梳理全省养殖技术瓶颈清单，加强与科技部门政策协同，促进科技项目、产业项目、环境项目、金融项目协同立项，打造河北高端奶业龙头企业，带动全省高端奶业集群快速发展。

参考文献

侯国庆、高鸣、乔光华：《效率遵循还是利润导向：农户奶牛养殖模式的分化》，《中国农村观察》2022年第5期。

《2020年奶牛产业技术发展报告》，"养牛派"百家号，2021年3月7日，https：// baijiahao.baidu.com/s？id=1692117474401587636&wfr=spider&for=pc。

B.14
河北省数字农业发展现状、制约因素与对策研究

段小平　黄　腾*

摘　要： 数字赋能是建设农业强省的必然路径。2022年中央一号文件明确要求，加强农村信息基础设施建设，加快推进智慧农业发展，促进信息技术与农机农艺融合应用。本报告指出数字农业技术快速发展与应用正给我国农业带来革命性的变化，河北省数字农业发展政策日益完善，三级数字农业顶层设计框架基本形成，助农增收能力稳步提升，但也面临数字农业基础设施建设相对薄弱、数字化应用水平不高等问题，提出统筹数字农业发展布局、实施农业数字化工程、培育数字农业创新团队、培育数字农业经营主体、加大政策支持力度等对策建议。

关键词： 数字农业　智慧农业　河北省

发展数字农业，是提升河北农业质量效益竞争力的有效途径，也是中国式现代化河北场景农业篇章的重要内容。河北省《关于做好2022年全面推进乡村振兴重点工作的实施意见》提出，"建立和推广应用农业农村大数据体系，推动物联网、大数据、人工智能、区块链等新一代信息技术与农业生产经营深度融合"。

---

* 段小平，河北省社会科学院财贸经济研究所副所长、副研究员，主要研究方向为农业农村经济、产业经济；黄腾，河北省公共资源交易中心助理工程师，主要研究方向为大数据研究与应用。

一 数字农业技术快速发展与应用正给
我国农业带来革命性的变化

发展数字农业是科技赋能农业的重要内容，也是推动农业高质量发展的题中应有之义。建设现代农业强国，必须加快农业生产方式转型，以农业数字化提升农业生产要素配置效率，以精细农业发展促进农业生产效益提升，以集约农业提高农业生产质量效益。

（一）农机智能装备为大田农业生产效率变革提供了契机

21世纪以来，信息技术革命加速渗透，农机装备智能化呈现前所未有的快速发展态势。各类规模化农业经营主体的发展，让物联网、智能装备等在农机大田作业中大显身手。调查显示，我国大田耕种管收主要环节的数字化应用水平持续提升，智慧农机、测土配方施肥、精量施肥、精准施药、水肥一体化、大数据管理等深入应用，农业经营主体的现代化水平不断提高。同时，无人机植保作业、病虫害智能监测、农业灾害预警预报等得到不同程度的应用。总体而言，大田农业生产进入数字化、智能化发展的新阶段，农业生产效率、质量、水平加速提升，粮食等大田作物作业效率加速提升。

（二）现代智能装备技术在设施农业发展中的作用日益明显

农业设施化过程中，装备技术提升和农业生产方式转变相辅相成。我国设施工业数字化水平加快提高，降低了农业装备设施成本，让传感器、物联网等设施设备在设施果蔬大棚、智能温室大棚等广泛应用，温湿度自动监测、农产品质量追溯等信息技术的应用水平不断提高。"智慧农场""阳光蔬菜"等模式涌现，采摘机器人、水肥一体化设备、自动喷药设施等推广应用，农业生产的绿色化、智能化水平提高，农产品质量安全随着智慧追溯体系的发展变得触手可及，智慧农业背景下群众吃得更加放心、吃得更加安心。

（三）数字养殖技术发展为养殖绿色化发展提供了条件

近年来，我国畜牧养殖规模化水平持续提高，带动畜牧养殖数字化、智慧化水平提升。规模化养殖场的畜牧圈舍视频监控、圈舍温度控制、空气置换、温湿度感知等设施设备应用日益增多，畜牧养殖饲料精准投喂、电子身份识别等设备加快发展。养殖自动化设备、精准饲喂、二维码识别等投资较大，多数规模化养殖场的农业经营者经济实力较强，多数养殖场生猪、奶牛等主要养殖品种精准识别已经实现。畜牧大数据在疫病防控、温湿度控制、环境监测等领域发挥的作用日益明显，畜牧数字化对科研育种的正向作用日益显现。

（四）环境自动化控制、精准饲喂、专家远程诊断等技术在家禽养殖数字化中得到较大应用

工厂化、规模化是数字农业发展的重要前提，家禽养殖在数字技术应用中优势明显，养殖数字化发展最快，节本增效成效也十分突出。在各地的养殖业发展中，家禽养殖主要环节数字化应用水平日益提高。其中，养殖环境监控数字化应用水平超过60%。通过数字养殖技术的应用，养殖户、养殖龙头企业的饲料成本得到有效降低，疫病防控能力显著增强，产蛋率、产肉率等相关指标得到明显提高。利用智能调控技术在动态变化条件下自动整合感知数据实现精细饲喂，正逐渐成为现代家禽养殖过程中所必需的技术。

（五）海洋智慧渔业在技术装备推动下持续加快发展

我国数字化水产养殖较发达国家起步晚，但随着北斗导航的广泛应用，我国海洋渔业的智慧化、数字化水平持续提高。目前，浙江等省份的农业经营主体开展了养殖环境自动化监测，辽宁、浙江、河北等省份的经营主体开展了养殖水体环境自动化监测。同时，北斗导航卫星已经在海洋渔船监测中得到初步应用，有部分渔场开始采用3S技术［遥感技术（RS）、地理信息系统（GIS）、全球定位系统（GPS）的统称］进行资源环境监测。但总体

而言，物联网、北斗导航等技术应用水平与智慧渔业的要求还有较大差距，水产养殖的数字化改造亟待进一步加强。

（六）"互联网+"农业融合日益紧密，农产品网络销售发展迅速

近年来，我国大力实施电子商务进农村行动，持续加大电商扶贫力度，积极推动农产品通过"互联网+"出村进城，我国农村电商保持高速发展态势，农村网络零售市场规模和农产品上行规模不断扩大。特别是疫情发生后，我国农村电商进入加速发展阶段，网上购物、直播带货、社区团购等新业态新模式快速发展，农产品线上销售占比持续提升，在保障城市居民生活需要、保障工厂复产等方面发挥了重要作用。

二 河北省数字农业发展的现状分析

河北省委、省政府高度重视农业数字化建设，将发展数字农业作为推动农业转型升级的突破口，乡村信息基础设施建设加快，线上线下融合的现代农业加快推进，农村电子商务快速发展，涌现了一批数字乡村建设典型。农业产业数字化持续加快，数字农业新的经济增长点不断涌现，全省农业数字化建设取得初步成效。

（一）数字农业发展政策日益完善，三级数字农业顶层设计框架基本形成

《河北省农业信息化工作推进方案》提出，将加快新一代信息技术向农业生产、经营、管理、服务领域的推广应用，每年创建10个以上较大规模的农业物联网应用典型，培育一批农业电子商务市场主体，探索大数据建设运营新模式，健全省级农业大数据中心，形成4000个以上益农信息社，开展新型农业生产经营主体互联网应用培训，培训2万人次以上。河北省先后出台《"互联网+"现代农业三年行动实施方案》《河北省智慧农业示范建设专项行动计划（2020—2025年）》等一系列文件，数字基

础设施建设持续加强，数字农业发展不断提速。目前，河北省已建成
"1+4+N"智慧农业云平台，形成"数字土壤""农业科技云""综合信息
服务""智慧农机大数据平台"等数据管理体系，省市县三级数字化管理
框架基本搭建。

（二）农村信息网络实现覆盖，数字农业发展基础得到夯实

近年来，河北省持续加大对农业农村的支持力度，城乡信息网络等基础
设施建设力度不断加大，全省交通、水、电、通信等农村基础设施建设步伐
不断加快，农村公共基础设施改善，农民生产生活条件得到改善。乡村信息
基础设施的不断完善，为数字农业的发展打下坚实的基础。到 2022 年，河
北省在所有行政村通达光纤宽带的基础上，加快现代信息技术向自然村延
伸，4G 信号新增覆盖 4293 个自然村，光纤宽带新增通达 8457 个自然村，
农村地区 4G、5G 信号覆盖的深度和广度得到进一步提升。目前，全省行政
村全部按照电信普遍服务的标准实现光纤通达、覆盖 4G 信号，5G 网络基
本实现县级以上区域、部分重点乡镇覆盖，乡村信息基础设施日益完善，数
字农业发展基础不断夯实。

（三）数字农业应用全面开花，主体应用积极性持续提升

近年来，河北省以衡水饶阳、廊坊永清、唐山玉田、邢台南和、邢台巨
鹿等为带动，持续加大数字农业发展力度，深入推进"互联网+种植""互
联网+畜牧""互联网+渔业"等"互联网+农业"模式，搭建智慧农业网络
监管平台、智慧农安追溯系统，在大田精准作业、设施农业智慧管理、畜禽
智慧养殖等领域取得显著成效。例如，饶阳县发展智能棚室测控系统，利用
传感器开展设施蔬菜大棚温度、湿度、pH 值、光照等数据监控，分析物理
参数，确定自动控制区间，保障蔬菜生产环境。邢台市南和区利用线上智慧
软件"农事云"，将粮食种植与卫星定位系统、智慧农机有机结合，对农田
进行全程自动耕作、自动记录、自动核算成本，直接减少人力成本、物力成
本 70%。沧州市运用测土配方施肥技术、植保无人机技术、智能农机作业

装备发展粮食规模化种植，实现了生产效率的大幅度提高，对破解"谁来种地"的难题具有重要意义。目前，全省农业数字化链条持续延伸，现代信息技术与现代农业结合日益紧密，规模不断扩大，全省实现从生产到销售全过程的数字化、智慧化。

（四）农产品销售数字化融合，城乡销售渠道对接顺畅

河北省大力实施农业电子商务示范工程，在全国率先实现农村电子商务全覆盖，县乡村三级物流配送体系覆盖率达 100%，积极吸引国内外知名电商企业进入农业领域，注重培育本地农业电子商务综合平台，加快电商平台地方特色馆及村级电商服务站建设。农产品网上零售额占比逐步提高，电商销售、直播营销等形式多样，农产品线上线下营销通道全面打通。

（五）智慧平台赋能增效，助农增收能力稳步提升

河北省信息进村入户工程深入推进，农业数据中心技术支撑体系基本建立，农业技术培训、农产品电商、农民培训、农业信息咨询等农业服务水平稳步提升。通过河北智慧农技云平台、中国农技推广 App、云上智农 App 等平台，发布农业政策信息、农产品生产技术信息、产销对接信息，全省农业专家和农技人员通过云服务、微信、QQ 等线上解答农业问题，实现农技指导 24 小时全天候、跨时空高效服务。各类农业合作社、农户利用物联网对大棚进行水肥温湿度控制，农业园区、涉农企业利用大数据平台进行管理，加快了传统农业向智慧农业、数字农业转型。

三　河北省数字农业发展面临的主要问题

当前河北省农业产业数字化发展迅速，成效显著，但也面临一些突出问题。

（一）数字农业发展认识仍然不足

当前，河北省部分地方对数字农业发展的重要性、紧迫性认识不足，对数字农业的认识和理解停留在上网、报数据、整合数据等浅层次的层面，对农作物种植、生产、加工、销售、管理和服务等各环节运用数字化设备的意识仍然欠缺。农业龙头企业、合作社对智能化、数字化的支持力度不够，一些数字农业设备建成后，处在闲置、浪费状态。同时，缺乏全面系统、开放的农业大数据收集、管理与共享机制，影响了数字农业的发展。

（二）数字农业基础设施建设相对薄弱

与工业相比，河北省农村数字基础设施依然薄弱，农村网络环境不稳定、物联网应用稳定性差、网络带宽不足、智能终端缺乏，5G 高速传输、农业物联网等新基建应用仍处于起步阶段。农业传感器等信息获取设备应用不足，全面感知能力落后于城市。特别是农村网络环境相对较差，一旦遇到雨雪大风等恶劣天气，生产端的智能检测设备几乎失灵，造成大数据获取、数据计算、数据决策难以满足农业数字化发展需求。同时，农业基础数据资源体系建设刚刚起步，各种农业数据来源散乱且不全面，信息孤岛现象较为严重。

（三）农业产业数字化的应用水平不高

当前，河北省农业产业数字化总体处于发展的初级阶段。数据显示，2018 年我国农业数字经济仅占农业增加值的 7.3%，远低于工业 18.3%、服务业 35.9% 的水平。河北省的农业产业数字化水平同样不高，农业产业数字化以试点示范为主，农业领域的数字化应用覆盖领域、覆盖范围有待扩大。多数地方的畜禽养殖业、设施栽培业、种植业和水产养殖业的生产信息化水平不高，病虫害精准防控、农产品质量安全追溯等仅在局部地区实现。

（四）小农生产经营方式制约数字农业快速发展

当前，河北省农业生产经营主体多是经营面积在 10 亩以下的小农户。根据第三次农业普查数据，河北省农业经营户为 1347 万户，总人数达到 1982 万人，其中，规模农业经营户仅 13.79 万户，仅占 1.02%。小农户经营集约化程度低、数据资源获取成本高，且受限于知识水平，对新型数字农业发展的接受程度相对不高。同时，数字农业设备投入大、维护成本高，小农户难以承担，大范围推动数字农业发展面临很多具体困难。

（五）数字农业发展的政策体系尚不完善

当前，河北省的数字农业虽已初具雏形，但农业产业数字化的财政、金融、土地等政策体系尚不健全，没有形成发展的制度环境。在数字农业推广过程中，缺少相应的价格补贴、财政贴息、农产品价格支持等相关政策。农业经营者面临数字化成本无法内化、投入成本风险较大等问题，影响到农业数字化水平提升。同时，对于大量掌握农业数据资源的科研机构，也没有相关数据共享政策，农业数字化成果无法有效转化为生产力。

四　国内数字农业发展的经验借鉴

（一）山西隰县：数字赋能玉露香梨产业新模式

隰县地处吕梁山脉，土层深厚、气候温凉，是黄土高原著名的优势梨产区。玉露香梨作为隰县农民收入的主要来源，受到隰县政府的高度关注和大力支持。为发展玉露香梨产业，隰县政府联合浙江天演维真网络建立玉露香梨溯源体系，形成"可见生产、可查来源、可追去向、可究责任"的玉露香梨追溯体系。

一是以"三化"推动数字化监管。隰县在玉露香梨生产过程中，根据果品生产销售特点，按照生产标准化、技术规范化、质量数字化的思路，对玉露香梨进行标准化、数字化管理，推动形成数字化质量安全追溯体系。通过二维码扫描，就可以实现玉露香梨生产主体、化肥农药使用、病虫害防治、果品流通运输等信息的数字化。到2021年，隰县已完成2948家农户、108家农民合作社、15家企业玉露香梨生产信息全过程数字化。

二是建设质量溯源数字监管平台。结合玉露香梨销售特点，在生产、管理、存贮过程中，制定形成配套的制度体系，建立了规范化的信息录入、监管机制，形成质量管理的大数据体系，实现了玉露香梨生产安全化、标准化，做到达不到质量要求的玉露香梨不流向市场。

三是放大区域公用品牌效应。加大区域公用品牌价值开发，推动形成玉露香梨推广方案，研发形成区域公用品牌标识标志，建立了防伪追溯标识，推动形成防伪防假冒责任追究体系，对假冒品牌予以大力打击，提高了区域公用品牌的产品质量美誉度和信誉度。

四是"一品一码"保障安全。坚持把好销售关口，在确保优质果品质量的基础上，根据玉露香梨果品登记，印制二维码，开展供应链管理，建立质量追溯体系，消费者通过扫码就可对果品生产过程、质量监测等信息一目了然。目前，已累计发放1.2亿枚隰县玉露香梨专属二维码，质量追溯覆盖率达100%。隰县玉露香梨品牌影响力、隰县农业数字化影响力明显提高，农民亩均实现增收500元，玉露香梨产值增加1亿元左右。

（二）安徽芜湖："五网合一"打造智慧芜湖大米

安徽省芜湖市三山经开区峨桥镇是芜湖大米的核心产区。近年来，芜湖市发展智慧芜湖大米种植经营模式，利用信息化技术将5000亩高标准农田全部建成数字农业示范区，打造智慧芜湖大米生产示范基地，通过数字化确保了高端农产品的一致性产出，通过区块链构建了高端消费群体对高端农产品的信任，助推农业高质量发展，让数字经济成为新增长引擎。

一是探索"五网合一"智能化生产经营模式。利用信息化技术，安装传感器、智能测报、物联网设备等硬件，构建"天、地、空、人、农机"五位一体数据采集体系，实现农业生产全过程的信息感知。采用工厂化育秧的方式，缩短育秧时间，促进秧苗生长。分析土壤肥力，开展有机肥替代氮肥，全生育期内节氮 21.8%、节磷 14.3%。分析预报病虫草害，降低长期病虫害风险，减少农药施用量 30% 左右。全生育期管理物联网：通过五位一体的数据采集，分析水稻种植过程，构建播种、插秧等决策关键点数据支撑，利用数据模型指导水稻生产。经核算，芜湖大米通过数字化管理、智慧生产可以节约农药、化肥成本 108 元/亩，平均亩产提高 14.3%。农事作业车联网：推动农艺农机农信融合发展，通过智能农机采集农业生产相关数据，构建农事作业车联网，通过人工智能与卫星定位系统，实现农业生产作业智能化。搭建线上线下销售网络，形成高端大米对高品质消费群体的销售渠道。按大米售价 8~29.8 元/斤计算，亩增收 2000~12000 元。

二是运用全程数字化种植管理技术。配置物联网基础设施，建立土壤、水分、虫情、灌溉等多维度数据采集体系，加测稻田小气候、小环境。利用无人机、卫星导航、智能农机等数据融合，形成全方位数据采集体系。以作物生产模型为核心，开展农业种植精准决策、精确指导。建设区块链追溯体系，形成覆盖稻米生产、加工、流通环节的质量可追溯体系。

三是开发 AI 智能农机产品。研发了无人化作业的大马力拖拉机、履带拖拉机、抛秧机、水稻收割机、小麦收割机等多种无人农机，并与国际领先的人工智能团队合作，将人工智能技术引入农机行业，开发出 AI 收获机。AI 收获机已实现"自诊断、自调整、自适应"，在作业过程中能根据农作物情况生成最佳操作指令，提高收获质量和数量，大大提高农业生产力，降低劳动强度。智能农机作为移动数据终端，通过传感器不断采集农业大数据，也将为智慧农业提供数据支持。

五　加快河北省数字农业发展的对策建议

（一）统筹数字农业发展布局，夯实农业数字化发展基础

当前，河北省的数字发展尚处于起步阶段，必须坚持科学谋划、统筹布

局、因地制宜、量力而行、突出重点、多点发力，推动全省数字农业持续健康发展。加大财政投入对农业数字基础设施建设的支持力度，统筹推进农业基础设施数字化升级。加快农村信息基础设施升级换代，超前布局一批5G网络、IPv6的下一代互联网，提升农村信息基础设施建设水平。加快推进农村路网、电网、冷链物流网、水网、林网等基础设施数字化，提升农业数字化系统集成与配合能力。持续推进大数据、云计算、物联网、移动互联网、卫星遥感等技术在农田建设中的应用，细化实化农田空间信息、环境信息、气候资源信息，推动各类数据上图入库，形成智能化、可视化管理平台。重点加快全省高标准农田、粮食生产功能区、永久基本农田、耕地和农用地"一张图"管理，利用数字技术，构建天空地一体化的农田建设和管理测控系统，为农业生产力布局、粮食生产功能区"非粮化"整治等提供决策支持。

（二）实施农业数字化工程，提升河北农业发展质量效益

粮食、蔬菜、林果等种植业是河北省农业的核心组成部分，也是农业数字化转型的重点和难点所在。应以粮食大县、蔬菜大县、林果大县为重点，以玉米、小麦、蔬菜、林果等特色产业为核心，加快种植业数字化改造。开展粮食作物种植数字化、智能化改造，推动自动驾驶、GPS卫星定位系统应用。扩大自动喷滴灌、智能农机装备、植保无人机等设备在粮食生产、蔬菜种植、果品生产领域的应用，积极推动种植业工厂化、标准化生产。大力推动智能感知、分析、控制等技术和装备在设施园艺领域集成应用，加强农业病虫害防控数字化建设，强化农产品质量安全控制，推动农业高质量发展。推广适应山区特色的数字化装备，充分利用遥感、地理信息和物联网等手段，动态监测粮食作物、蔬菜、中药材等种植面积，评估农作物长势、监测降水与土壤湿度，开展病虫害识别与防控，提高生产效率，降低生产成本，推动种植业高质量发展。

（三）培育数字农业创新团队，突破装备技术瓶颈

当前，河北省农机装备、技术企业实力相对较弱，大多数企业的新品开

发以模仿为主，与数字农业发展的要求还有很大距离，也极大地制约了全省数字农业的发展。应以京津冀协同发展、河北雄安新区建设等为契机，瞄准以色列、韩国、日本等农业发达国家开展招商引资，着力引进智慧农机、农业机器人、传感器、集成电路、农业数据软件生产研发企业、项目，稳步提升数字农业装备国产化水平。支持现有传感器、集成电路、农机装备、软件研发企业向数字农业领域发展，支持中小企业围绕数字农业开展产品研发、技术引进，打造具有核心技术、创新能力突出的数字农业领军企业、专精特新企业。

（四）大力培育数字农业经营主体，提升数字农业经营管理水平，推动小农与数字农业有效衔接

顺应数字农业发展趋势，加快农业龙头企业、农民专业合作、农业社会化服务组织数字化进程，培育数字化职业农民，带动全省农业数字化、精准化、智能化、规模化发展。将农业龙头企业作为农业数字转型的重点，制定实施农业龙头企业上云赋智行动方案，推动物联网、云计算、智能装备在农产品加工企业的应用。加强企业原料生产基地数字化建设，推动农产品生产全过程数字化、智能化。强化农产品质量追溯体系建设，确保农业龙头企业生产可视化、质量可控化、全程自动化、追溯体系网络化。加快农民合作社信息化建设，利用现代信息手段，提升农民合作社内部运作、财务管理、经营管理信息化水平。鼓励农民合作社购买智能农机装备、农业机器人、无人机等数字农业装备，开展农业社会化服务，辐射带动小农户融入数字农业发展。

（五）健全农业产业数字化政策，推动数字农业发展行稳致远

数字农业具有投资大、见效慢、周期长、外部性强等特点。应统筹用好各级涉农资金，加大数字农业发展投入力度，通过建立多元化的投入和长效机制，撬动金融和社会资本支持数字农业发展。加大财政对数字农业基础设施、数字农业装备等新型农业基础设施建设的支持力度，采取财政贴息、产

业基金、PPP、政府购买服务、采购直接补贴等多种方式，引导社会资本参与数字农业发展。加强与国家开发银行、农业发展银行等政策性银行合作，谋划实施一批数字农业投融资项目，加快河北省农业数字化发展步伐。主动申请承接国家试点信息化建设项目，多渠道扶持数字农业发展，提升数字农业技术应用水平。

参考文献

程显奇：《乡村振兴战略下的农业数字化转型研究》，《上海农村经济》2021年第4期。

单鸽：《山西隰县：一个贫困县的电商"扶贫经"》，《村委主任》2019年第11期。

B.15
河北省乡村产业绿色化转型对策研究

时润哲*

摘　要： 党的二十大报告中提出推动绿色发展，促进人与自然和谐共生等重要发展战略，在新时代全面推进乡村振兴背景下，乡村产业绿色化转型有助于河北省实现由农业大省向农业强省的跨越。目前，河北省乡村产业发展面临农业绿色生产技术采纳程度与应用范围受制约、农业绿色产品产业化程度与市场认可度不高、农业生态产品价值实现机制尚未建立、乡村旅游与休闲农业产业特色挖掘不深、乡村第三产业的产业支撑与抗风险能力较弱、乡村产业绿色化转型内生动力不足等问题，以上问题共同制约了河北省乡村产业绿色化转型。针对河北省乡村产业绿色化转型过程中亟待改进提升的问题，本报告从探索多元主体协同参与乡村产业绿色化转型布局，推动形成城乡协同规划、产业协调联动的绿色化转型路径，适时开展河北省乡村产业绿色化转型重点领域的规模化试点方案，逐步打造并扩大河北省乡村绿色产业合作圈层等四个方面提出适合河北省乡村产业绿色化转型的对策建议。

关键词： 绿色化转型　乡村产业　河北省

　　产业兴旺是实现乡村振兴的重难点，乡村产业不仅能为乡村现代化发展提供资本要素的积累，也能带动乡村就业，提升乡村人力资源水平。党的十

---

* 时润哲，河北省社会科学院农村经济研究所助理研究员，主要研究方向为资源与环境经济。

八大以来，我国就提出了推进供给侧结构性改革这一要求，要求使要素实现最优配置，提升经济增长的质量和数量。为改善乡村产业发展结构，国家层面相继出台了《全国农业可持续发展规划（2015—2030 年）》和《关于创新体制机制推进农业绿色发展的意见》等一系列推进农业绿色可持续发展的文件，引导各地农业生产转换方式、调整生产结构，助推农业资源环境走可持续发展道路。习近平总书记在党的二十大报告中也明确提出，要加快发展方式绿色转型，实施全面节约战略，发展绿色低碳产业，倡导绿色消费，推动形成绿色低碳的生产生活方式。《中华人民共和国民法典》用 18 个条文专门规定绿色原则，绿色原则给乡村产业发展提出了新的要求，迫切需要健全发展以绿色原则为导向的乡村产业新业态。一系列措施共同造就了资源环境治理与经济发展和谐共生的基础，即在现有资源环境的约束下，坚持绿色发展、可持续发展，切实提高资源利用效率，改善生态环境。由此可见，乡村产业绿色化转型具有重要意义，一是能建立生态优先的绿色产业体系，构建科学适度有序的生产空间布局体系，切实改变过去生产过度依赖资源消耗的发展模式；二是能够协调城乡发展利益，建立兼顾利益普惠与风险防范的制度体系，推进城乡要素实现自由流动和平等交换；三是可借助绿色化转型创新合作契机，增加区域间的对口帮扶机会，提高地区间要素流动的活跃度；四是可通过积极引导绿色化生产要素向农村与经济发展相对落后地区转移，以乡村产业的绿色化转型特色实践，实现经济发展相对落后地区在乡村振兴之路上的"弯道超车"。

一　研究综述

低碳、环保、绿色不仅是我国经济的发展理念，也是全球主要国家经济发展的共识。近年来，农业资源趋紧、农业生态服务功能弱化、农产品质量安全存在隐患等问题日益突出，而我国农业绿色发展面临的问题与挑战也比较多，绿色发展理念的认知有待深入、农业从业者素质有待提升、农业生产方式仍然有待转型升级、农业绿色科技创新水平有待提升，体制机制等政策支撑有待完善。在这样的背景下，中央与地方实施的五年计划中关于资源环境类和社会民生类指标占比不断提高。绿色发展不仅反映了人与环境的和谐共融会推动生产力的高质量提升，也反映了人类社会与生态环境之间的自然规律和约束机制。总体上看，绿色发展强调经济发展与环境保护的统一与协调，不同的历史发展时期，中国的乡村产业资源环境面临的问题各异，乡村生态环境与乡村产业经济发展联系紧密，不管是"先发展，后治理"还是"先保护，后开发"，在农业农村经济发展的不同时期都有其重要的战略意义，也是改革开放以来不同发展阶段经济建设与资源环境保护之间的博弈。

从绿色农业转型发展评价角度来看，有学者从经济社会发展、资源减量投入、资源循环利用和资源环境安全等四个维度对乡村振兴背景下绿色农业发展进行评价研究。从绿色转型发展影响因素来看，有学者论证了资源禀赋、绿色发展意识和企业家精神、绿色技术的创新和扩散、市场需求的拉动、地方政府政策激励的效果等多重因素决定了绿色农业专业村空间集聚演化的宏观格局。从农业产业绿色转型方式和策略来看，发展绿色农业产业集群是将绿色化和集群化二者结合实现农业高质量发展的有效途径。针对化肥过量施用和农业面源污染问题，广东省通过实施农业面源污染治理项目发现，在绿色农业技术推广早期阶段，可通过绿色农业补贴政策提高技术采纳率，随后逐步淡化绿色农业补贴政策，更多依靠市场机制的引导作用。

通过对已有文献的梳理可知，通过资本输入、资源合理配置、要素整合等机制，畅通乡村产业的绿色发展之路，能够较好地协调乡村产业发展生态利益与经济利益之间的矛盾关系，已有研究全面地诠释了乡村产业绿色转型的高质量发展优势，本报告则以河北省乡村产业为主要研究对象，通过对河北省乡村产业绿色发展情况进行分析，找到目前河北省乡村产业绿色化转型的机遇与阻碍，提出应对策略，以促进河北省乡村产业系统内部要素协调流动以及区域的绿色、可持续、高质量发展。河北是农业大省，能够代表中国乡村发展的一般水平，河北省委、省政府高度重视河北省乡村产业发展，本报告所指乡村产业主要包括农业生产、农村生活、农产品加工以及乡村旅游。本报告以河北省为例，以习近平生态文明思想为指导，深入剖析河北省乡村产业发展的现状和问题，分析河北省乡村产业合理转型的重要内容，为促进河北省乡村产业兴旺、实现乡村振兴提供新思路。但是，在河北省农业发展由农业大省向农业强省跨越的新目标、新形势下，传统的乡村产业经济发展方式亟须创新，以绿色化转型带动河北省乡村产业提质增效。

二　实施乡村产业绿色化转型的重要意义

（一）全面实施绿色化转型是新时代习近平生态文明思想的伟大实践

随着乡村振兴战略实施的不断深化，乡村资源环境保护也越发受到重视，需要进一步关注乡村产业科学发展这一重要议题。习近平总书记提出"要像爱护生命一样爱护生态环境"，自十八届五中全会提出"创新、协调、绿色、开放、共享"五大发展理念以来，人们充分认识到农业产业经济发展绝不能以乡村资源环境的破坏为代价，中国乡村产业发展也逐渐走到了绿色创新转型的历史节点上，在这样的背景下，党的二十大报告强调了推动绿色发展，促进人与自然和谐共生，发展方式绿色转型，要坚持不懈推动绿色低碳发展，建立健全绿色低碳循环发展体系，促进经济社会发展全面绿色转型。我国首部民法典《中华人民共和国民法典》在保持公民社会一般私法的基本属性基础上，用18个条文专门规定"绿色原则"，《中华人民共和国民法典》总则第九条要求"民事主体从事民事活动，应有利于节约资源、保护生态环境"。需要重视民事主体尤其是企业主体在未来生产作业中生态环境保护的意识与责任，相应地环境治理投资应更加重视污染处理技术的提升与改善，持续推动新旧动能转换。乡村产业绿色化转型对产业结构调整优化具有深远影响，乡村产业的绿色化转型事关社会系统与自然系统、经济利益与生态利益的平衡，是实现区域内城乡关联产业系统内各要素以及全产业链长期可持续发展的制度保障。乡村的产业兴旺必须坚持绿色可持续发展的理念，重视区域间的协调发展，发展绿色产业，提升要素资源配置效率，才能使社会生产、消费活动进一步推动人类社会的发展，促进经济、社会、生态的可持续发展，促进人的全面发展，共享社会经济发展成果，实现生产、消费、分配领域的代内公正和代际公平。总体上看，绿色化转型是人类社会系统与自然生态系统协调统一的体现，是新时代习近平生态文明思想的重要实践。因此，绿色化转型是乡村产业兴旺与结构优化的必由之路。

（二）乡村产业绿色化转型有利于优化城乡之间产业结构与布局

不同地区资源禀赋、经济发展情况及面临的环境压力等方面存在差异，中国农业绿色发展的地区差异较为明显，过去在我国城乡一体化建设发展过程中，常将产能相对落后的企业逐步向城郊或乡村转移，尽管落后产能企业向乡村的转移可以使低收入地区增加就业、提升当地居民收入水平，但在长期的可持续发展政策与生态保护舆论的双重压力下，这样的发展转型难以协调生态利益与经济利益的关系，会造成更严重的城乡发展不协调问题，不符合产业绿色化转型的初衷。因此，需要在乡村振兴战略持续刺激推动下通过乡村产业绿色化转型找到城乡协同发展的合力，集多元主体合力，共同构建乡村产业高质量协同发展的产业兴旺促进机制体系。从提升绿色 GDP 的角度来看，乡村产业绿色化转型可以有效提高农业产业的绿色效率，并在农业生产要素资源合理利用、生态资源有效保护的前提下，对周围空间产生生态促进的溢出效应。同时，乡村产业绿色化转型也是实现区域"一盘棋"统筹发展的重要抓手，借助绿色化的生产生活手段，形成区域间协同联动农业生产制度架构，包括制度要素之间、技术要素之间及制度要素与技术要素之间的协调配合，可覆盖多元利益相关主体的利益协同、利益关系的协同、区域之间的合作协同、生态系统与社会系统的协同。对地理位置偏远且发展相对落后的地区，在政策上更应该鼓励"新动能""绿色化发展"，有侧重地引入新技术，广泛开展清洁生产，培育绿色高质量企业，在提升经济发展相对落后的地区居民收入的同时，进一步改善优化当地的产业结构。

（三）绿色化转型发展路径符合利益主体合作策略均衡条件

通过制度进步引导乡村产业绿色化转型，可以实现各方均衡发展，这也是乡村产业绿色化转型的理论基点。由于乡村产业在生产或运营过程中存在不同的产业发展决策，会存在以下两种均衡的情形，其一，当国家对乡村产业绿色行为规制要求较低时，相关产业的企业决策者就会忽略其生产行为的外部性，即非环境友好行为不仅降低了自身效用，也降低了整个产业链的总体效用，这样就形成了一个非合作均衡的不可持续发展的路径；其二，当国家对乡村产业绿色化要求较高时（即存在绿色生产标准与环境规制时），由于产业处于制度监管中，不符合监管要求的企业会被敦促改正或是淘汰，各个产业的企业决策者均会选择绿色行为以达到所制定的行业标准，使整个产业的企业决策者就绿色化转型的要求达成共识，即可以实现马尔科夫均衡条件。通过分析与现实情况可知，第一种非合作均衡策略显然不符合农业供给侧改革要求，而第二种合作均衡策略可以达成乡村产业发展遵循的绿色化转型要求。因此，在一定的环境规制下，企业发展的目标是追求绿色 GDP 的提升，可通过多样化的分配或补偿措施优化资源配置，提高企业绿色生产效率，进而提升社会总体福利，以达到帕累托最优。

三　河北省乡村产业绿色化转型现状与制约因素

（一）河北省乡村产业绿色化转型现状

"十三五"期间，河北省农村一二三产业融合发展持续推进，农业产业链不断延伸，农业功能不断拓展，2015~2021 年，河北省农业生产领域有效灌溉面积内农药、化肥施用量年均降幅分别为 9.25%、11.91%，农业绿色化水平有了极大提升。"十三五"期间，河北省农业农村生态环保建设成果显著，农村环境整治取得积极进展，累计完成卫生厕所改造 959.31 万座，普及率提高到 74.24%；县域农村生活污水治理专项规划编制率达 100%；农村生活垃圾处理体系覆盖 47861 个村庄，占比 99.2%。农业面源污染防治方面，畜禽粪污综合利用率达 77%，全省化肥农药使用量连续四年负增长，测土配方施肥技术覆盖率达 92%，主要农作物绿色防控覆盖率达 41.93%，秸秆综合利用率达 97% 以上，农膜回收率达到 90.17%。农业产业扶持方面，2022 年河北省实施农业产业化"强龙担"助贷工程，对省级龙头企业和省级示范联合体成员集中担保授信、提供信用便捷贷款，对"强龙担"贷款对象按照不超过 2.5% 的年化利率进行贴息贴费补助，为新型农业经营主体的绿色生产提供资金保障。乡村旅游与休闲农业领域，截止到 2022 年，河北省共有 1800 多个村发展乡村旅游，有 9000 余个精品农家乐、45 个国家级乡村旅游重点村镇、191 个省级乡村旅游重点村镇。打造了如石家庄市鹿泉区明清特色文化龙泉古镇、易县恋乡·太行水镇、涞水县百里峡艺术小镇、馆陶县粮画小镇、沙河市红石沟休闲生态农场等一批旅游扶贫示范典型。

近年来，河北省不断推动农村一二三产业融合发展，着眼于"一村一品"、农业产业强镇和农产品加工产业集群建设，培育农业产业化联合体、休闲农业等新模式新业态，延伸农业产业链价值链，促进农业增效、农民增收、农村繁荣。这些努力加快推动了河北由农业大省向农产品加工业大省和强省转变。2022 年 7 月，河北省农业农村厅提出扎实推进农业经济发展的"十四条"政策措施，其中包括支持新建高标准农田 360 万亩，每亩补助 1500 元左右，实施土地平整、灌溉排水和节水、田间机耕道路、农田防护与生态环境保持、农田输配电和损毁工程修复等基础设施建设。在支持设施农业发展方面，全省拟筛选 20 个 100 亩以上设施园区，每个园区一次性补助 200 万元，重点建设节地型、节能型、大空间新型棚室，提高周年供应和应急保障能力，以提升农业综合效益。2022 年 10 月 28 日，河北省委十届三次全会紧紧把握中国式现代化的战略部署，科学谋划、系统部署，把加快建设农业强省作为中国式现代化河北场景之一，指明了新时代新征程全省农业农村工作的总体要求和前进方向。

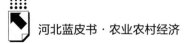

从总体上看，河北省乡村产业绿色化转型尚在探索阶段，在绿色化转型过程中也遇到了一些困难，目前河北省很多小农户仍然依靠相对粗放的生产经营方式进行农业生产，一些地区农业面源污染和生态退化的趋势尚未得到有效遏制，绿色农业产品与生态服务供给的"量与质"尚不能满足人民群众日益增长的需求，尤其是生态产品价值实现遇到瓶颈。综合来看，制约河北省乡村产业绿色化转型主要表现在以下四个方面：一是农业生产领域农户层面对绿色技术采纳接受度较低；二是乡村农产品绿色产品品牌知名度不高，生态产品价值转化能力不强；三是乡村旅游与休闲农业产业发展缓慢，效益不佳；四是产业绿色化转型难，乡村产业发展过程中绿色化转型的内生动力不足。

（二）河北省乡村产业绿色化转型面临的制约因素

1. 农业生产领域农户层面对绿色技术采纳接受度较低

农业生产绿色技术采纳程度是衡量农业生产领域是否实现绿色化转型的重要标志之一，发展和推广农业绿色生产技术，不仅可以有效提高农业生产效率，还可以减少环境污染、资源浪费，对实现农业发展绿色化转型乃至美丽乡村建设具有重要意义。农业生产绿色技术主要包括通过有机肥料投入、优化种植结构、畜牧—种植一体化等提高土壤肥力的技术；通过自然方法，减少土壤侵蚀和病虫害的技术；通过加强对农产品收储销售管理以减少食品变质的技术等。从农业生产领域来看，目前河北省乡村产业绿色化转型还有待深入，主要表现为农户层面对农业生产绿色技术采纳度较低。通过走访河北省S市M镇S村和D村了解到，目前在农作物种植过程中普遍存在生物农药使用率不高的问题，村民认为，生物农药价格普遍偏高，施用效果不如传统农药，若想达到和传统农药一样的功效，生物农药则需要更大的用量。不仅如此，村民还提到，尽管有时他们施用了生物农药，但在销售环节农作物出售价格并没有提高，农业生产成本却大大提升。通过比较，施用生物农药并没有使农业效益提升，甚至还提高了生产成本；选择使用传统农药既无须为所造成的环境负外部性买单，也不会降低农业效益。这严重削弱了农民在农业生产过程中使用绿色技术的积极性。而造成这一问题的原因可能在于目前我国农业经营仍以小农户为主，农户层面资源禀赋与生产成本约束导致绿色技术实用性和易用性降低，从而产生绿色技术采纳意愿与行为的背离，最终导致农户未能采取实际行动。

2. 农业绿色产品产业化程度与市场认可度不高，生态产品价值实现困难

河北省自然资源优渥，具备平原、山脉、林地、草原、海洋等多种地理类型的农业产业业态，并且农产品标志性地理品牌众多，生态绿色化农业产业产值所占比重可观，河北省具备了农业产品绿色化转型的先天优势。如何将绿色农业与品牌农业有机结合，提升绿色产品效益，实现农副产品的绿色价值，是河北省当前乡村产业绿色化转型过程中面临的关键性问题。近年来，河北省对解决环境问题做出了巨大努力，城乡日常生活环境得到显著改善，自然资本不断提升，绿色国民储蓄率不断提升。但是在乡村企业农业绿色投入与产出环节，绿色全要素生产率不高，尚未在全产业链实现全过程的绿色标准化，即在生产、加工、运输等环节存在"漂绿"风险，致使真实的生态产品价值实现受阻，农业绿色产品的市场认可度不高，绿色产品附加值不高，绿色产品效益不高，绿色化生产行为存在生产环节绿色成本高于流通端的绿色价值增值问题。从本质上看，造成这一问题的原因是目前的绿色化转型发展维度过于单一，生态产品价值实现与其凝聚的人力资本与人造资本投入脱钩，仅仅是将绿色化作为转型的过程手段却忽视了其价值增值。因此，要想在实际效益的提升过程中实现乡村产业的生态产品价值，河北省尚需从农业绿色产品的市场认可度与绿色产品产业化发展两个方向努力。

3. 乡村旅游与休闲农业产业特色挖掘不深，产业支撑不足，抗风险能力较弱

乡村旅游与休闲农业是乡村第三产业实现农民增收的重要途径，能够依靠乡村自身环境、自然、文化等禀赋实现乡村振兴，是乡村产业实现绿色化转型的关键环节。近年来，河北省持续培育新业态、开发新产品，推进旅游扶贫项目建设，目前，河北省乡村旅游与休闲农业发展的瓶颈在于产业项目

特色挖掘不深、产业支撑力不足、抗风险能力较弱三个方面。第一，产业项目特色挖掘不深，一些休闲旅游项目只有形式却无特色，产品同质化严重，缺乏自然、人文、历史底蕴，消费者消费体验不佳，甚至不愿再次体验，市场认可度不高。第二，产业支撑力不足，有些缺乏产业支撑的乡村旅游项目，由于其无备用的收入来源，单凭旅游业维持经营，因而无法抵御旅游行业周期性衰退的风险，尤其是在疫情冲击下，这样的项目难以维持基本运营。第三，抗风险能力较弱，由于2020年以来疫情对旅游业造成冲击，旅游行业大环境不景气，很多乡村旅游与休闲农业项目亏损严重，企业无法承受资金量较大的前期投入和维护管理成本，这些问题共同制约着河北省乡村旅游与休闲农业产业的发展。

4. 乡村产业绿色化转型内生动力不足

农业绿色技术的非竞争性、非排他性使其具有比工业绿色技术更强的公共品属性，其公共品属性使农业绿色技术使用、采纳面临缺乏研发激励、运行管理失效和公共资源投入不足等困境。2021年中央一号文件提出"深入推进农村改革。完善农村产权制度和要素市场化配置机制，充分激发农村发展内生动力"。从外生增长新古典理论思想来看，要想维持经济增长，必须有来自新产品、新市场或新工艺等方面的技术知识的进步；从内生经济增长理论来看，外生动力因素影响了经济系统的内在推动力，进而也会影响系统的经济增长率。同样，乡村产业融合发展过程中的绿色化转型也需要兼顾内生动力，通过完善绿色发展制度和绿色要素市场化配置机制，激活乡村绿色资本的活力。目前，河北省在乡村产业发展过程中，绿色化转型的内生动力依然不足，其绿色化转型动力大多依靠环境规制压力等外部政策性因素，缺乏内部激励因素，主要表现在绿色农业消费品利润率不高、绿色生态景观生态服务价值实现困难、涉农中小企业绿色金融融资门槛依然较高等方面。而造成绿色化转型内生动力不足的原因包括资本支持不足，由于资本的趋利性，乡村产业投资预期收益与实际收益相差较大，致使涉农业务的高新技术企业为追求高利润而舍弃了农业生产、加工业务；绿色生产行为成本过高，一些企业绿色生产行为、技术的运用仅为达到当地环境规制的最低标准；绿色转型激励不足，市场对绿色农业消费产品的绿色价值认可度不高，绿色产品实际价值难以实现，市场层面缺乏对绿色技术采纳的激励等。

四　河北省乡村产业绿色化转型对策

（一）探索多元主体协同参与乡村产业绿色化转型布局

探索多元主体协同参与乡村产业绿色化转型布局，从未来河北省乡村产业绿色化转型的基本布局方略来看，要明确绿色化转型目标机制路径，这需要通过政府主体、市场主体、农户主体、社会中间层主体等多元主体共建实现乡村产业绿色化转型。第一，政府要制定符合省情的乡村产业绿色化转型意见，以政策、立法、意见等形式出具乡村产业绿色化转型实施方案，明确奖惩与目标绩效考核机制，以精细化耕作要求激发市场主体、农户、社会中间层主体参与乡村产业绿色化转型建设的积极性。第二，发挥市场主体的市场化绿色资本价值实现功能，推进实现乡村产业绿色互联的市场化运行机制，从市场化培育角度加强乡村绿色产业的互动互联，通过市场化手段调节绿色农产品在流通市场的定价策略，将绿色化转型作为绿色资本价值实现的路径，进一步提升乡村绿色产业产品效益。第三，以数字技术驱动手段激发农户主体参与绿色生产的热情，完善市场主导绿色产品价格的响应机制，农户主体能够通过政府、市场传递的信息敏锐地捕捉到绿色产品的真实价值，激发农户参与绿色生产的积极性，进而农户会自发地寻求"数字+绿色农业"的产业转型途径。第四，发挥社会中间层主体的监管与评估作用，引入、健全第三方评估机构，构建具有本省标准与特色的绿色产品互鉴互认联盟，以中介性、公共性的形式为政府主体与市场主体之间、政府主体与农户主体之间、农户主体与市场主体之间搭建信息与资源共享的联结平台，更好地提升河北省乡村产业绿色化转型质量，以实现多元主体共建共治共享的绿色化转型促进机制。在此基础上，适时地推广畜禽粪污综合利用、化肥农药减量、节水灌溉技术等绿色生产种植手段，并以绿色转型、低碳转型的目标引导农户主体参与设施农业、精准农业、循环农业。

（二）推动形成城乡协同规划、产业协调联动的绿色化转型路径

近年来，在乡村产业绿色化转型过程中，河北省虽然取得了一定的成效，但是成效并不突出，原因在于河北省内部依旧存在城乡发展不平衡、企业绿色技术效率偏低、绿色化程度与新旧动能转换之间的关系不协调不适配等一系列问题。河北省乡村产业绿色化转型的目标就是要在不突破生态资源环境容量的前提下，注重协调利益相关主体间的权益关系，本着生态优先、绿色发展的原则，使绿色化转型产生巨大生态效益、经济效益、社会效益，强调良好的生态绿色福利全民所有，实现生态利益与经济利益的均衡。基于多主体参与乡村产业绿色化转型的布局思路，河北省乡村产业绿色化转型机制重点在于城乡协同规划与产业协调发展。其中，城乡发展的不均衡、不平衡长期制约着城乡协同发展的步伐，也阻碍了城乡绿色技术、资源的交换与配置，需要注重城乡空间的协同规划，有侧重地向乡村产业输入人才、生态资本、绿色技术等要素，打造产业兴旺、生态宜居的美丽乡村。而注重产业协调联动能够更好地推动乡村产业绿色化转型升级，这种协调联动既能从农产品销售、流通领域提振乡村产业绿色化转型带来的经济效益，也能够带动农产品生产领域实现乡村新动能产业与绿色产业发展，以产业协调互联助力绿色、生态产品价值实现。同时，还要着力解决当前河北省乡村产业发展潜在的绿色化发展结构失衡风险。以绿色化转型赋能河北省乡村产业可持续发展，形成绿色生产、污染防治、绿色价值实现三位一体的协调联动机制，以引领河北省乡村产业实现绿色化转型。

（三）适时开展河北省乡村产业绿色化转型重点领域的规模化试点

乡村产业绿色发展是绿色发展理念在农业农村领域的实践与拓展，也是新时代农业可持续发展目标的延续和深化，从多元主体共建目标路径来看，河北省乡村产业绿色化转型的实现需要依靠高标准农田、设施农业园区等能

够规模化生产的形式，制定规模生产、规模管控、规模转型的规模优势发展策略，打造具有绿色品牌的菜园子，建设集自然景观、人文底蕴与风俗特色于一身的乡村休闲农业旅游景点项目，以促进河北省乡村形成产业兴旺、生态宜居的高质量发展格局。从农业生产领域来看，还应当继续强化国家农业绿色发展先行区建设，打造乡村农业产业绿色化转型精品示范项目，发挥农业新型经营主体的统筹安排作用。例如，河北省石家庄市藁城区建设小麦绿色高质高效示范区 20 万亩，梅花镇、南营镇等 6 个乡镇的 98 个行政村及 18 个新型经营主体，按照整村推进、集中打造的原则，发挥新型经营主体示范带动作用，统一落实绿色高质高效管理措施，优化农业主体与空间功能，同时修复农业生态系统，提高自然生态承载力。又如潮河流域（滦平段）产业融合发展项目，2022 年 4 月 28 日，在国家第二批生态环境导向开发（EOD）试点项目中，该项目位列全国 58 个项目之首，其"环境保护—涵养水源—产业融合—放大水效益"绿色融合产业链模式，扎实承担起"首都水源涵养功能区"和"京津冀生态环境支撑区"的建设责任，以生态振兴推动乡村振兴。再如保定市农业农村系统围绕"7+18+N"现代产业体系，大力实施设施农业，坚持"创新理念、全面发展"，优先发展设施种业、积极发展智慧设施、不断强化标准集成、培育壮大市场主体、精心打造区域品牌，同时坚持"市场导向、协调配合"，推动上中下游产业主体做好衔接，做到"生产、采购、加工、贮藏、销售"一体化，实现"基地+互联网+文旅+生产物资+设施设备"融合发展，进一步促进全产业链发展。通过打造河北省乡村产业绿色化转型重点领域的规模化试点方案，积累河北省在农业发展方式绿色化转型实践领域的优秀经验，更好地带动河北省农业产业由大变强。

（四）逐步打造并扩大河北省乡村绿色产业合作圈层

河北省乡村绿色产业合作圈层建设涉及区域协调发展、城乡协同共建、金融普惠支持、数字创新赋能等方面，第一，应建立起区域间生产要素均衡流动的合作圈层，立足全省，统筹好一盘棋。总体上看，河北省西南部地区位于太行山地带，经济发展相对落后，存在产业发展滞后、生态保护压力大的问题，可通过技术、人才引入，依靠特色绿色产业、绿色技术的推广减轻相对落后地区经济发展及环境保护的双重阻力，通过绿色技术实现绿色发展与绿色生产，提升绿色要素在河北省区域内部的自由流动速率，提升资源配置效率，助推河北省农村产业经济的区域协同发展。第二，基于城乡融合发展要求，建立起城乡之间生态产业圈层的合作平台，城市是承接乡村产业产品流通、销售的核心地区，建立城乡合作的一体化"产供销"合作产业圈既有利于增强经济循环的内生动力，也能促进乡村产业的外向型发展，提升经济循环的质量和水平。而城市地区也能够有侧重地向乡村地区输入绿色化工艺与技术，推动乡村广泛开展清洁生产，从减少面源污染与水质保护要求方面改善相对粗放的生产结构。第三，基于包容性、普惠性乡村产业发展策略，积极运用普惠金融支持绿色产业造血，建立健全支农扶农的乡村产业金融服务合作圈层，发展、培育创新型金融机构，特别是服务中小企业的科技金融专营机构，增加科技金融的有效供给。创新科技金融产品，推动"政府+银行+保险+企业+农户"的跨机构风险分担机制创新，发展乡村产业对口的绿色信贷、绿色保险、投贷联动、保贷联动、投保联动等创新产品，不断完善乡村科技金融服务机制，培育并构建涉农产权交易、资产评估、法律、财会、税务等各类机构的中介服务体系，搭建线上、线下联动的一站式智慧金融服务平台，运用大数据、云计算等技术建立覆盖面更广、可信度更高的乡村中小微企业信用平台。第四，着眼于创新型、现代型的数字信息圈层平台建设，以数字经济为发展手段，着力打造全过程绿色标准化乡村产业体系，即包含生产环节数字化、流通环节数字化、销售环节数字化的乡村产业体系，将绿色转型理念、技术与数字农业结合，以"数字+绿色"作为转型目标，通过提高生产领域的精准农业管理水平、减少流通环节的交易成本与物流损耗、提升销售环节的产品用户体验、建立完备的产品安全可追溯体系等，形成乡村产业"数字+绿色"转型模式，进一步完善河北省乡村产业数字信息合作圈层建设。

此外，推进河北省乡村产业绿色化转型升级，还要各级政府与相关部门制定更全面、更优惠的绿色产业政策，在税收、融资、产权保护、项目审批、社区管理绿色化等方面为新动能产业扫清障碍，逐步提高产能相对落后与存在污染物排放企业的排放标准，明确其生态修复责任，统一土地、耕地、水源生态补偿的产业、行业主体责任。通过制定河北省乡村产业转型生态补偿政策规划，在城乡产业发展的过程中打造生态经济利益均衡格局，降低河北省乡村产业发展过程中绿色化产业结构发展失衡的风险。

参考文献

段树谨：《绿色发展背景下我国智慧农业发展问题及实现路径》，《农业经济》2022年第5期。

陈芳芳：《推进农业绿色发展新路径探索》，《农业经济》2022年第5期。

崔之珍、李二玲、刘晨光：《黄河流域绿色农业专业村的时空演变及机制》，《经济地理》2021年第12期。

左喆瑜、付志虎：《绿色农业补贴政策的环境效应和经济效应——基于世行贷款农业面源污染治理项目的断点回归设计》，《中国农村经济》2021年第2期。

杨阳、李二玲：《绿色农业产业集群形成机理的理论框架及实证分析——以山东寿光蔬菜产业集群为例》，《资源科学》2021年第1期。

傅琳琳等：《乡村振兴背景下浙江省绿色农业发展评价研究——基于农业资源综合利用的视角》，《中国农业资源与区划》2020年第12期。

巩前文、李学敏：《农业绿色发展指数构建与测度：2005—2018年》，《改革》2020年第1期。

吕捷、鄢一龙、唐啸：《"碎片化"还是"耦合"？五年规划视角下的央地目标治理》，《管理世界》2018年第4期。

余威震等：《绿色认知视角下农户绿色技术采纳意愿与行为悖离研究》，《资源科学》2017年第8期。

黄茂兴、叶琪：《马克思主义绿色发展观与当代中国的绿色发展——兼评环境与发展不相容论》，《经济研究》2017年第6期。

"Towards a Green Economy：Pathways to Sustainable Development and Poverty Eradication，" Nairobi：United Nations Environment Program，2011.

B.16
河北省加快推进农业科技
创新思路与对策研究

陈建伟*

摘　要： 全面建设社会主义现代化国家，最艰巨最繁重的任务仍然在农村。农业农村现代化是全面建设社会主义现代化国家的重要内容。习近平总书记强调，"农业农村现代化是实施乡村振兴战略的总目标，农业现代化关键在科技进步和创新"。河北省高度重视农业科技创新，着力加强科技创新平台建设，培育农业科技创新主体，培养聚集科技人才，强化种业科技创新，突破产业关键核心技术，创新科技管理机制，提升科技成果转化与应用能力，支撑农业现代化和乡村产业振兴。当前，河北省面临保障粮食安全、突破资源环境约束、建设农业强省等战略任务，亟须健全创新体系，激发人才活力，突破农业关键技术，增强技术装备支撑，但推进农业科技创新仍面临创新价值目标偏离、创新市场化动力弱、创新资源供给不足等问题。聚焦河北省农业科技创新战略需求，立足科技创新现状和优势，针对农业科技创新重大问题，重点实施"五大"行动，突破农业"卡脖子"技术，培育创新创业新载体，激发科技创新新需求，提升农业科技创新新活力，搭建成果转化新桥梁，推动河北省农业科技创新，支撑河北省建设农业强省和全面推进乡村振兴。

关键词： 农业科技　科技创新　乡村产业振兴

---

* 陈建伟，河北省社会科学院农村经济研究所研究员，主要研究方向为技术经济和区域发展。

党的二十大报告指出，全面建设社会主义现代化国家，最艰巨最繁重的任务仍然在农村。教育、科技、人才是全面建设社会主义现代化国家的基础性、战略性支撑。农业现代化是全面建设社会主义现代化国家的重要内容。习近平总书记强调，"农业农村现代化是实施乡村振兴战略的总目标，农业现代化关键在科技进步和创新"。河北省是农业大省，目前正是加快农业农村现代化的重要战略机遇期，也是"三农"工作重心历史性转向全面推进乡村振兴的关键期。这一转变对农业农村发展提出了新战略任务，新战略任务的顺利完成急需科技支撑。贯彻落实党的二十大精神，分析农业科技创新现状，找到制约农业科技创新的关键因素，有针对性地推动农业科技创新，对促进农业农村现代化、建设农业强省具有重要的战略意义和现实意义。

一 河北省农业科技创新现状及亮点

河北省高度重视农业科技创新，贯彻落实中央和省委的战略部署，加强农业科技创新平台建设，培育农业科技创新主体，培养聚集科技人才，强化种业科技创新，突破产业关键核心技术，提升科技成果转化与应用能力，为农业现代化和乡村振兴提供了新动能。

（一）着力打造创新创业平台，科技支撑能力明显增强

聚焦农业特色优势产业，按照"创新、融合、生态、循环、升级"发展思路，深入推进龙头企业与高校、科研机构合作，协同共建各类创新创业平台。目前，在农业科技领域，全省建有国家级工程技术中心 2 个，省部共建国家重点实验室 1 个，国家级作物改良中心（分中心）9 个，农业部重点实验室 6 个，省级重点实验室 30 个，省级技术创新中心 102 个，产业技术研究院 104 家，省级以上星创天地 643 家。各类创新创业平台不断集聚创新创业资源，成为农业科技创新源头、成果转化的孵化器和辐射源。如省部共建的华北作物改良与调控国家重点实验室依托河北农业大学，组装了农大棉 8 号和海岛棉 Pima90 基因组，创制了大白菜突变体库，构建了突变群体的

基因组和表型性状数据资源平台；累计培育小麦、玉米、棉花等优质新品种 17 个，获国家科技进步奖二等奖 1 项、省部级科技奖励 9 项，在 *Nature Genetics*、*Molecular Plant* 等国际期刊发表论文 193 篇。国家半干旱农业工程技术研究中心针对小麦、玉米、马铃薯等粮食作物规模化生产需求，建设了"京津冀水肥一体化产业创新联盟""京津冀藜麦产业技术创新联盟""河北省藜麦产业技术创新中心""河北省藜麦创新中心""河北省农业节水科技国际联合研究中心""科技特派员工作室"等创新平台，重点开展旱作特色作物、现代节水农业工程技术、都市农业工程技术和土壤生态修复技术研究，以"物联网+"水肥一体化技术为核心，建立了河北平原区小麦—玉米和坝上高寒区马铃薯现代节水农业整体解决方案和技术体系，牵头编制了河北省水肥一体化产业技术创新路线图及创新规划。中心针对河北省千亿斤粮食生产目标，利用农艺节水、工程节水、生物节水以及信息技术构建了农机、农艺、信息、工程、管理五位一体的小麦—玉米一年两作水肥高效运行管理技术模式，与传统种植技术相比，节水 20%、节肥 13%、节工 30%、节地 7%，小麦增产 65 公斤/亩、玉米增产 104 公斤/亩，节本增效显著。"冬小麦—夏玉米微喷水肥一体集成技术研发与应用"获中国农垦节水农业产业技术联盟第一届技术创新奖。

（二）大力培育企业创新主体，创新能力实现大幅提升

聚焦农业特色优势产业发展需求，着力打造"科技型中小企业—高新技术企业—科技领军企业"梯度培育体系，大力培育企业创新主体，壮大创新型企业集群。深化科技体制改革，建立以企业为主体、市场为导向、产学研深度融合的技术创新体系，引导企业组织实施了一批重大科技专项，使企业逐步成为创新要素集聚、科技成果转化的生力军。目前，全省有农业高新技术企业 200 多家，农业科技创新活力日益增强。例如，华裕农业科技有限公司是一家集家禽繁育、动物营养、畜牧设备、食品加工、粮食贸易、生态肥业六大产业于一体的现代化农业产业集团，是国家级农业产业化重点龙头企业、高新技术企业。公司成立了华裕农科院士工作站，与中国工程院院

士刘秀梵团队合作，联合攻关，对蛋鸡疾病综合防控技术进行攻关研究，创新提出了"1211+44"免疫减负方案，突破性地将种鸡全程免疫次数由34次降至21次，降幅达38%；同时，还有效降低了鸡体内残留的药物，提高了生态养殖价值。免疫成本由每只4.1元降至2.5元，单只降费1.6元，每年为企业节省费用400多万元。武强县针对县域经济发展实力较弱、自身发展缓慢的难题，立足区位优势和产业基础，注重产业龙头和创新型龙头引进培育。在奶业方面，武强县引进了国家奶业龙头蒙牛乳业，形成了河北奶业优势区；在种业方面，该县引进了国际知名的韩国世农，带动了蔬菜良种繁育产业发展；在废弃物利用方面，该县引进了我国行业引领者河北聚碳生物科技有限公司，推动了牧场废弃物资源化利用。

（三）集聚农业科技创新人才，增强科技创新智力支撑

按照聚焦产业链、布局创新链、培育人才链的思路，"外引、内培"相结合培育农业科技人才队伍。坚持人才下沉、科技下乡、服务"三农"，聚焦农业产业特点，积极组建由科研院所、涉农部门专家及技术骨干组成的农业科技人才队伍。充分发挥科技特派员作用，建立科技特派团、站、员服务体系。大力培育农村"乡土专家""田秀才"。开展全民培训活动，按照"培训连续性、培养对象层次性、培育方法多样性"原则，努力培养一批善于经营、精于管理、勇于创业的农村复合型人才。如聚焦农业特色优势产业科技创新需求，依托具有创新优势的大学、科研机构和各市、县科技力量，以单个农产品为单元，以产业链为主线，建设从产地到餐桌、从生产到消费、从研发到市场各个环节紧密衔接的现代农业产业技术体系。目前，河北省建设了小麦、玉米、蔬菜、食用菌、奶业、淡水养殖、生猪等23个省级现代农业产业技术体系专家团队，团队内设首席专家、岗位专家和综合试验推广站站长，组建近2000人的科技创新队伍，取得了一大批立足产业、植根实践、解决实际问题的科研成果，推动农业科研力量沿产业链整合优化，提升了整体合力和竞争力，为保障粮食安全和主要农产品有效供给提供了重要科技支撑。持续实施"三区"科技人才专项计划，每年从高校、科研院

所、农业科技园区（基地）、科技型企业等选派 1000 名科技人员进村入企开展科技服务和创新创业。每年选派的科技人员服务乡镇、村庄 500 多个，服务企业、合作社、农民协会等机构 700 多家，引进推广新品种、新技术达 1000 项，带动农户达 1 万户。

（四）提档升级农业科技园区，引领带动现代农业建设

大力推动农业科技园区提档升级，打造区域农业科技创新和现代农业建设高地。依据科技部等六部门印发的《国家农业科技园区管理办法》，研究制定了《河北省农业科技园区管理办法》《河北省农业科技园区评估管理实施细则》，建立了较规范的省级农业科技园区建设管理制度，以评促建，推动农业科技园区规范化高质量发展。目前，全省有省级以上农业科技园区 144 个，其中国家级园区 15 个。借助农业科技园区平台，挖掘区域产业优势与科技资源，深入推进企业与高等院校、科研机构的合作对接，搭建了"科技研发—技术集成示范—成果推广应用"有机衔接的创新创业和农业科技综合服务新平台，吸引人才、科技、资金、信息、土地等要素集聚，培育壮大科技型龙头企业，培育现代农业建设新增长点和乡村振兴新动能。例如，饶阳县以国家农业科技园区创建为战略支点，整合财力物力，先后建成"一院三中心"（河北省设施果蔬产业技术研究院、京津冀蔬菜科技测评示范中心、河北省设施葡萄试验示范中心、饶阳县综合检验检测中心）创新平台，打造"科技帮扶联合体"巩固脱贫攻坚成果，助力乡村振兴。全县城乡居民存款总额从 2018 年刚脱贫摘帽时的 116 亿元跃升到 2020 年的 191 亿元，增幅 64.7%；从业农民人均可支配收入达 20223 元，高出全县农村居民人均可支配收入（12327 元）64.1%。园区与中国农业科学院、中国农业大学等 22 家高校院所开展全方位合作，建成河北省设施果蔬产业技术研究院，聚焦产业设施升级、品种选育、种植管理等共性关键技术，开展集中攻关，为设施农业高质量发展"把脉开方"，为群众发展设施果蔬产业搭建"三个平台"（智力支撑平台、技术交流平台、科技培训平台），将科技延伸到田间地头、服务到千家万户。园区与中国蔬菜协会合作建设京津冀蔬菜科

技测评示范中心，集设施农业新品种、新装备、新技术测评示范推广于一体，该中心占地 300 亩，建有智能棚室 30 栋。河北省设施葡萄试验示范中心依托中国农学会葡萄分会、国家葡萄产业技术体系石家庄院士工作站等先进技术，开展葡萄新品种、新设施、新技术、新模式的引进、开发与推广，在引领产业发展、带动农户增收方面发挥了重要作用。

（五）搭建现代种业创新链条，壮大种业科技创新力量

聚焦地方优势资源和特色优势产业，组建小麦、谷子、玉米等 20 支产学研结合、多学科合作的现代种业科技创新团队。团队采取"首席专家负责制"，为河北省现代种业发展提供长期持续稳定支持，并建立了科学规范的团队运行管理与利益联结机制，实现了资源共享、优势互补、合作共赢。种业创新能力明显提升，主要农作物良种覆盖率在 98% 以上。在育种技术创新方面，小麦节水高产育种方法及品种培育创新能力居世界领先地位，水分利用率接近或超过发达国家；开展的三系杂交棉研究，填补了我国棉花抗虫三系杂交种的空白，整体技术水平国际领先；杂交谷子团队谷子光温敏两系法杂交理论，攻克了谷子杂种优势利用的一系列技术难题，填补了世界空白。在优良品种选育方面，选育了一批突破性品种，小麦团队育成的高产抗逆新品种马兰 1 号，矮秆、抗倒、抗寒、抗病，亩产突破 863.76 公斤。"张杂谷"系列杂交谷子新品种创造了世界谷子单产的最高纪录。苹果梨团队选育的优质早熟梨新品种"冀秀"梨成熟期较鸭梨提早 40 天，填补了河北省在 8 月上旬没有成熟梨果可以采摘的空白。在种业企业培育方面，加快育种资源、人才、技术向企业集聚，种业企业首次全面进入河北省种业创新团队，其中马铃薯甘薯、西甜瓜两个团队由企业牵头组建。全省农作物种子生产经营企业达 448 家，三北、国欣、雪川、巡天 4 家育繁推一体化企业进入全国种业五十强。在品种转化应用方面，高油酸花生自育品种覆盖率全国第一，其种植面积占全省推广面积的 80% 以上。大豆自育品种数量占 90% 以上。马铃薯甘薯团队育成的马铃薯品种京张薯 3 号，高产、抗逆、商品率高，打破市场畅销的马铃薯品种以国外引进的黄皮黄肉品种为主的困局。

（六）攻关农业发展核心技术，强化农业科技装备支撑

聚焦保障粮食安全和农产品有效供给，落实河北省政府深化"四个农业"工作部署，着重突出传统农业生产向现代农业生产方式转变的技术创新，主要在农业绿色优质生态、农产品精深加工、现代化牧场生物安全与环境控制、数字农业与智能化农机装备等四个方面开展技术攻关，强化农业科技和装备支撑。在粮食丰产科技创新方面，持续推进粮食丰产科技创新工程，创新小麦—玉米周年控水节肥一体化均衡丰产增效技术模式，小麦—玉米周年水资源利用效率提高 13.5%，光热利用效率提高 16.8%，化肥利用效率提高 11.5%，劳动生产效率提高 20.6%。藁城区 100 亩攻关田平均亩产 811.9 公斤，刷新河北省小麦单产纪录；在藁城和辛集建设的 1 万亩核心区，小麦平均亩产达 676.42 公斤，创造小麦大面积高产纪录。在农业节水科技创新方面，针对主要粮食作物、设施蔬菜和特色作物节水增效，在山前平原、低平原、坝上和城郊等区域，开展具有区域特色的农业节水技术集成研究与示范应用，创新一批核心关键技术和集成技术体系，破解开源节流、生物节水、农艺节水、工程节水和信息化管理节水等技术难题，实现节水增效与可持续发展。在平原区，凝练形成了微咸水补灌、旱碱麦适水绿色发展、稳产节水和旱作适水绿色发展 4 个节水增效技术模式；在坝上地区形成了"退水还旱"以及雨养旱作田节水稳产技术。在农业生态保护方面，攻克了设施菜田施氮污染生化防控、氮磷污染防控、镉污染靶标防控技术，可减施氮 30%，增产 10.17%以上，N_2O、NH_3 排放量减少 41.02%，氮磷等养分损失减少 30.23%，蔬菜品质和生态环境得到显著改善。在农产品加工方面，同福公司研发出中央厨房馒头标准化智能化生产技术，馒头生产效率达 4100 个/小时，生产综合能耗下降 85%。晨光生物科技集团股份有限公司利用自身的优势开发了番茄红素油树脂异味去除、结晶等技术，以番茄皮渣为原料提取番茄红素，生产成本大幅降低，获得高品质的番茄红素晶体产品。建成年产 10 吨的番茄红素结晶生产线，在番茄红素晶体品质提升和产业化的推动下，原料种植保持在 5 万亩以上，带动农户增收，提升我国植物提取产业综合竞争力。

（七）创新科技进山机制模式，推动贫困山区绿色发展

针对山区发展存在的主要矛盾和新时代山区科学发展面临的主要问题，河北省研究制定了《河北省山区"一县一业一基地一团队"科技示范工程实施意见》，以基地为载体，统筹全省高校、科研院所等优势科研资源，龙头企业和专家团队开展密切合作，不断提升基地创新能力，提高产业创新发展水平，树立新时代全国山区创新发展的新样板，弘扬"太行新愚公""塞罕坝"精神，引领带动山区绿色高质量发展。一是聚焦山区特色优势产业，山区创新专家团队服务覆盖了产业链主要环节。60个基地共组织1000余名专家进山开展技术创新与服务，专家来自河北农业大学、省农林科学院等涉农高校和科研院所，基地首席专家均为各行业领军人才。二是推动一批新技术新成果进山。研发引进先进适用关键技术，完善集成配套产业技术体系，制定技术标准和产品标准。引进示范新品种新技术208项、研发新技术新产品199项，申请专利143件（发明专利68件），授权专利83件，集成技术137套，制定标准97项，形成技术规范142项，极大地提升了山区创新能力和科技水平。三是壮大了优势特色产业。依靠科技创新提高产品技术内涵，提升产品品牌价值，打造知名品牌，推动山区特色产业标准化、链条化、集群化发展。入驻基地的龙头企业达1082家，其中高新技术企业82家，省级农业产业化龙头企业71家；培育驰名品牌11个，著名品牌27个，地标产品33个。培育壮大了富岗苹果、青龙板栗、寒地苹果、兴隆山楂等一批全省知名特色优势农产品。

（八）创新科技管理体制机制，发挥科技创新引领作用

积极探索改革科技计划项目组织管理机制，探索重点项目"以赛代评""揭榜挂帅"制度，实施科技共建项目，重点解决农业特色产业发展中"卡脖子"问题，结合产业布局、农民意愿、市场需求，开展新品种、新技术研发及示范推广活动。各县（市、区）结合自身农业产业发展需求，创新农业科技管理机制，加强与科研院校合作，联合攻关技术难题，提升农业科

技创新水平。如桃城区的泰华大地生态农业有限公司以河北农业大学和清华大学等院校科研成果为依托,依靠其与清华大学研制的"土壤还原剂"和"植物生命液"等新型生物制品,实现了种植全程不施用任何传统化肥、农药,有效解决了土壤板结、重金属超标等突出难题。

二 河北省农业科技创新的战略需求及面临的重大问题

(一)战略需求

当前,我国迈上全面建设社会主义现代化国家新征程。面临建设农业强国、全面推进乡村振兴战略任务,对农业科技创新提出了新战略需求和任务。

1.保障粮食安全,急需高新技术支撑

粮食产业是安天下、稳民心的战略性产业。党的二十大报告指出,全方位夯实粮食安全根基,全面落实粮食安全党政同责。习近平总书记多次强调"要以科技为支撑走内涵式现代农业发展道路,实现藏粮于地、藏粮于技"。据统计,自1978年以来,河北省小麦单产从2212公斤/公顷提高到2022年的6492公斤/公顷,提高了1.9倍;玉米单产从2310公斤/公顷提高到6005公斤/公顷,提高了1.6倍。在粮食增产过程中,全省主要粮食作物品种实现了多次更新换代,科技对粮食增产起到了至关重要的作用。"十四五"期间,保障国家粮食安全,要求聚焦生物育种等高新技术领域,突破制约育种技术升级的关键技术,解决"卡脖子"问题,同时加强粮食种植关键技术研发,实现良种良法配套,提高粮食单产,提升粮食品质。特别是,随着大健康、大养生时代的到来,对健康安全、功能化食品需求不断提高,需要功能性农产品生产加工技术支撑。

2.建设农业强省,急需突破关键技术

产业振兴是乡村振兴的重要支撑,建设农业强省是乡村振兴的战略任

务。世界农业强国均充分利用生物技术、数字技术等高新技术，持续提升农业生产效率和农业竞争力，保持农业生产优势和市场优势。河北建设农业强省面临农产品保供、产业链延伸、产业提质增效等战略任务，但河北省农业面临农产品竞争力弱、生产成本高等市场压力，系统解决区域性、综合性难题的科技创新支撑能力不足，规模化高效种植、健康高质养殖、农产品加工增值等关键技术和配套技术模式有待完善，农业优势特色产业优化升级亟须突破生物育种、农机装备、农产品精深加工、绿色种养等一批关键核心和"卡脖子"技术，集成推广农户迫切需要的适宜性技术，以科技创新支撑农业强省建设和乡村产业振兴。

3. 打破资源环境约束，急需技术装备创新

河北是传统农业大省，也是国家主要粮食生产区和京津大都市农产品保供区，由于长期追求高产保供，河北省农业高质量发展面临水资源短缺、土壤地力下降、农业生态污染等问题。河北水资源严重匮乏，人均、亩均水资源仅为全国平均水平的1/7、1/9，已经形成7个1000平方公里的漏斗区，是全国地下水超采问题最严重的省份。河北省人均耕地是世界平均水平的1/3，且中低产田比重大。农业投入品使用量大、利用率低，农业废弃物循环利用水平不高，农业生态环境脆弱。要破解资源环境硬约束，急需绿色种养技术、绿色投入品开发、农业废弃物无害化处理和资源化利用技术及植物工厂等技术装备突破和支撑。

4. 科技自立自强，急需健全创新体系

十九届五中全会确定了创新在现代化建设全局中的核心地位，确定了科技自立自强作为国家发展战略的支撑定位。党的二十大进一步强调了教育、科技、人才是全面建设社会主义现代化国家的基础性、战略性支撑，指出必须坚持科技是第一生产力、人才是第一资源、创新是第一动力。国家第六次技术预测结果显示，我国生猪、奶牛、白羽肉鸡、苹果等核心种源对外依存度较高，重大农机和装备核心部件90%以上依赖进口。要实现农业科技自立自强，需要聚焦区域农业科技资源优势，结合农业发展需求，建立起集基础创新、应用创造、转化创业于一体的创新链，培育创新、创造、创业一体

化发展的创新团队；聚焦农业特色产业，围绕资源、环境、生产、加工、流通、服务等农业全产业链部署科技资源，提供解决问题的一体化技术方案。

5. 强化科技支撑，急需激发人才活力

当前，科技成为推动现代农业建设、确保农产品供应的关键力量和决定性因素。科技的灵魂在创新，创新的根本在人才。"人是科技创新最关键的因素。"习近平总书记强调："我国要建设世界科技强国，关键是要建设一支规模宏大、结构合理、素质优良的创新人才队伍，激发各类人才创新活力和潜力。"河北省科技人才资源少，特别是高端人才更少，科技创新急需创新体制机制，营造尊重知识、尊重人才、尊重创造的良好氛围，聚焦农业科技创新人才，不断开创人人皆可成才、人人尽展其才的局面。

（二）面临的问题

河北省在农业科技创新方面取得了明显成效，但仍面临农业科技创新资源供给不足、农业科技创新供求匹配度低及创新需求传导不畅等问题。

1. 农业科技创新资源供给不足

为确保农业科技创新战略的实现，需要提高农业投入强度。考虑到农业科技公益性、基础性、长期性的特点，发展农业科技需要政府相关部门提供长期稳定支持，特别需要财政资金长期稳定支持。但现行的政府主导的农业科技创新，以竞争性农业科技计划为主，财政经费支持力度小、周期短，财政科技项目投入的持续性、稳定性不强。农业科技创新的公益性、高风险性和低回报率，导致社会资金对农业科技创新投入乏力。资金使用效率不高和科技资源配置不合理严重阻碍了农业科技创新发展进程。河北省紧邻京津的区位特点和工资福利水平低的现状，不仅导致河北省农业科技人才引进难，甚至导致高端人才外流严重。整体来看，河北省农业科技创新人才短缺，特别是高端科技创新人才和团队短缺。基层农业科技人员知识严重老化，年龄结构、专业结构、梯次结构不合理，影响了农业科技创新和产业化推广应用。

2. 农业科技创新价值目标偏离

科技与产业"两张皮"问题一直是农业科技创新面临的难题，造成这一难题的关键是农业科技创新价值目标偏离。农业科技创新存在重学术轻应用的问题，"谁出题、谁答题、谁考核"创新机制仍不完善，原创性、突破性研究还不多，跟踪性、重复性、移植性研究普遍存在，支撑农业强省和科技自立自强的高质量成果供给和重大技术储备不足。农业科技创新供求传导机制不畅，小规模分散经营很难形成科技创新市场需求，通过市场机制难以实现科技成果供需高效对接。目前，农业科技创新与成果转化推广主要依赖政府，运行过程中存在沟通不畅、机制不灵活等弊端。在科研项目立项、研究、成果转化等环节，农业科研部门、农业农村部门、科技部门等相关单位尚未建立畅通的信息交流共享机制，未形成有效衔接机制。

3. 农业科技创新市场化动力弱

企业是科技创新的市场主体，但河北省农业产业化龙头企业数量少，2022年河北省有81家企业入选农业农村部新认定的农业产业化国家重点龙头企业，农业企业创新发展的整体水平不高。农业科技转化风险较高，农业企业参与的积极性不高。企业作为科技创新和科技投入的主体，其主体地位不突出，且创新发展的内生动力有待提高。科技型企业规模偏小、数量偏少、层次偏低，支撑引领经济发展方式转变的能力有限，加上农业成果转化高风险、低回报，导致选择高技术成果进行转化的企业越来越少。

三 河北省农业科技创新重点及路径

贯彻党的二十大会议精神，落实创新驱动发展、乡村振兴等国家战略，立足区域优势科技资源和优势特色产业基础，聚焦农业强省战略需求，针对农业科技创新存在的突出问题，谋划实施"五大"农业科技创新行动，着力提升农业科技创新水平，推动科技与农业融合发展，给"农业发展插上科技的翅膀"。

（一）实施技术创新强化行动，突破"卡脖子"技术

针对现代农业建设核心技术支撑不足的问题，坚持战略性需求导向，确定科技创新方向和重点，围绕粮食安全、耕地保护、疫病防控、智慧农机、营养健康、绿色发展等重点领域，加强对农作物高效育种、主要畜禽全基因组选择育种、农业人工智能等带动作用强的基础前沿技术研究。开展大宗农产品高效高质栽培、健康高效养殖、土壤修复改良、水肥一体化等关键技术研发，支撑大宗农产品节本增效、优质安全、绿色发展；推动农业特色优势产业新品种、配套种养、高效环保、加工增值等技术研发，集成绿色提质增效技术和模式，推动农业传统产业转型升级。

（二）实施创新平台提升行动，培育创新创业新载体

针对农业科技资源短缺问题，鼓励创建一批高质量科技创新创业平台，聚焦农业优势科技资源。推动创新平台升级，优化农业科技创新平台布局，依托优势高校和科研单位，引进京津冀农业科技资源，搭建高水平重点实验室、技术创新中心和产业研究院，支撑农业优势主导产业、区域特色产业高质量发展。加强农业科技园区建设，组建一批覆盖产业链主要环节的创新专家团队，打造区域性科技创新资源集聚平台，集成区域现代特色产业技术体系，发挥农业科技园区引领、示范和带动作用。强化科技创新平台金融支撑，加强科技创新平台文化建设，营造良好的科技创新生态，激活科技创新主体积极性，提升科技创新平台创新能力。

（三）实施创新主体培育行动，提升科技创新新活力

针对农业科技创新乏力问题，发挥科技领军企业、高新技术企业和农业科技小巨人企业支撑作用，重点实施科技领军企业打造行动，打造一批引领产业技术创新方向的科技领军企业。建立农业创新型企业培育制度，鼓励农业产业龙头企业与科研院校和高校合作，建设新型研发机构，增加创新投入，提高创新能力，争创农业高新技术企业。鼓励农业中小企业建设研发平

台,组建研发团队,开展科技创新,提升农业科技小巨人企业创新能力。落实企业研发费用税前加计扣除等优惠政策,推进科企深度融合,引导人才、资金等创新要素向企业集聚,激发企业自主研发活力,推动农业产业链、创新链、人才链融合。

(四)实施经营主体培育行动,增加科技创新新需求

针对新型农业经营主体规模小、经营分散、农业科技需求不足等问题,实施新型农业经营主体培育行动,实现农业经营主体增量提质。鼓励有长期稳定务农意愿的农户适度扩大经营规模,培育家庭农场。积极引导家庭农场参与农民合作社建设,提高农业组织化程度。鼓励农民合作社根据发展需要,通过出资新设、收购或入股等形式办公司,以公司为平台整合资源要素、延长产业链条。支持农民合作社依法自愿兼并、合并或组建联合社,鼓励产业龙头企业组建行业协会或联盟,形成规模优势,增强科技需求。

(五)实施科技成果转化行动,搭建成果转化新桥梁

贯彻落实《中华人民共和国促进科技成果转化法》,加强科技、农业、财政、投资、人才、金融等多部门协同,为农业科技成果转化营造良好生态环境。提升农业科技园区(基地)创新服务能级,强化创新链,支撑产业链,激活人才链,提升价值链,分享利益链,着力增强园区(基地)创新创业、成果展示示范、成果转化推广和职业农民培训等功能,搭建农业科技成果转化服务新载体。支持鼓励科研院校设立技术转移机构,建立专业人员队伍,提升专业服务能力,提高科技成果转化率,架起农业科技成果转移转化新桥梁。

参考文献

习近平:《努力成为世界主要科学中心和创新高地》,《求是》2021年第6期。

许秀梅、张霞、孙瑜：《创新价值链视角下现代农业科技创新能力的提升机理与协同策略》，《改革与战略》2021年第1期。

王晓君、孙立新、毛世平：《构建需求导向型农业科技创新支撑体系，助力巩固脱贫攻坚成果和乡村振兴有效衔接》，《科技导报》2021年第23期。

杨泽宇、刘涛：《关于推进我国农业科技创新高质量可持续发展的思考》，《农业科技管理》2022年第4期。

高旺盛：《我国农业科技自立自强战略路径与政策取向研究》，《农业现代化研究》2021年第6期。

潘江鹏、王慧华、胡铁华：《新时期我国农业科技创新体系探究》，《农业科技管理》2021年第6期。

佘惠敏：《科技是大变局中关键变量——访科学技术部部长王志刚》，《经济日报》2021年1月2日。

陈套：《新型研发机构是创新驱动发展重器》，《中国改革报》2020年4月30日。

路燕、赵博、田云峰：《加快农业科技创新赋能农业高质量发展》，《农业科技管理》2021年第2期。

B.17
河北省农业产业结构演进逻辑及优化路径研究

时方艳*

摘　要： 加快推进农业产业结构调整是新形势下深入推进实施乡村振兴战略的重要内容，也是解决"三农"问题的重中之重。本报告首先对农业产业结构的相关研究进行了分析，包括农业产业结构调整的重要性、影响因素、对农业经济发展的影响和对策建议。其次对河北省农业产业结构演进趋势进行具体分析，包括总体特征和演进阶段特征两个方面，河北省农业产业结构演进可划分为三个阶段，分别为快速调整和迅速增长阶段、平稳波动和实力不断提升阶段以及持续调整优化和转型升级阶段。然后基于灰色关联度对河北省农业产业结构关联度进行分析，在河北省农业内部各产业与农林牧渔业总产值的相关性方面，关联度由大到小依次为农业、畜牧业、渔业、农林牧渔服务业、林业；在河北省农业内部各产业与农民人均可支配收入的相关性方面，关联度由大到小依次为农林牧渔服务业、渔业、林业、农业、畜牧业。最后提出加快推进河北省农业产业结构调整优化的实现路径，包括优化农业产业结构、推进畜牧业转型升级、优化农民就业结构和深化农业科技成果转化应用四个方面。

关键词： 农业产业结构　产业结构优化　河北省

---

* 时方艳，河北省社会科学院农村经济研究所助理研究员，主要研究方向为农业农村经济。

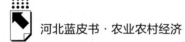

　　加快农业产业结构调整、推进农业产业结构优化升级既是新形势下深入推进实施乡村振兴战略的重要内容，也是解决"三农"问题的重中之重，对促进农民可持续增收、提高农业发展效益和实现农村整体发展意义重大。党的二十大报告指出，加快建设农业强国，扎实推动乡村产业、人才、文化、生态、组织振兴。发展乡村特色产业，拓宽农民增收致富渠道。当前我国经济发展的重难点与潜力和后劲都在"三农"问题上，推进农业产业结构调整是打好"三农"基础和夯实"三农"根基的重中之重。河北省是农业大省，近年来，河北省一直在按照国家农业产业发展要求，立足河北省农业农村发展实际情况，不断优化调整农业产业结构，但仍存在产业发展不平衡、竞争力有待提升、效益有待提高等问题。要以富民增收为目标，大力推动农业产业结构调整，因地制宜，大力发展农业特色产业，推动形成上下游紧密协作、一二三产业融合发展、比较优势日益突出、市场竞争力持续增强的现代农业产业链条。

一　已有研究述评

（一）农业产业结构调整的重要性

　　关于农业产业结构调整的重要意义得到了相关专家学者的广泛关注，农业产业结构的优化调整对提高农业产业效益、加快农业经济发展、促进农民可持续增收以及适应国内外农业市场变动和应对相关挑战都具有重要作用。陈烦通过分析得出农业产业结构发展较为缓慢，优化农业产业结构可以促进农村一二三产业协调发展，进而提升整体经济水平的结论。汪晓畅提出，优化调整农业产业结构的作用主要表现在增加农业产业效益、促进农业经济增长等方面，可由此调整产业布局，实现农业产业结构整体优化。刘松颖主要对西部10个省份的农业产业结构进行了分析，认为农业产业结构调整既可以形成科学合理的产业布局，又可以促进农民增收，提高农村整体生活水平。袁颉认为调整农业产业结构可以更好地应对国内外农业市场的变化，同时是解决相关问题的重要手段。

（二）农业产业结构调整的影响因素

农业产业结构调整从本质上来讲是多种因素与要素共同发挥作用的结果，相关学者认为农业产业结构调整的影响因素包括技术、劳动力资本、人口结构、政策变化等。Goddard 等认为技术会对农业生产成本和产业发展规模带来显著影响，农业生产技术的提高会优化农业产业结构；同时，劳动力资本会对农产品需求结构和农业产业结构产生重要影响，居民在追求健康饮食的同时食品消费观念也会随之变化。Spielman 等认为，技术进步和政策制度体系的改革会对提高产业结构竞争力、优化农业产业结构产生重要影响。Gale 提出，当前阶段农民数量不断减少，人口老龄化问题加剧，这些都会对农业产业结构产生重要影响。周维以贵州省毕节市为例，通过建立 VAR 模型分析得出，种植业和畜牧业会影响农业产业结构调整，也会对中长期内毕节市的农业经济增长产生重要影响。代莲旭以贵州省为例，运用农业结构优化理论和可持续发展理论分析了主要农产品产值和农业结构变化的关系，得出贵州省农业产业结构调整仍面临发展基础薄弱、比例不协调、优质农产品不足等问题，要重点围绕主导优势产业优化调整整体产业布局。

（三）农业产业结构调整对农业经济发展的影响

近年来，相关学者越来越关注农业产业结构调整与农业经济发展的相关关系，主要基于农业内部各部门结构及相关的县（市、区）区域范围分析产业结构调整对经济增长的影响。邓琨以四川省为例，对全省农业产业内部数据进行了计算，研究得出种植业和畜牧业对农业经济增长贡献程度最高、林业和渔业贡献相对较小的结论。李青松等以安徽省为例，通过实证分析方法得出，种植业和畜牧业是安徽省的主导产业，但林业和渔业对全省经济发展影响最为显著。王新利以吉林省为例进行研究，他认为农业产业结构调整会对"三农"问题的解决产生重要影响，吉林省的种植业和畜牧业对农业经济发展的影响较大，要调整种植业生产结构，加大对渔牧产业的投入力度，以此优化农业产业结构。

（四）促进农业产业结构调整的对策建议

相关专家学者在农业产业结构调整方面进行了积极探索，因地制宜提出不同的对策建议来优化农业产业结构。陈文胜提出，推进农业产业结构调整实现农业发展转型，要构建符合市场需求的农业战略制度，优化农产品生产模式，采取区域特色化、地标品牌化经营模式。文家军指出，大力调整种植业生产结构，同时要适时适地发展牧渔产业，构建适度规模生产经营模式，采取区域特色农产品品牌模式。杨玉萍等认为，农业产业结构调整会面临农业基础设施不完善、一二三产业融合不充分等问题，要大力完善相关基础设施、促进产业融合、打造农业品牌和优化升级农业技术服务。

二 河北省农业产业结构演进趋势

（一）河北省农业产业结构总体特征

河北省农业产业结构呈现从单一化向多元化演变的发展态势，改革开放之前河北省产业结构呈现单一化的特征，1990年之后，河北省农业产业结构单一化的结构特征开始逐步发生变化。1990年、2000年、2010年与2020年河北省农业各产业产值占比情况如表1所示。

表1 河北省主要年份农业各产业产值占比情况

单位：%

年份	农业占比	林业占比	畜牧业占比	渔业占比	农林牧渔服务业占比
1990	71.24	2.68	23.31	2.77	—
2000	54.82	1.64	39.73	3.81	—
2010	57.32	1.19	33.50	3.31	4.68
2020	50.62	3.79	34.26	3.61	7.73

资料来源：历年《河北农村统计年鉴》。

　　由表 1 和河北省农业农村相关统计数据分析可知，河北省农业产值所占比重从 1990 年的 71.24% 下降到 2020 年的 50.62%，30 年时间其占比下降了 20.62 个百分点；畜牧业产值所占比重出现了较大变动，从 1990 年的 23.31% 增加到 2000 年的 39.73%，下降到 2010 年的 33.50%，后又缓慢上升到 2020 年的 34.26%；林业和渔业占比一直保持着较为稳定的态势。2020 年河北省农林牧渔业总产值达到 6742.49 亿元，是 1990 年（357.63 亿元）的 18.85 倍；农业、林业、畜牧业、渔业产值分别达到 3413.34 亿元、255.35 亿元、2309.72 亿元和 243.22 亿元，分别是 1990 年的 13.40 倍、26.65 倍、27.70 倍和 24.57 倍。从主要农作物产品产量来看，2020 年，河北省粮食总产量达 3795.90 万吨，是 1990 年粮食总产量的 1.67 倍；蔬菜总产量达 5198.20 万吨，是 1990 年蔬菜总产量的 4.49 倍；园林水果总产量达 1031.38 万吨，是 1990 年园林水果总产量的 5.88 倍；肉类总产量达 419.20 万吨，是 1990 年肉类总产量的 3.22 倍；水产品总产量达 100.34 万吨，是 1990 年水产品总产量的 4.59 倍。[①] 上述数据充分说明，河北省农业产业结构得到了有效调整，正逐步形成多元化发展格局。

　　同时，将河北省农业、林业、畜牧业、渔业产值占比情况与全国平均水平对比来看，河北省农业产业结构发生的变化和发展趋势与全国农业产业结构调整的要求基本一致，符合农业产业结构演进的基本规律。具体分产业来看，河北省农业产值所占比重逐步下降，畜牧业产值所占比重稳步提升。由此可见，河北省农业产业结构调整逐渐趋于合理区间，农业产业结构演进由以农业为主转向农业、畜牧业等共同发展的多元化格局。

（二）河北省农业产业结构演进阶段特征

　　农业产业结构调整会受到资源禀赋、科技水平、劳动力资本和政策制度等多种因素影响。河北省是农业大省，农业在全省经济社会发展过程中占据重要地位。基于河北省发展实际，对河北省农业产业结构演进阶段的分析从

---

　　① 主要农产品产量数据来自历年《河北农村统计年鉴》，部分数据经过计算得出。

1990 年开始。同时由于数据的可获得性，2002 年以前农业各产业产值不包括农林牧渔服务业。按照河北省农林牧渔业生产总值将河北省农业产业结构演进过程划分为以下三个阶段。

1. 第一阶段（1990～2003 年）：农林牧渔业总产值低于2000亿元，处于快速调整和迅速增长阶段

1990～2003 年，河北省农林牧渔业总产值低于 2000 亿元，农业产业结构处于快速调整阶段，产业结构由以农业为主逐步演变成以农业和畜牧业为主。该阶段，河北省农林牧渔业总产值由 1990 年的 357.63 亿元增加到 2003 年的 1778.60 亿元，增长了 397.33%。以 2003 年为例，农业各产业产值由高到低依次为：农业、畜牧业、渔业和林业。农业、林业、畜牧业和渔业产值之比由 1990 年的 71.24∶2.68∶23.31∶2.77 变化为 2003 年的 53.88∶2.32∶40.55∶3.25，其中，农业产值所占比重下降 17.36 个百分点，畜牧业产值所占比重上升 17.24 个百分点，林业和渔业产值所占比重变动相对较小（见图 1 和图 2）。这一阶段，河北省农业产业结构波动幅度较大，产业结构演进层次较为明显。总体上来讲，该阶段河北省农业产业实现较快发展，农业产业发展处于快速增长阶段。

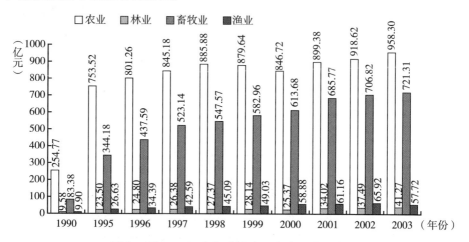

图 1　1990～2003 年河北省农业各产业产值情况

资料来源：历年《河北农村统计年鉴》。

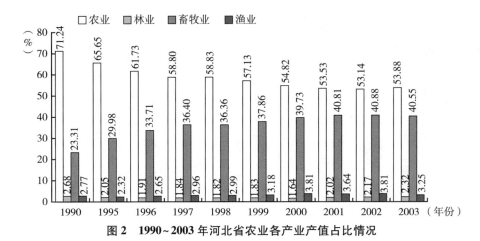

图2　1990～2003年河北省农业各产业产值占比情况

资料来源：历年《河北农村统计年鉴》。

2.第二阶段（2004~2012年）：农林牧渔业总产值为2000亿~5000亿元，处于平稳波动和实力不断提升阶段

2004~2012年，河北省农林牧渔业总产值处于2000亿~5000亿元，农业产业结构从快速调整向平稳波动阶段转变，逐步形成以农业和畜牧业为主的发展格局。该阶段，河北省农林牧渔业总产值由2004年的2285.56亿元增加到2012年的4912.41亿元，增长了114.93%。以2012年为例，农业各产业产值由高到低依次为：农业、畜牧业、农林牧渔服务业、渔业和林业。农业、林业、畜牧业和渔业产值之比由2004年的49.69∶1.75∶40.46∶3.16变化为2012年的55.18∶1.70∶34.81∶3.40，其中，农业产值所占比重上升5.49个百分点，畜牧业产值所占比重下降5.65个百分点，林业和渔业产值所占比重变动相对较小（见图3和图4）。这一阶段，河北省农业产业结构波动趋于平稳，产业结构演进层次比较明显。总体来看，该阶段农业产业结构进行了调整，农业各产业产值所占比重既有上升又有下降，畜牧业产值所占比重趋于稳定，农业产业发展实力不断提升。

3.第三阶段（2013年至今）：农林牧渔业总产值大于5000亿元，处于持续调整优化和转型升级阶段

2013年以来，河北省农林牧渔业总产值超过5000亿元，农业产业结

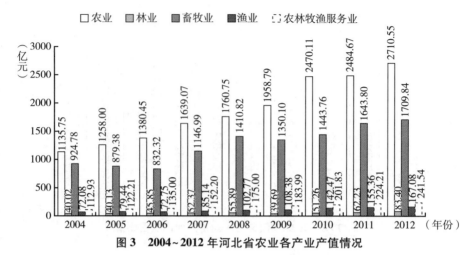

图3 2004~2012年河北省农业各产业产值情况

资料来源：历年《河北农村统计年鉴》。

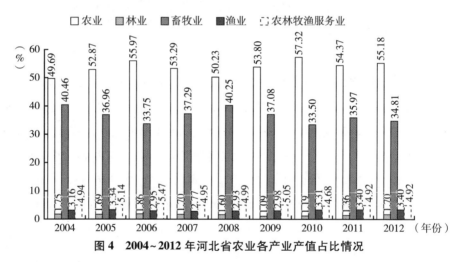

图4 2004~2012年河北省农业各产业产值占比情况

资料来源：历年《河北农村统计年鉴》。

构从平稳波动阶段转向持续调整优化阶段，逐步形成以农业和畜牧业为主、渔业和林业为辅的多元化发展态势。该阶段河北省农林牧渔业总产值由2013年的5284.42亿元增加到2020年的6742.49亿元，增长了27.59%。以2020年为例，农业各产业产值由高到低依次为：农业、畜牧业、农林牧渔服务业、林业和渔业。农业、林业、畜牧业和渔业产值之比由2013年的

56.30∶1.97∶33.54∶3.15 变化为 2020 年的 50.62∶3.79∶34.26∶3.61，其
中，农业产值所占比重下降 5.68 个百分点，林业、畜牧业和渔业产值所占
比重变动相对较小，保持了稳定增长（见图 5 和图 6）。这一阶段，河北省
农业产业结构演进波动较为平缓，产业结构演进层次更加丰富。总体来看，
该阶段农业生产水平不断提升、农业生产效率不断提高，农业内部各产业部
门发展实现了一定程度的协调，农业产业结构进入优化转型升级阶段。

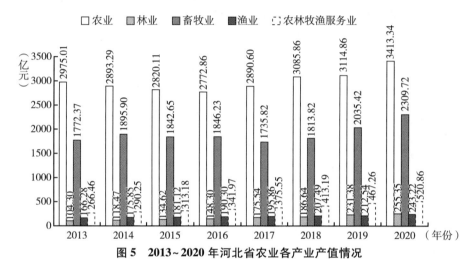

图 5　2013~2020 年河北省农业各产业产值情况

资料来源：历年《河北农村统计年鉴》。

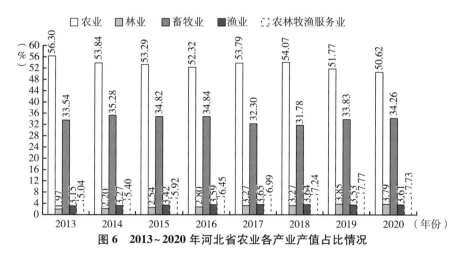

图 6　2013~2020 年河北省农业各产业产值占比情况

资料来源：历年《河北农村统计年鉴》。

三　基于灰色关联度的河北省农业产业
结构关联度分析

（一）灰色关联分析概述

灰色关联分析理论基于描述研究系统指标序列曲线的几何形状与所选的标准系统指标序列曲线的相似程度，来判断它们的关联程度。两条曲线的形状越接近，说明与之对应的指标序列关联程度越高；两条曲线的形状差异越大，说明与之对应的指标序列的关联程度越低。灰色关联分析实际上是对动态过程的发展态势进行的量化分析。利用灰色系统理论来分析农业产业结构的关联程度，可以克服之前采取的回归因素分析法的弊端与短板，这种分析方法更加适用于受到诸多因素影响、存在非线性关系、利用动态变化进行系统分析的情形。

（二）河北省农业产业结构分析方法、指标体系与灰色关联分析计算模型的构建

基于统计指标数据的可获得性，本报告主要以 2003~2020 年河北省农业内部各行业经济数据为样本，分别以农林牧渔业总产值、农民人均可支配收入为参考，比较农业产值、林业产值、畜牧业产值、渔业产值和农林牧渔服务业产值，选取的样本资料数据均来自历年《河北农村统计年鉴》。运用灰色关联分析方法分析各农业产业与农业经济发展和农民收入的相关程度，再利用图形验证其相关性，以期为河北省农业产业结构优化升级提供理论依据。

因此，运用河北省农林牧渔业总产值 X_0 和农民人均可支配收入 Y_0 作为参考创建参考序列指标，分别反映农业发展水平和农民收入水平。同时，将农业产值 X_1、林业产值 X_2、畜牧业产值 X_3、渔业产值 X_4 和农林牧渔服务业产值 X_5 作为被比较指标，创建比较序列指标。

灰色关联分析的过程主要包括，对原始数据进行无量纲化处理（见表

2）；运用绝对值计算公式对样本原始数据进行计算；构建关联系数模型；运用关联度计算公式计算关联度，并进行相关性分析。

表2 2003~2020年河北省农业产业结构指标序列无量纲化处理数据

年份	农林牧渔业总产值 X_0	农民人均可支配收入 Y_0	农业产值 X_1	林业产值 X_2	畜牧业产值 X_3	渔业产值 X_4	农林牧渔服务业产值 X_5
2003	1	1	1	1	1	1	1
2004	1.2174265	1.1114616	1.1851717	0.96971165	1.2820840	1.2487872	1.1114616
2005	1.2672888	1.2204697	1.3127413	0.97237703	1.2191429	1.3762994	1.2204697
2006	1.3137368	1.3326323	1.4405197	1.11097650	1.1539005	1.2603950	1.3326323
2007	1.6383398	1.5047319	1.7103934	1.26896050	1.5901485	1.4750520	1.5047319
2008	1.8670960	1.6806870	1.8373683	1.35425250	1.9559135	1.7804920	1.6806870
2009	1.9393780	1.8051174	2.0440259	0.96171553	1.8717334	1.8776854	1.8051174
2010	2.2954559	2.0883281	2.5775957	1.24206450	2.0015805	2.4682952	2.0883281
2011	2.4344003	2.4956186	2.5927893	1.50787500	2.2789092	2.6916147	2.4956186
2012	2.6166499	2.8324571	2.8284984	2.0208384	2.3704648	2.8946639	2.8324571
2013	2.8148048	3.2204697	3.1044662	2.5272595	2.4571543	2.8808039	3.2204697
2014	2.8623873	3.5702769	3.0191902	2.8706082	2.6284122	3.0466043	3.5702769
2015	2.8186665	3.8734665	2.9428258	3.2619336	2.5545882	3.1379071	3.8734665
2016	2.8229172	4.1777077	2.8935198	3.5934093	2.5595514	3.2969508	4.1777077
2017	2.8621849	4.5148966	3.0163832	4.2534529	2.4064826	3.3932779	4.5148966
2018	3.0398909	4.9179811	3.2201398	4.5224134	2.5146192	3.5947678	4.9179811
2019	3.2047279	5.3883631	3.2504018	5.6064938	2.8218380	3.6822592	5.3883631
2020	3.5914551	5.7718191	3.5618700	6.1873031	3.2021184	4.2137907	5.7718191

资料来源：相关指标数据运用 Stata 软件测算得出。

（三）河北省农业内部各产业与农林牧渔业总产值的相关性

由图4和图6可得，2003~2020 年，河北省农业各产业在历年农林牧渔业总产值中所占比重由高到低依次为：农业、畜牧业、农林牧渔服务业，林业和渔业产值排名出现交替现象。农业和畜牧业产值所占比重出现波动态势，分别维持在 50% 和 30% 左右；农林牧渔服务业产值所占比重出现上升趋势，维持在 7% 左右；林业和渔业产值所占比重较小，维持在 3% 左右。

首先，对原始数据进行无量纲化处理后可以得出河北省农业产业结构无量纲化指标序列。其次，在 $n=5$、$m=18$ 的样本数据中计算灰色关联矩阵，分别得出表3的求差序列数据和表4的农业产业结构指标灰色关联系数矩阵，从中可以看出 $\Delta_{\min}=0$，$\Delta_{\max}=2.5958$。然后，运用表4数据计算河北省农业产业比较指标（X_i，$i=1$，2，3，4，5）对参考指标（农林牧渔业总产值 X_0）的关联度 r_i（$i=1$，2，3，4，5），并进行关联度排序，其关联度由大到小依次为农业、畜牧业、渔业、农林牧渔服务业、林业。整体来看，河北省农业内部各产业与农林牧渔业总产值的关联系数均超过0.6，呈现高关联性。其中，农业关联系数最高为0.9201；其次是畜牧业，关联系数为0.8608；再次是渔业，关联系数为0.8533；农林牧渔服务业排第4位，关联系数为0.8124；林业排第5位，关联系数为0.6792。以2020年数据为例，2020年河北省农业内部各产业结构占比由高到低依次为农业（50.62%）、畜牧业（34.26%）、农林牧渔服务业（7.73%）、林业（3.79%）和渔业（3.61%）（见图6）。通过对比可以得出，渔业产值占比最低仅为3.61%，但与农林牧渔业总产值的关联度却排第3位；农林牧渔服务业产值占比排第3位，但与农林牧渔业总产值的关联度排第4位。这表明，大力发展农业、畜牧业，同时兼顾发展农林牧渔服务业和渔业，可以增加河北省农林牧渔业总产值，促进河北省农业可持续发展。

表3　2003~2020年河北省农业各产业比较指标与参考指标
（农林牧渔业总产值）的求差序列数据

年份	农业产值 d_1	林业产值 d_2	畜牧业产值 d_3	渔业产值 d_4	农林牧渔服务业产值 d_5
2003	0	0	0	0	0
2004	0.03225485	0.24771485	0.06465748	0.03136074	0.07417889
2005	0.04545250	0.29491178	0.04814587	0.10901056	0.03009505
2006	0.12678290	0.20276027	0.15983623	0.05334176	0.05293665
2007	0.07205360	0.36937930	0.04819133	0.16328783	0.09754207
2008	0.02972773	0.51284351	0.08881756	0.08660396	0.09548230
2009	0.10464792	0.97766243	0.06764459	0.06169258	0.07675395

续表

年份	农业产值 d_1	林业产值 d_2	畜牧业产值 d_3	渔业产值 d_4	农林牧渔服务业产值 d_5
2010	0.28213987	1.05339140	0.29387542	0.17283934	0.25222850
2011	0.15838906	0.92652528	0.15549104	0.25721444	0.16460880
2012	0.21184849	0.59581151	0.24618504	0.27801401	0.17141806
2013	0.28966149	0.28754524	0.35765041	0.06599913	0.11729514
2014	0.15680296	0.00822091	0.23397508	0.18421702	0.07596057
2015	0.12415930	0.44326707	0.26407836	0.31924060	0.35181332
2016	0.07060261	0.77049209	0.26336579	0.47403363	0.63901845
2017	0.15419831	1.39126800	0.45570222	0.53109303	0.93969811
2018	0.18024892	1.48252250	0.52527168	0.55487693	1.14304090
2019	0.04567386	2.40176590	0.38288985	0.47753129	1.52558190
2020	0.02958509	2.59584810	0.38933670	0.62233565	1.68147470

资料来源：相关指标数据运用 Stata 软件测算得出。

表 4　2003～2020 年河北省农业产业结构指标灰色关联系数矩阵（一）

年份	农业产值 e_1	林业产值 e_2	畜牧业产值 e_3	渔业产值 e_4	农林牧渔服务业产值 e_5
2003	1	1	1	1	1
2004	0.97575150	0.83973304	0.95254781	0.97640781	0.94593781
2005	0.96616548	0.81485111	0.96423227	0.92251910	0.97733839
2006	0.91101124	0.86488812	0.89035493	0.96052460	0.96081265
2007	0.94740527	0.77845705	0.96419971	0.88825178	0.93010072
2008	0.97760879	0.71678115	0.93595234	0.93744875	0.93147562
2009	0.92538856	0.57036903	0.95046416	0.95462502	0.94416587
2010	0.82143769	0.55199911	0.81538163	0.88248324	0.83728795
2011	0.89123969	0.58348105	0.89301677	0.83460351	0.88744950
2012	0.85968185	0.68537766	0.84056499	0.82358824	0.88333686
2013	0.81754590	0.81863714	0.78397202	0.95161082	0.91711875
2014	0.89221142	0.99370597	0.84726469	0.87570885	0.94471110
2015	0.91269197	0.74542308	0.83093601	0.80259239	0.78674586
2016	0.94840977	0.62749657	0.83131524	0.73248027	0.67008909
2017	0.89381176	0.48264461	0.74013721	0.70962926	0.58004612
2018	0.87805965	0.46680417	0.71189507	0.70051995	0.53172581
2019	0.9660063	0.35081967	0.77219974	0.73103728	0.45968525
2020	0.97771383	0.33333333	0.76924924	0.67591068	0.43563288

资料来源：相关指标数据运用 Stata 软件测算得出。

（四）河北省农业内部各产业与农民人均可支配收入的关联度分析

按照上述灰色关联分析方法，在计算求差序列数据和关联系数矩阵（见表5和表6）的基础上，计算农业产业结构比较指标与参考指标（农民人均可支配收入）的关联系数 r'_i（$i=1$，2，3，4，5）。农业内部各产业关联系数由高到低依次为农林牧渔服务业、渔业、林业、农业、畜牧业，关联系数分别为0.8176、0.7681、0.7493、0.7434和0.6963。总体来看，河北省农业内部各产业与农民人均可支配收入的关联系数均超过0.6，两者呈现极大的相关性。其中，农林牧渔服务业产值与农民人均可支配收入的关联度最高，关联系数达到0.8176，这可能与工资性收入在农民人均可支配收入中占比较高有关。

表5　2003~2020年河北省农业各产业比较指标与参考指标
（农民人均可支配收入）的求差序列数据

年份	农业产值 d'_1	林业产值 d'_2	畜牧业产值 d'_3	渔业产值 d'_4	农林牧渔服务业产值 d'_5
2003	0	0	0	0	0
2004	0.07371004	0.14174996	0.17062237	0.13732563	0.031786
2005	0.09227163	0.24809265	0.00132673	0.1558297	0.01672408
2006	0.10788735	0.22165582	0.17873177	0.07223731	0.0340411
2007	0.20566154	0.23577136	0.08541662	0.02967989	0.03606587
2008	0.15668126	0.32643451	0.27522655	0.09980503	0.09092669
2009	0.23890846	0.84340189	0.06661595	0.07256796	0.05750659
2010	0.48926767	0.84626362	0.08674762	0.37996714	0.0451007
2011	0.09717067	0.98774368	0.21670944	0.19599604	0.22582719
2012	0.00395868	0.81161868	0.46199221	0.06220683	0.38722523
2013	0.11600344	0.69321017	0.76331534	0.3396658	0.52296006
2014	0.55108667	0.69966871	0.94186471	0.5236726	0.63192906
2015	0.93064069	0.61153292	1.3188783	0.73555939	0.70298667
2016	1.2841879	0.58429842	1.6181563	0.88075688	0.71577206
2017	1.4985134	0.26144373	2.108414	1.1216187	0.71301363

年份	农业产值 d'_1	林业产值 d'_2	畜牧业产值 d'_3	渔业产值 d'_4	农林牧渔服务业产值 d'_5
2018	1.6978412	0.3955677	2.4033618	1.3232132	0.7350493
2019	2.1379614	0.21813069	2.5665251	1.7061039	0.65805335
2020	2.2099492	0.41548399	2.5697008	1.5580284	0.49888939

资料来源：相关指标数据运用 Stata 软件测算得出。

表6 2003~2020年河北省农业产业结构指标灰色关联系数矩阵（二）

年份	农业产值 e'_1	林业产值 e'_2	畜牧业产值 e'_3	渔业产值 e'_4	农林牧渔服务业产值 e'_5
2003	1	1	1	1	1
2004	0.94574401	0.90063793	0.88277186	0.90343978	0.97585818
2005	0.93299676	0.83815925	0.99896847	0.89183602	0.98715088
2006	0.92253577	0.85286764	0.8778806	0.94677035	0.97418961
2007	0.86201953	0.84495069	0.93766425	0.97742168	0.97269632
2008	0.89130918	0.79740733	0.82358142	0.92792067	0.93390885
2009	0.84321111	0.60371151	0.95070839	0.94653973	0.95715999
2010	0.72421922	0.60290082	0.93675434	0.77176649	0.96608845
2011	0.92968944	0.56536731	0.85567712	0.86764594	0.85051265
2012	0.99692842	0.61286398	0.73552728	0.9538202	0.76841643
2013	0.9171909	0.64955058	0.62731759	0.79091264	0.71072185
2014	0.69983357	0.64743664	0.57701607	0.71044183	0.67031728
2015	0.57993932	0.67752673	0.49346553	0.63593554	0.64635599
2016	0.50012894	0.68739866	0.44259298	0.59329797	0.64222532
2017	0.46161784	0.83092238	0.3786473	0.53391518	0.64311203
2018	0.43076876	0.76460162	0.34836672	0.49264534	0.63609613
2019	0.37537863	0.85486797	0.33360819	0.42957874	0.66130419
2020	0.36764638	0.75564572	0.33333333	0.45195398	0.72031268

资料来源：相关指标数据运用 Stata 软件测算得出。

（五）灰色关联分析图形验证

利用表2河北省农业产业结构指标序列无量纲化处理数据，对参考序列农林牧渔业总产值和农民人均可支配收入指标，分别进行灰色关联分析图形验证，具体见图7和图8。从图7可以看出，农业产值曲线几何形状与农林牧渔业总产值曲线的形状最为接近，表明它们的关联程度最高，其次是畜牧业、渔业、农林牧渔服务业和林业。从图8可以看出，农林牧渔服务业产值曲线的几何形状与农民人均可支配收入曲线形状最为接近，表明其关联程度最高，其次依次是渔业、林业、农业和畜牧业。该图形验证与前述灰色关联分析计算结果完全吻合，从而进一步印证了灰色关联分析方法在农业产业结构优化调整中应用的科学性。

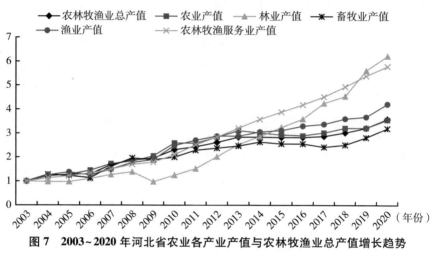

图7 2003~2020年河北省农业各产业产值与农林牧渔业总产值增长趋势

资料来源：相关指标数据运用 Stata 软件测算得出。

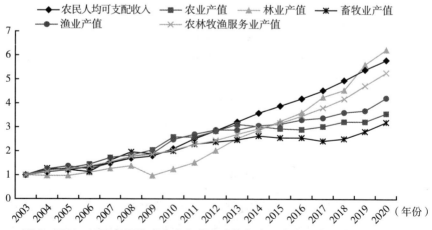

图8 2003~2020年河北省农业各产业产值与农民人均可支配收入增长趋势

资料来源：相关指标数据运用 Stata 软件测算得出。

四 加快推进河北省农业产业结构
调整优化的对策建议

（一）优化农业产业结构，拓宽农业经济发展空间

不断优化调整农业产业结构，加快产业融合发展步伐，促进农业高质高效发展，既是农业产业结构调整的重要目标，也是拓宽农业经济发展空间的应有之义。围绕育苗育秧、蔬菜园艺、生态养殖等领域，做大做强现代农业科技园区，增加农产品附加值。聚焦种植业、畜牧业、农林牧渔服务业等领域，打造一批体量大、影响力大的农业专业化龙头企业，加强与高校、企事业单位、科研院所合作，共同开发产品附加值高、技术先进、生态环保的农产品新品种，提高农产品生产工艺。加快产业融合发展进程，促进各产业之间的合理配置，实现协调发展，推动乡村产业中附加值较高、影响力较大的产业实现融合发展。重点发展农产品加工业、农村休闲旅游业和农村电商等产业，如以农产品加工业贯通产加销环节、以农村休闲旅游业融合文化旅游产业、以农村电商对接科工贸产业，发挥农村产业融合的"乘数效应"，全方位提升农村的经济、社会、生态和文化价值，拓宽农业经济发展空间。

（二）推进畜牧业转型升级，增强农业产业发展动力

在借鉴美国、日本、澳大利亚等发达国家农业产业结构调整和畜牧业发展经验的基础上，高度重视畜牧业发展，力争实现新突破和新发展。加强对河北省畜牧业领域的监测分析，包括畜牧业产品生产和深加工、市场流通、畜牧业产品价格和消费者消费需求等内容，尽可能详细地为养殖户提供畜牧业市场分析报告。明确畜牧业领域细分产品的价格波动及走势，引导养殖户适时调整畜牧业生产规模，避免盲目跟风现象。同时，做好新形势下畜牧业产业发展的疫情防控工作，做好生猪、肉牛、肉羊等养殖疫情预警工作，积极采取安全科学喂养的有效防控措施，推广生猪养殖、肉牛养

殖、肉羊养殖等疫病保险。除此之外，积极推进畜牧业生态养殖工作，在禁养区域真正做到不养殖，加大对禁养区域的网格化督导检查，避免再次养殖现象出现；建立畜禽养殖废弃物处理中心和病死畜禽无害化处理中心，引导养殖户、合作社和企业等对病死畜禽开展科学无害化处理，推进畜牧业转型升级。

（三）优化农民就业结构，全方位促进农民可持续增收

劳动力资源是产业发展的关键要素，加快对农业劳动力资源进行调整的步伐是优化农业产业结构的重要内容。根据当前阶段河北省经济社会发展状况和市场需求，科学合理调整乡村劳动力资源配置，在保障当前市场需求的前提下，有序引导剩余劳动力资源向有利于优化调整农业产业结构的部门进行流动。大力推进农村一二三产业融合发展，创造新的就业岗位，吸纳剩余劳动力。全方位培育新型职业农民，统筹发挥企业、职业培训学校和培训机构作用，通过线上线下就业培训、技能培训、再教育等方式，加大订单式、项目制培训力度，使劳动力整体素质匹配相关产业要求，优化劳动力资源结构。

（四）深化农业科技成果转化应用，增加农业产业附加值

无论是优化农业产业结构还是深入推进乡村振兴战略实施都离不开科技创新，离不开农业科技成果的转化应用。基于农民可持续增收实现共同富裕以及居民消费结构升级的背景，农业产业结构优化调整要匹配农产品消费结构，要充分发挥科技创新的驱动作用。加大农业科技创新支持力度，以科技提升农产品品质，提高农业科技成果转化率，解决部分农产品供求结构失衡的问题。发挥政府引导作用，政府通过实施税收优惠、补贴等政策加大对企业的支持力度。加快推进农业科技成果转化全链条服务工作，建立健全纵向贯通省市县、延伸链接国内外的农业科技成果转化网络，积极开展成果转化全链条服务，高度重视基础性和公益性农业科技成果产出，通过多级财政支撑健全风险投资相关制度，真正实现农业科技成果的转化应用。

参考文献

陈烦：《湘西州农业产业结构的缺陷分析》，《经济研究导刊》2012 年第 12 期。

汪晓畅：《衡山县农业产业结构调整和优化研究》，硕士学位论文，中南林业科技大学，2013。

刘松颖：《农业产业结构调整对农民增收和节能降耗影响实证分析》，《商业时代》2013 年第 19 期。

袁颉：《农业产业结构调整对农业经济增长的作用》，《农业技术与装备》2020 年第 3 期。

周维：《毕节市农业产业结构调整对农业经济增长的影响研究》，《农家参谋》2020 年第 20 期。

代莲旭：《贵州省农业产业结构调整研究》，《农村经济与科技》2020 年第 23 期。

邓琨：《农业产业结构调整对农业经济增长影响的实证分析——以四川省为例》，《广东农业科学》2011 年第 9 期。

李青松等：《供给侧改革背景下安徽省农业产业结构调整对农业经济的影响研究》，《长沙大学学报》2020 年第 5 期。

王新利：《乡村振兴战略视阈下农业产业结构调整对农业经济增长的贡献研究》，硕士学位论文，西南民族大学，2020。

陈文胜：《论中国农业供给侧结构性改革的着力点——以区域地标品牌为战略调整农业结构》，《农村经济》2016 年第 11 期。

文家军：《乡村振兴背景下江汉平原农业产业结构调整评价研究》，硕士学位论文，长江大学，2020。

杨玉萍等：《岐山县农业产业结构调整存在问题与对策》，《农业科技通讯》2020 年第 9 期。

E. Goddard, A. Weersink, K. Chen et al. "Economics of Structural Change in Agriculture," *Canadian Journal of Agricultural Economics/revue Canadienne Dagroeconomie* 4 (2010).

D. J. Spielman, D. Kolady, A. Cavalieri et al., "The Seed and Agricultural Biotechnology Industries in India: An Analysis of Industry Structure, Competition, and Policy Options," *IFPRI Discussion Papers* 3 (2011).

H. F. Gale, "Why Did the Number of Young Farm Entrants Decline?" *American Journal of Agricultural Economics* 1 (2007).

B.18
河北省新型农业经营主体发展需求
与政府支持策略研究

李 军 王晓萌*

摘 要： 党的二十大报告提出，要发展新型农业经营主体和社会化服务，
发展农业适度规模经营。近年来，河北省大力加强新型农业经
营主体建设，经营主体的数量和质量都有了较大的提升和改善，
各地也涌现出一批典型发展案例。但同先进省份相比，河北省
新型农业经营主体还存在资金不足、销售模式单一、发展规模
小、品牌建设滞后、土地流转不到位等突出问题。对此，本报
告提出河北省今后要在拓宽融资渠道、提高融资能力，加强人
才培养、规范经营管理，丰富销售模式、增强市场优势，加强
品牌建设、释放品牌效应，完善土地流转、消除不稳定因素等
方面多做工作，有效推进河北省新型农业经营主体高质量发展。

关键词： 新型农业 经营主体 河北省

习近平总书记在党的二十大报告中指出，发展新型农业经营主体和社会
化服务，发展农业适度规模经营。新型农业经营主体为适应市场经济与农业
生产力的发展需求，改变以往简单化、分散化的粗放式经营模式，转向专业
化、集约化、组织化的现代生产经营组织形式。从实际发展中看，新型农业

---

* 李军，河北省社会科学院农村经济研究所研究员，主要研究方向为农村经济理论与实践；王
晓萌，燕山大学公共管理学院，主要研究方向为公共管理与公共政策。

经营主体范围涵盖专业大户、家庭农场、农民合作社、产业化龙头企业等主要组织形态。相对于传统农业经营主体，新型农业经营主体的经营规模更大，收入水平更高，规模化、集约化、专业化程度更高。随着我国农村经济的持续攀升，农业专业大户、家庭农场、农民合作社等新型农业经营主体，彰显出前所未有的生机与活力，并成为促进农业农村产业化发展的核心力量。

一 河北省新型农业经营主体发展与支持现状

党的十八大以来，河北省持续推进新型农业经营主体和服务主体建设，加大政策扶持力度，全省两个主体迅速发展，成为农业农村高质量发展举足轻重的生产与经营力量。

（一）河北省新型农业经营主体总体情况

为贯彻落实党中央决策部署，加快推进新型农业经营主体和服务主体发展，依据《关于加快构建政策体系培育新型农业经营主体的意见》等有关文件，河北省农业农村厅基于河北省实际情况出台了《新型农业经营主体和服务主体高质量发展实施规划（2021—2022年）》，提出按照"四个一"（一套培育计划、一套规范机制、一套服务体系、一套支持政策）路径，持续推进体制机制创新，加快发展模式探寻步伐，推动各类经营及服务主体合作共赢，保证两个主体的竞争力、经济实力及带动能力。

在中央及省政府加快推进新型农业经营主体和服务主体培育工作的有利条件下，河北省农业经济保持健康稳定发展态势，农业现代化发展水平显著提升，新型农业经营主体和社会化服务取得显著成效。截至"十三五"末，全省共有家庭农场4.9万家、省级示范农场1498家、市级示范农场3376家、县级示范农场5472家；依法登记的农民合作社11.5万家、县级以上示范社1.08万家，其中国家示范社396家、省级示范社1388家。"十四五"以来，河北省新型农业经营主体发展取得新进展，2022年，保证全省家庭农场未来发展的政策体制和管理机制逐步健全，各级示范农场数量升至10

万家，生产经营能力不断提升，经济带动能力显著增强；农民合作社管理与服务能力不断增强，省级示范社升至 1600 家，规范提升试点合作社超1000 家。

2022 年 8 月，河北省印发了《河北省新型农业经营主体提升行动实施方案》，提出力争到"十四五"末，全省县级以上农民合作社示范社和示范家庭农场均达到 12000 家以上，其中省级示范社和示范家庭农场均达到2000 家以上，适应新型农业经营主体发展需求的县乡基层指导服务体系基本建立，实现新型农业经营主体服务中心涉农县（市、区）全覆盖。

（二）河北省新型农业经营主体高质量发展典型案例

1.霸州市推动多种形式规模经营，保证新型农业经营主体培育

廊坊市霸州市加大家庭农场及农民专业合作社创建力度，推动农业社会化服务组织培育工作，充分发挥不同主体各自的优势和功能，不断提升农业组织化、社会化种植水平，推进农业发展现代化。霸州市通过鼓励农民合作社向成员提供各类生产经营服务，充分发挥各主体服务带动功能及市场对接作用。目前，基本形成了园区带动型、主体带动型、土地托管型、股份合作型等多种经营模式。土地要素的适度集中推动资本、技术等生产要素向农业流动，促进了现代农业发展，为优良品种、先进技术、新型设施和现代经营管理方式的推广和应用创造了有利条件。截至 2021 年，霸州市注册农民合作社 1177 家、家庭农场 135 家，农业生产托管服务面积达 42 万亩次，种植品种逐步从小麦、玉米等传统作物调整为西瓜、红薯等经济作物。农民合作社、家庭农场等新型农业经营主体得到较快发展，逐渐成为促进现代农业高质高效发展的生力军。

2.任泽区加强金融保险服务，大力培育新型农业经营主体

邢台市任泽区地处冀南平原，粮食生产条件得天独厚。为有效解决乡村由谁来振兴的问题，任泽区在农业补贴、资金奖补、项目建设、金融服务、农业保险等方面不断加大扶持力度，积极组织区、乡两级农技专家，特聘农技员和科技示范户下乡指导，大力培育新型农业经营主体，改变过去农民分散种植产出效益不高的现状，让更多的农民享受集约化经营带来的好处，解决农村土地"谁来种、怎么种"的问题。任泽区邢家湾镇王村创办了任县盛世农业粮棉种植专业合作社，将分散的土地集中起来，实行规模化经营。目前，合作社土地管理面积已扩展至 8 万多亩，辐射全区 10 个乡镇，吸收社员 1668 名。合作社通过统一品种、统一农资供应、统一技术培训、统一收购、统一销售等形式，与社员建立了紧密的利益联结机制，使农资采购成本降低 20%~30%、产量提高 5%~10%，耕、种、收机械化率达 95%以上，并且品质明显提升。目前任泽区共有农业合作社 398 家，其中国家级农业合作社 5 家、省级农业合作社 10 家，农业龙头企业 19 家，职业农民 177 名。

3. 宁晋县推进新型农业经营主体成农民增收"加速器"

近年来，宁晋县优化服务环境，着力培育新型经营主体，稳步引导小农户融入农业现代化发展大框架，促进现代农业提质增效，保证广大农民增收致富。同时，宁晋县在发展新型经营主体过程中，强调加大地区品牌建设力度，打造特色农业品牌，推动农业发展转型升级。例如，思农伟业有机农业专业合作社依托万亩有机种植基地和绿色种植基地，进行统一标准、统一管理、统一供种，以提高产品质量，成为全省面粉行业唯一获得"有机食品"认证的单位，带动相关农民年均增收超过 400 万元。宁晋县还出台了《关于培育发展农民专业合作社、家庭农场新型农业经营主体的指导意见》等，着力推进新型农业经营主体发展，保证管理规范化。与此同时，通过金融机构贷款优惠，提升农业项目的带动功能，探索合作共赢的发展途径，破解合作社发展困境，保证合作社审批一个、成长一个、强盛一个。当下，全县各类农民专业合作社共 1409 家、家庭农场 663 家，新型经营主体全县村一级的覆盖率达 100%。

二　河北省新型农业经营主体发展过程中服务需求面临的困境

在取得成绩的同时，理应看到河北省新型农业经营主体仍处于成长期，资金不足、管理不规范等矛盾现象突出，总体上表现为单体规模偏小、实力偏弱，全产业链收益能力较弱。

（一）补助资金不足，主体筹资困难

对于农村经营主体来说，农业生产具有投资大、回报周期长、风险高、收益低、见效慢等特征。河北省是全国果蔬产销大省、北方设施蔬菜重点省、供京津蔬菜第一大省，农村的果蔬种植业发展迅速，但需要指出的是，果蔬品种的土地租金、幼苗、化肥、管护、水利、包装、运输等费用庞杂，投资 6 年以上效益方可显露。并且农产品受自然、市场等因素影响较大，利润空间较小，投资风险不容忽视。因此大多数金融机构出于农业经济效益的考虑，贷款金额较小。此外，河北省政府对农业经营主体的政策补贴方式较为单一，如当前省政府对家庭农场的补贴聚焦在土地、农用机器以及贷款等方面，且扶持资金额度不高。因此，由于资金回笼困难，金融政策支持力度较小，农业经营主体抗风险能力较差，发展资金不足，运营现状不容乐观。

（二）管理不够规范，专业水平不高

人作为生产环节中最关键、最核心的资源要素，其素质的高低直接关系生产效能的大小。河北省普通新型农业经营主体主要来源于长期从事农业生产、土生土长的农民。一方面，他们普遍未经过系统的经营管理模式及农业理论知识的培训学习，仅依靠其多年积累的种养殖经验开展农业生产，缺乏科学技术，这严重阻碍了农业生产规范化、规模化进程。另一方面，还存在经营能力、决策能力、对业内行情认知能力不强等问题。大部分农场、企业采取的管理方式为家族式管理，增加了决策失误的风险，容易产生"一哄而上，一哄而下"的盲目生产局面，导致生产效率低下。

（三）销售模式单一，市场优势不足

河北省新型农业经营主体基本局限在农业领域，很少有现代创意的农产品。以粮食作物为例，河北省粮食作物主要以玉米、小麦等大田作物为主，这些农作物管理方式简单粗放、经济附加值较低。并且，全省蔬菜种植品种以大宗蔬菜为主，特色蔬菜、跨季节蔬菜、食用菌等效益高的作物份额偏低，品牌优势不明显，附加值比较低。同时，多数农业龙头企业走的是初加工、低价位产品的路子，科技含量不高，特色不突出，质量效益和竞争力不强，而且尚未形成与市场高度接轨的营销模式，降低了农产品的市场流通速率，在市场经营中处于被动地位，难以满足多样化的市场需求。

（四）发展规模小，实力不够雄厚

由于新型农业经营主体缺乏整合人力、物力、财力等资源要素的能力，不利于形成产业合力。因此，河北省新型农业经营主体规模较小，带动能力较弱。虽然一些农业专业大户通过土地流转实现了土地的连片经营和规模经济效益，但是从整体来看，农业经营主体承包的耕地存在分户承包、田块分散等现象，不便于统一布局和管理，导致生产经营过于分散化。截至2022年，河北省人民政府认定的省级重点龙头企业共964家，入选国家重点龙头企业的仅有43家，"小规模、大群体"仍是农产品加工企业的主要发展模式。因此，由于协同能力不足、地块分散等原因，新型农业经营主体一二三产业融合度较低，农业经营主体的整体规模较小。

（五）品牌建设不足，缺乏知名品牌

当前河北省各类农产品近百种，但绝大多数没有品牌，同时注册商标数呈增加趋势，但所占比重仍较低。截至2022年，全省拥有注册商标的合作社、通过农产品质量认证的合作社和创办加工实体的合作社占河北省合作社的比例分别为4.83%、2.57%和3.23%；拥有注册商标的家庭农场和通过农产品质量认证的家庭农场占家庭农场总数的比例分别为7.12%和2.15%。其余大部分农业经营主体的经营项目仍为初级农产品，自主品牌建设不足，主要表现为以下几点。第一，品牌的推广力度不足。当前市场竞争十分激烈，营销费用不断攀升，农业经营主体缺乏对外宣传，其产品市场占有率偏低。第二，品牌的竞争力不强。经营主体对品牌的认知不足，品牌注册随意性较大，注册品牌普遍缺乏地域特色和文化底蕴，导致其竞争力与投资收益率偏低。新型经营主体是品牌建设的主力军，但受竞争力、推广力等因素的影响，经营主体建设品牌的积极性不高，农业品牌难有大的作为。

（六）土地流转不到位，影响规模经营

规范的土地流转是农业经营主体产生的先决条件，为催生更多、更强的新型农业经营主体提供了基础条件。但当前河北省农村土地流转的市场化机制不健全，普遍存在"三不""三难"现象："三不"，即农户认为不值得流转、不愿意流转、不敢于流转；"三难"，即联系流转难、成片流转难、规范流转难。造成这些问题的原因主要有以下三个方面，一是农民对土地流转仍持有传统且保守的思想。河北省作为传统农业大省，农民把土地当作"命根子"，把流转认作"回收"，不愿交出土地的经营权，不敢轻易放弃土地。二是农民工返乡务农情况更加普遍。近两年疫情背景下经济发展不景气，加之国家出台最低粮食收购价政策，粮食价格不断上涨，少数农民工不肯放弃土地经营权，最终选择返乡务农。三是土地难以集中连片。河北省地形由坝上高原、燕山和太行山山地、河北平原这三大地貌单元构成，除河北平原外，土地往往不连片，通过流转得到的土地质量与基础设施条件较差，同时由于婚姻嫁娶、人口迁移和死亡等多种因素，流转取得的土地也存在分布零碎不集中的问题。

三 河北省新型农业经营主体服务需求的 政府支持策略

针对河北省新型农业经营主体发展中存在的突出问题，结合当下农业发展的实际情况，提出针对河北省新型农业经营主体高质量建设及发展的对策建议。

（一）拓宽融资渠道，提高融资能力

第一，河北省各级农业主管部门可以根据各地的实际情况，组建由农民入股的村级资金互助组、互助金融服务社等农村合作金融组织，专门为农民合作社等经营主体提供金融服务。第二，建立财政担保基金制度。政府要转变对农业经营主体的扶持方式，不再对其进行直接财政补贴，而是把这些扶持资金积累起来，设立担保基金，为经营主体的商业贷款提供担保。第三，强化金融政策支持。省政府通过完善农村金融法规条例、创新农村金融服务、加大货币政策和信贷支持力度等措施，强化金融政策支持，切实破解新型农业经营主体资金短缺的问题。

（二）加强人才培养，规范经营管理

河北省对新型农业经营主体的培育应该分成两个方面，一方面是加强对传统农民的再教育。鉴于现阶段的经营者相当一部分是从传统农户转变而来，政府可以通过就地开办培训班聘请专业人员讲授农业知识、传授生产技能等形式，加大新型职业农民的培育力度。另一方面应选取优质的新型农业生产经营者，从源头保证管理者素质。一是由村镇干部产生。相较于普通农民，村镇干部的组织性更强、流动性相对较差，这有助于提升农业生产的综合管理水平和保障生产经营的连续性。二是由大学生产生。招募返乡创业的大学生加入新型农业经营主体的培育队伍，直接提升经营主体管理者的文化水平。三是由具有资本实力的非农人员产生。对具有一定经济实力但是从事非农产业的人员，只要其通过合理合法的途径流转到土地，就应允许其进行相关农业生产活动。

（三）丰富销售模式，增强市场优势

对于河北省新型农业经营产业，应建立以服务家庭农场为核心的现代农业农村体系，以京津冀一体化为依托，打造各地集仓储、物流、航运业于一体的长效合作机制，形成发展合力。依托互联网大数据，融入产品溯源、流程可视、品质可查、精准培育、精准营销等智慧元素，形成品牌优势。采用新型电子商务模式相结合的营销方案，建立经营产地与消费者的直接联系，防止第三方"赚差价"，降低市场交易成本，凭借全产业链优化助力农业经营产业更快更好发展，发挥家庭农场等一批新型经营主体的辐射带动作用。

（四）整合地区资源，扩大生产规模

首先，加大财政资金的扶持力度。河北省政府应加大对新型农业经营主体资金的对口投入，鼓励经营主体扩大原有生产基地、建设新生产基地；同时建立对规模较小的经营主体扶持的基金投入机制，引导分散农户实现集中经营，形成规模效应。其次，坚持创新引领发展。改变传统耕种模式，建立"种子研究所""作物科研所"等研发中心，开发更多高产作物品种。创新耕作方式，推广应用科学先进、高效便捷的耕作技术。最后，着力推进产学研一体化进程，实现科技成果转化，加快推动科技要素融入农业经营主体，创新农业发展的人员结构、资金结构、技术结构，并助推其优化发展，以公共政策为基点，实现新型农业经营主体的"量""质"并举。

（五）加强品牌建设，提升品牌效应

河北省加快推进地区品牌建设工作应贯彻落实以下三点。第一，要以组织领导为核心。省委、省政府应把农业品牌工作置于重要位置，明晰品牌建设目标，制定全方位的详细举措，出台相应的支持政策，同时，各级部门也应充分回应上级目标，组织制定各项举措落实方案，建立健全政策执行机制。第二，要以督导落实为根本。通过分解全省农业品牌建设的具体任务目标，来分配各级部门的任务书、时间表、路线图，主动将农业品牌建设工作纳入党委、政府年度考核任务，加大工作推进力度。第三，要以品牌创建为基点。建立健全现代农业品牌体系，突出绿色、健康、安全等标识，着力打造"三品一标"，推进区域品牌认证和品牌商标创建，集中培育一批知名度、美誉度较高和市场竞争力较强的农业品牌。

（六）完善土地流转，消除不稳定因素

一方面，通过鼓励和引导农村劳动力进城务工，将农村土地闲置出来，积极发展小城镇，为转移农民提供更多就业岗位，引导农村劳动力向第二、第三产业转移。加大进城务工农民医疗、子女教育、养老等方面投入力度，确保他们留得下。适当提高农地流转价格以及增加补贴，积极探寻促进土地流转的新举措。另一方面，必须充分保护农民自身合法权益。土地承包必须以不侵犯农民合法权益为前提，以尊重农民自身意愿为根本，充分保障土地流转的决策权牢牢握在农民手中。同时，政府要扮演好服务者角色，通过各种途径和手段充分宣传有关政策，保证农村土地流转监管到位，完善就业服务制度及政策，加强基础设施建设，依法依规处办土地流转纠纷等问题。传达签订《土地承包权经营流转合同》的重要性，完善土地流转的流程，消除日后可能隐藏的纠纷和隐患。

参考文献

孙运宏：《乡村振兴背景下新型农业经营主体的组织模式与行动逻辑》，《江海学刊》2022 年第 5 期。

李江一、仇童伟、秦范：《新型农业经营主体的非农就业带动效应研究》，《华中农业大学学报》（社会科学版）2022 年第 3 期。

王颜齐、孙瑞遥、班立国：《新型农业经营主体带动小农户与现代农业衔接路径、问题及对策》，《农业经济》2022 年第 1 期。

伍音子：《新型农业经营主体培育：现状、问题与路径创新》，《现代农业研究》2022 年第 2 期。

黄玉蕊：《培育新型农业经营主体助推乡村经济振兴》，《农业科技通讯》2021 年第 9 期。

李洁：《新型农业经营主体的风险生成与规避机制——基于苏皖鄂等地的调查》，《云南行政学院学报》2019 年第 5 期。

谌力铭：《加快培育新型农业经营主体的对策研究》，《江苏商论》2020 年第 5 期。

B.19
推动河北省新型农村集体经济高质量发展的对策建议

张瑞涛　唐雪倩*

摘　要： 党中央高度重视新型农村集体经济的发展，河北省第十次党代会强调，"壮大农村集体经济，集体经济收入10万元以上的村达到80%以上"，河北省农村集体经济发展已取得较为丰硕的成果。通过调研发现，河北省农村集体经济发展仍存在经营收入持续能力不够、新型农村集体经济形式相对单一以及可复制性不强等不足。本报告在结合河北省实情和借鉴省内外新型农村集体经济发展经验的基础上，从挖掘本地特色打造集体经济发展新动力、因地制宜增强新型农村集体经济发展的可持续性和多角度制定新型农村集体经济发展支持政策三个方面提出了推动河北省新型农村集体经济持续健康发展的对策建议。

关键词： 新型农村集体经济　农村治理机制　高质量发展

2021年底基本完成的农村集体产权制度改革为新型农村集体经济发展壮大奠定了坚实基础，也为实现乡村全面振兴和共同富裕提供了内在动力。农村集体经济作为促进农业农村农民发展的重要力量，在发展过程中存在治理机制不健全、农村"三资"利用不充分、落地农村项目

---

* 张瑞涛，博士，河北省社会科学院农村经济研究所助理研究员，主要研究方向为农村经济、农村金融；唐雪倩，卡迪夫大学商学院金融经济硕士，主要研究方向为金融经济、财政金融。

少、部分制度与农村集体经济发展实际契合度不高等问题。党的二十大报告指出："巩固和完善农村基本经营制度，发展新型农村集体经济。"管理好、用好农村地区丰富多样的集体"三资"并发展壮大农村集体经济显得越发紧迫。河北省作为农业大省，地形地貌情况复杂、农村集体资产丰厚、经济发展水平不同，应因地制宜选择发展集体经济模式，精准促进河北省新型农村集体经济实现高质量发展。本报告研判河北省新型农村集体经济发展形势并梳理归纳河北省衡水市武邑县、邢台市临城县和浙江省台州市三门县等地区的新型农村集体经济发展经验，结合河北省实际情况总结经验，为实现中国式新型农村集体经济高质量发展提供河北场景。

一　河北省农村集体经济发展总体情况

党的十八大以来，河北省委、省政府召开的多次会议都提及发展农村集体经济的重要性，各地区在实践中积极主动探索多种适应社会主义市场经济的新型农村集体经济发展形式，为实现中国式现代化提供河北场景。现阶段，河北省农村产权制度已基本建立，农村集体家底已摸清，接下来重点是激发农村要素活力，有效促进新型农村集体经济持续发展，扎实推进乡村全面振兴和实现共同富裕。盘活用好农村要素，以多元化和分类方式壮大集体经济，在多渠道增加农民收入，实现共同富裕的同时，增强农村集体经济发展内生动力，持续巩固脱贫攻坚成果和实现乡村全面振兴。

集体资产总量不断壮大。2020 年 11 月全省共清查资产账面数 1860.8 亿元，核实数 2522.7 亿元，增长 35.57%；清查核实农村集体土地面积 23886.8 万亩。2020 年全省集体资产总额 2838.4 亿元，较 2015 年增加 3.3 倍，是 2017 年的 3 倍①。全省集体经营性资产总额已达到 903.0 亿元，其中

---

① 以 2017 年为清产时点的全国农村集体资产清产核资工作，历经两年于 2018 年底完成，故 2020 年资产负债相关数据与 2017 年数据进行对比。

农村集体经营性资产 893.5 亿元。

农村集体经济组织收入呈增长态势。2015～2020 年农村集体经济组织总收入呈现波动性增长趋势，2020 年农村集体经济组织总收入达到 213.2 亿元，年均增长 4.22%。全省农村集体经济组织平均收入 43.5 万元。无经营收益的村由 2015 年的 22506 个下降到 2020 年的 9518 个，降幅为 57.7%。2020 年经营收益 100 万元以上的村为 825 个，占总村数的比重为 1.88%；经营收益 10 万～50 万元的村有 5192 个，占比为 11.8%（见表 1）。

表 1 2015～2020 年河北省农村集体经济组织收益情况

单位：亿元，个

年份	总收入	经营收益 10 万~50 万元的村	经营收益 50 万~100 万元的村	经营收益 100 万元以上的村
2015	173.4	3792	1031	565
2016	181.4	3679	975	555
2017	194.5	4413	980	624
2018	191.6	4687	1057	680
2019	206.6	4327	917	668
2020	213.2	5192	935	825

资料来源：2015～2020 年《中国农村经营管理统计年报》（2019 年开始改为《中国农村政策与改革统计年报》）。

农村集体经济组织收入结构更加合理。2015～2020 年除经营收入外，发包及上交收入、投资收入和补助收入整体呈现明显的上升态势。2020 年经营收入 48.8 亿元，较 2015 年下降 14.2%。2020 年农村集体经济组织发包及上交收入、投资收入和补助收入共 89.1 亿元，占总收入的比重为 38.54%（见表 2）。河北省各级政府制定一系列相关政策文件，财政支持力度逐渐加大，多途径激活集体经营性资产，创新探索资产投资运作模式。2020 年比 2015 年发包及上交收入增长 0.11 倍、投资收入增长 0.56 倍、补助收入增长 0.57 倍，经营收入却下降 14.2%。

表 2 2015～2020 年河北省农村集体经济组织收益构成

单位：亿元

年份	经营收入	发包及上交收入	投资收入	补助收入
2015	56.9	38.6	1.8	27.5
2016	58.8	37.0	1.9	29.7
2017	56.0	40.6	2.3	31.7
2018	55.5	36.5	2.2	33.2
2019	46.8	41.7	2.7	42.4
2020	48.8	43.0	2.8	43.3

资料来源：2015～2020 年《中国农村经营管理统计年报》（2019 年开始改为《中国农村政策与改革统计年报》）。

农村集体经济组织收支状况保持良好。2015～2020 年，全省农村集体经济组织总收入均高于总支出，农村集体经济组织收支总体保持盈余，农村集体经济组织盈余呈现高位震荡波动。2015 年全省农村集体经济组织年底盈余为 47.7 亿元，2020 年农村集体经济组织年底盈余略有下降，但仍高于 2019 年的盈余，为 45.1 亿元（见表 3）。2020 年全省总负债 952.7 亿元，资产负债率 33.57%，比 2017 年下降 0.8 个百分点①，低于全国平均水平 39.7%。

表 3 2015～2020 年河北省农村集体经济组织盈余

单位：亿元

年份	2015	2016	2017	2018	2019	2020
盈余	47.7	50.1	57.4	55.5	43.3	45.1

资料来源：2015～2020 年《中国农村经营管理统计年报》（2019 年开始改为《中国农村政策与改革统计年报》）。

农村集体经济组织职能更加凸显。农村集体产权制度改革激活农村集体经济组织原有职能，逐渐厘清农村三大基层组织职能边界。2020 年全省农村集体经济组织自身承担了 27 亿元（不包含财政预算）的公益性基础设施

① 以 2017 年为清产时点的全国农村集体资产清产核资工作，历经两年于 2018 年底完成，故 2020 年资产负债相关数据与 2017 年数据进行对比。

（道路、水利、电力等）建设支出，承担了 2.3 亿元的公共服务（公共卫生、教育、计划生育等和应对突发公共事件等）费用，承担了 5.9% 的村组织正常运转费用。农村人均分红和福利分配 109.7 元，在一定程度上推动河北省农村产业和农村公共事业发展，拓宽农民增收渠道，带动农民增收，保障村集体日常稳定运转。

二 河北省新型农村集体经济发展主要措施

提高农村基层组织能力，明确集体经济发展方向。基层党组织是发展壮大农村集体经济的重要组织。一是优选配强基层干部队伍。深入实施农村"领头羊"工程，持续开展基层干部"万人示范培训"，把乡贤、大学生村官、退役军人等作为"新鲜血液"注入农村基层干部队伍，塑造一支政治坚定、热爱农业、结构合理、善于管理、素质优良、担当作为的村党组织带头人队伍。二是提升干部带头致富本领。河北省长期多次组织开展针对村干部的多项专题培训。截至 2022 年，河北省已累计举办省级培训班 800 余期，直接培训 13.5 万人。① 培训工程实施以来，农村基层组织干部能力得到显著提升、农村党组织凝聚力明显增强，极大地提升村干部当好"领头雁""带头人"的本领。

深化产权制度改革，增强农村集体经济发展内生动力。河北省先后制发了《整省推进农村集体产权制度改革的指导意见》等一系列文件，着力在"清资产、定成员、折股份、建组织"上下功夫。一是清资产。完成清产核资后，各地区基于集体资源性、经营性、非经营性资产分类建立管理台账。健全完善村党组织书记经济责任审计、村级小微权力清单制度，全面实行村级重大事项"四议两公开"制度。二是定成员。各村坚持"依法定条件、民主定成员、酌情定身份"原则，结合各自特点制定本集体经济组织成员

---

① 《河北省"万人示范培训"工作已培训 13.5 万人次》，河北新闻网，2022 年 8 月 17 日，http：//hebei. hebnews. cn/2022-08/17/content_ 8853733. htm。

身份确认的具体标准，精准识别确认成员身份，将成员身份确认纳入村务公开范围；对于特殊群体，各村采取开证明信、发确认函等方式进行民主协商确认，避免"两头占"或"两头空"。截至2020年，全省共确认5683.1万名集体经济组织成员。三是折股份。综合考虑承包地面积、劳动积累贡献、脱贫攻坚、计划生育等多重因素，将896.1亿元集体经营性资产全部量化，因村而异增设土地股、村龄股、劳龄股、贡献股、美丽股、扶贫股等多种配股方式。2020年，全省农村集体分红2.4亿元，累计分红41.1亿元。四是建组织。农业部门或工商部门对集体经济组织进行登记赋码并赋予其管理集体资产、发展集体经济和服务集体成员的职能，采用民主程序选举产生集体经济组织成员代表大会、理事会、监事会"三会"，建立健全民主决策、民主管理运行机制。全面推行农业农村部暂时制定的农村集体经济组织制式章程，从制度上规范农村集体经济组织运行范式。

激活农村集体资产，筑牢集体经济基石。一是全面摸清农村集体家底。全省共清查资产账面数1860.8亿元，核实数2522.7亿元，增长35.57%；清查核实农村集体土地总面积23886.8万亩。丰厚的农村集体家底为壮大发展农村集体经济提供了坚实的基础。二是积极开发利用多类型农村集体资产。各地先后将各类资源进行了全面核实、价值评估、明晰产权，并探索多种激活农村集体资产的方式，提高农民财产性收入。

提升乡村治理水平，增强农村基层组织治理能力。河北省共建立49034个新型农村集体经济组织，同时采用现代企业法人治理结构，成立由集体成员选举形成的成员代表大会、理事会和监事会，形成以党组织为中心、集体经济组织和村民自治组织三者共同发挥作用的乡村治理新结构。村民变为股东后的"主人翁"意识和集体观念明显增强。通过阳光化、制度化、规范化管理集体资产，有效弥补了监督不到位、集体资产浪费、收益分配不公平、基层治理"微腐败"等阻碍农村集体经济发展的不足，有效保护了农村集体经济组织成员的合法成员权，促进了农村集体经济发展和农村社会和谐稳定。

发展特色产业，提升集体经济可持续发展能力。一是做优做强传统特色农业产业。河北省将重点打造包括优质强筋小麦、优质谷子、精品蔬菜等12个特色优势产业集群。① 河北省石家庄市藁城区贾市庄镇马邱村（梨文化）、张家口市万全区高庙堡乡於家梁村（肉羊）等20个村镇入选第十一批全国"一村一品"示范村镇名单，唐山市乐亭县中堡镇等9个乡镇入选2021年全国乡村特色产业十亿元镇名单，唐山市遵化市西留村乡朱山庄村等12个村入选2021年全国乡村特色产业亿元村名单。② 二是创新发展农业新业态。将农村集体经济与传统文化、休闲农业、智慧农业、农村电商等新兴产业相融合，拓宽农村增收渠道。三是三产融合发展。拓展农业多种功能，重点向农产品精深加工、创意农业、农业社会化服务等农村集体经济组织可直接参与的产业链条延伸，促进三产融合发展，形成产业链、价值链和利益链"三链同构"良性循环，增强农村集体经济组织、新型农业经营主体和农民参与分享产业链增值收益的积极性。

三 新型农村集体经济发展典型经验

近年来，全国各地区抓住乡村振兴和农业农村现代化新机遇，挖掘自身资源优势和当地发展特点，积极探索新型农村集体经济发展形式，推动农村集体经济实现由弱到强加速壮大、由单一"输血"向多元"造血"的转变。

（一）武邑县土地托管"两自五统"模式

武邑县为发展壮大集体经济，助力农民增收，创新探索出"政府引导+国企带动+村级组织+农户参与+保险托底"的农村土地托管"两自五统"模式，即自主以技播种、以需灌溉，中化MAP统一提供良种、统一农资供

---

① 《我省重点打造"12群、百园、百品"构建农业发展新格局》，河北政府网，2021年2月6日，http：//www.hebei.gov.cn/hebei/14462058/14471802/14471750/14996877/。
② 《农业农村部关于公布第十一批全国"一村一品"示范村镇及2021年全国特色产业十亿元镇亿元村名单的通知》，农业农村部网站，2022年1月4日，http：//www.moa.gov.cn/nybgb/2021/202112/202201/t20220104_6386263.htm。

应、统一田间管理、统一收割服务、统一粮食回收。该模式实现了一托多赢。

发挥村集体"统"的功能，落实"两自"责任。村集体经济合作社与中化现代农业签订托管服务合同，并及时组织农户参与做好自主播种、自主灌溉。

组织农户参与，拓宽增收渠道。农户将土地的经营权和使用权托管到村集体经济合作社后，通过土地托管保障种地收益，有劳动能力的也可以到合作社打工，参与播种、灌溉等工作。以小麦玉米轮作全程托管服务为例，农户每亩地两季交纳托管服务费970元，玉米为385元（托管费285元、保险费10元、播种费20元、浇地费用70元），小麦为585元（托管费290元、保险费10元、管理费用285元）。每亩地单季保底产值收入1000元，产值超出1000元的部分，由农户和村集体经济合作社分成。中化武邑服务中心与龙店镇北张庄村股份经济合作社提供农业托管服务，2021年夏粮面积525亩，售价1.27元/斤，比同期市场价高0.02元/斤，总收入73.5万元，平均亩收益1400元（每亩增收200元，增幅14.2%），村集体平均收益370元/亩，总收益19.4万元。有劳动能力的农户通过打工的方式参与土地托管或开展第二职业增加收入。

借助国企带动作用，做优"五统一服务"。中化MAP为全县土地托管提供优质的"五统一"服务，即统一提供良种、农资供应、田间管理、收割服务、粮食回收。

强化保险托底功能，保障农民利益。与武邑县人民财产保险公司合作，研发"农业生产产值险"新险种。每亩玉米、小麦保底产值收入分别1000元，由中化现代农业、财产保险公司、农户三方投保，产值保险合同由中化现代农业、财产保险公司、村集体经济合作社、农业农村局、乡镇政府五方签订，保障农民利益。

截至2022年10月，"两自五统"托管模式已发展到23个村，托管面积达21000多亩，实现了每亩农业综合效益增加200多元，平均每个农村集体经济组织收入每年增加3万~5万元，23个托管农村集体经济组织累积达120余万元。

（二）武邑县闲置宅基地"三园一伏"模式

2020 年，武邑县被河北省农业农村厅确定为"农村宅基地规范管理和闲置宅基地闲置农房盘活利用"省级试点，结合人居环境整治，清理残垣断壁，以改善农村人居环境、建设美丽宜居乡村、盘活利用农村闲置资源为目的，因地制宜，在全县范围内提倡"三园一伏"建设，即建设小果园、小菜园、小游园、光伏电站。

大力推广紫塔乡靳紫塔村"三园一伏"模式，靳紫塔村结合人居环境整治，清除残垣断壁 32 处，平整土地 28 亩，种植核桃、李子、柿子、冬青等果树和绿化树木，建成小果园、小游园。村集体充分用活宅基地使用权，利用闲置宅基地与清理出的土地，由村集体以宅基地所有权入股并负责前期投入、由原住户以宅基地资格权入股、由管理者负责日常管理，收益模式为宅基地原住户、村集体、管理者各分得 1/3 的三方共赢模式。村集体巧用清理出的宅基地建设光伏电站，形成农户享有宅基地租金和村集体享有光伏收益的双方共赢局面。

截至 2022 年 5 月，全县共拆除、平整残垣断壁 6000 余处，建设"三园" 3000 余处。2022 年全县共整合扶贫资金 1560 万元，扶持 76 个村集体建设 50 千瓦光伏电站，村均年收入 3 万元左右。

（三）临城"微车间"谱写乡村振兴大文章

"微车间"一般是由县投资建设，或利用村集体闲置资源、农户闲置房屋改建而成的一种助力农村实现乡村振兴的形式。对于农村地区来说，"微车间"就业门槛低、工作灵活自由，可通过送岗上门、就近就业的方式为当地脱贫劳动力及留守妇女、老人提供切合实际的就业渠道，实现"务农、顾家、挣钱"三不误。对于企业来说，企业"拎包入驻"，既节省工期又使企业资产轻量化，大大降低了投资压力和企业投入成本，提升了抗风险能力和产品竞争力。每个"微车间"培养一名管理人员负责日常培训和管理，缩减了企业管理和培训成本。"微车间"通过"公司+基地+农户"的方式，与基地、村集体、农户建立更加稳定的利益联结机制，形成群众就业致富、集体经济增收、企业做大做强，互利共赢、多方共赢的良性循环发展局面。

经过多方考察，临城县西竖镇立足自身交通便利、劳动力富余的优势，选定河北百泉丽人科技有限公司作为战略合作伙伴。该公司自主研发基地在杭州，主要研发妇婴蚊帐等用品，是集研发、生产、销售于一体的创新性公司，研发产品直接交由西竖镇"微车间"加工制作，产品订单持续不断，可保障就业群众常年有活干、全年有收入。2021年11月2日，西竖镇产业振兴"微车间"培育基地在东营等村揭牌落成。该基地通过河北百泉丽人科技有限公司以工代训、岗前培训等方式，提高务工人员的技能水平，形成企业与群众共同发展的良性循环，让群众变身为"上班族"。另外，西竖镇积极引导村集体以资源、资产、资金"三资"入股"微车间"，将引导村集体或农户通过投入资金、设备等方式，增加一笔长期固定收益。

截至2022年已建成"微车间"54个，"微车间"加工产品涉及毛绒玩具、服装、妇婴蚊帐、婴儿头枕、帽子等多个品类，发展势头良好。按照与河北百泉丽人科技有限公司协议测算，假如1名工人一天收入100元，公司给村集体支付30元，假如一个"微车间"有30名工人，每月工作30天，一个月就将为村集体增收27000元，一年将增收30余万元。"微车间"全部建成后可提供就业岗位1500个，带动脱贫户、监测户112户，有效推动农村脱贫户和富余劳动力增收致富，人均年增收2万余元，也将成为推动农村集体经济发展的重要源头活水。

（四）三门县基金运作模式

基金运作模式是指由中央、地方等各级财政扶持资金及村集体自筹资金组成的，用于发展农村集体经济的基金池。政府部门成立的国资公司负责运作该部分资金，在扶持范围内国资公司将营利收入返还给经济薄弱村，是助力经济薄弱村发展壮大的一种形式。

浙江省台州市三门县缺乏资源、村集体家底薄，发展村级集体经济以跨地区建造或购置物业为主。为促进经济薄弱村壮大集体经济，三门县探索推行基金运作模式，确保每个村集体持续获得稳定收入。三门县农村综合改革领导小组主要负责资金管理，其中基金池由中央和省级财政补助资金、县级配套资金、村集体自筹资金三部分构成，重点用于扶持由相关部门认定的经济薄弱村。对于暂无发展项目的农村，经相关部门认定为资助对象的村集体纳入村级集体经济有限公司股东，基金暂存该公司，公司再将基金委托放贷给三门县国投公司，国投公司按比例给付股东红利，使资助对象获得持续稳定的收益；已列入基金式扶持范围的农村，后期发展过程中出现较为成熟项目的，经有关部门审核同意，退回其投资款，退回资金用于专项项目建设发展。

基金运作模式适用于资源要素匮乏、无区位优势的农村地区。三门县基金运作模式设立以来，共获得1100余万元利息收入，其中1025万元用于扶持村分红，帮助38个村级集体经济实现"消零"，扶持范围内的村集体每年有不少于5万元的稳定收入。

四　河北省新型农村集体经济高质量发展的对策建议

河北省新型农村集体经济已取得长足发展，村集体综合实力明显提升，但仍存在村集体经营收入持续能力不够、新型农村集体经济形式相对单一以及可复制性不强、城乡要素流动不畅通等不足。

（一）挖掘本地特色、尊重地方特点，利用当地乡村差异化资源打造集体经济发展新动力

积极打造有辨识度的特色化乡村产业。深入挖掘各地农村资源禀赋，探索培育具有河北特色、燕赵风格的乡村特色产业，并引导农业产业链更多留在农村。重点推动农村地区已有产业的转型升级，接续提升农村产业优质化、绿色化和品牌化。按照"引导一产往后延、二产两头连、三产走高端"的发展思路，在经济发展较好的农村地区，探索推动传统农业向前后端延伸、向上下游拓展，构建从原材料到制成品、从农民到消费者的供应链体

系。探索农产品初、深加工和综合利用加工，鼓励农村集体经济组织建设合适的乡村加工车间，农户建设家庭工场、手工作坊，实现农产品多元化开发、多层次利用、多环节增值。依托特色产业培育优质企业，带动优势产业发展，实现乡村资源的转化增值。引导农村集体经济组织与社会企业合作，延长特色产业链，提升产业价值。

聚力创建抱团发展新集群。依托地理位置优势，保定、廊坊、张家口、承德等环京津地区，打造环京津 1 小时高端农产品供应圈和农业休闲空间，发展高效现代都市农业经济、休闲经济等高端经济业态。借鉴陕西高陵区"共享村落"模式，盘活廊坊市紧邻京津农村地区的闲置房屋资源，吸引京津青年创新创业，打造科创新高地。各市郊区、交通便利的农村地区盘活闲置资源吸引城市各类人才创业、居住，打造创业孵化基地、健康养老新中心。针对位置相对偏远和资源匮乏的农村地区，借鉴"抱团发展"模式，打破村域限制，整合生产要素集中发展杂粮、中药材等产业，创建区域公用品牌，助推区域优势产业高质量发展。依托现代农业示范园区、乡村振兴示范区，以特色优势农产品为主导，连点成线、连线成片、连片成群，推动特色产业形态由"小特产"升级为"大集群"。

拓展农业功能，发展"乡村文化+"融合经济。针对具有特色乡村文化的、经济发展较好的农村地区，鼓励创建一批农业功能拓展先导区，积极培育发展乡村景观设计、绿色生态循环农业、乡村文化挖掘等新业态，激发农村产业内生发展新动力。生态环境优美、位置较远的农村地区探索为游客提供与非遗相关的观光、体验、度假、健身等服务，挖掘文化产业，促进农村集体经济持续发展。聚焦技艺传承、形式创新、现代样式，寻找非遗项目与市场经济新结合点，激发农村地区草编、剪纸、年画、内画、石雕等非遗新活力，挖掘农村集体经济发展新增长点。

（二）因地制宜、创新农村治理机制，增强新型农村集体经济发展的可持续性和竞争力

各地区创新乡村治理模式，提升新型农村集体经济可持续发展能力。结

合河北省农村集体经济发展存在的具体问题，因地制宜地探索乡村治理模式。整合开发传统特色资源，构建区域性经济优势，打造富有特色的优势产品。借鉴先进经验并内化为自身特色构建乡村治理架构，促进新型农村集体经济长足发展。如日本的造村运动治理模式、韩国的自主协同模式、荷兰的农地整理精简集约治理模式等。

厘清农村集体经济组织与村民委员会的职能边界，减轻农村集体经济组织的管理负担。集体经济发展水平较高的农村推行村民委员会与农村集体经济组织政经分开，鼓励灵活运用其特别法人资格，更好地发挥农村集体经济组织在管理、开发、运营集体"三资"和服务集体成员方面的功能。

（三）以追求实用性、适用性和创新性为目标，分类型、多角度制定新型农村集体经济发展支持政策

制定落实集体经济发展支持政策。河北省农村地区地形地貌情况复杂，集体经济发展水平存在差异。借鉴江苏省制定的《关于发展壮大新型农村集体经济　促进农民共同富裕的实施意见》、湖南省制定的《关于进一步加快发展壮大农村集体经济的意见》和安徽省芜湖市印发的《推动新型农村集体经济高质量发展具体举措》等省制定的支持政策，结合坝上高原、燕山和太行山、河北平原实际情况，着重分类从培养壮大集体经济组织、创新探索集体经济发展路径、涉农项目扶持方式、财税金融服务等方面加快制定河北省《关于进一步推动新型农村集体经济高质量发展》的实施意见，助力河北省农民农村实现共同富裕。

建立健全集体经济发展配套支持政策。一是应从人才、财政、金融支持和用地等方面，健全完善配套支持政策，为河北省农村集体经济发展打造良好的制度环境。二是应抓住疏解北京非首都功能机遇，补充完善落户河北省尤其是雄安新区的央企、京部委高校和医院等方案政策体系，密切配合这一行动的同时，吸引和加强落户单位与河北省的合作。

建立健全集体经济发展资金配套扶持政策。瞄准资金短缺的突出问题，发挥财政资金的引导和杠杆作用，带动更多的金融资金和社会资本投入农村

集体经济发展重点领域和薄弱环节。统筹安排省财政补助资金，整合性质相同、用途相近的财政资金，构建"资金池"，重点扶持和集中打造一批辐射带动能力强的集体经济示范村。优化金融服务，鼓励银行机构研发推动农村集体经济发展的金融服务产品。借鉴涞水县南峪村引入专业化市场经营者的成功经验，鼓励引导社会资本通过委托经营、联合经营等方式参与新型农村集体经济发展。构建经营灵活、管理有效、运行稳健的集体资产、社会资本联合营运机制，调动农村集体经济组织、龙头企业和社会团体等参与农村集体经济发展的积极性，提高集体资产保值增值能力。

参考文献

于文军：《河北推进乡村人才振兴的举措与难点》，《农村经营管理》2020 年第 9 期。

张红宇、胡振通、胡凌啸：《农村改革的第二次飞跃——将农村集体产权制度改革引向深入》，《农村工作通讯》2020 年第 9 期。

蒋晓平等：《增强集体经济活力 发展新型集体经济》，《江苏农村经济》2020 年第 4 期。

《浙江村级集体经济发展 10 种模式》，《农村财务会计》2020 年第 9 期。

罗维：《提升我国农村基层党组织建设科学化的对策研究》，硕士学位论文，湖南师范大学，2013。

沈费伟、刘祖云：《发达国家乡村治理的典型模式与经验借鉴》，《农业经济问题》2016 年第 9 期。

赵阳：《深入推进农村集体产权制度改革的若干问题》，《农村经营管理》2020 年第 4 期。

刘琨、刘学敏：《产业精准扶贫面临的困境和对策》，《中国发展观察》2019 年第 23 期。

B.20
河北省美丽乡村培育壮大
旅游新业态研究

耿卫新　韩彦慧*

摘　要： 乡村旅游新业态是乡村旅游产业链条上的重要一环，是根据市场
　　　　发展趋势的变化，依托乡村旅游资源，为乡村旅游者提供能够满
　　　　足其审美要求和心理需求的新型产品与服务的一种新型经营形
　　　　态。本报告以河北省乡村旅游业为研究对象，深入探究其发展态
　　　　势和发展过程中形成的新业态。研究结果显示，河北省乡村旅游
　　　　业呈现发展迅速、由观光游向休闲游转变及多产业融合的态势，
　　　　并在发展过程中逐渐形成了农业生态型、文旅融合型、体旅融合
　　　　型、红色旅游型及乡村度假型等多种类型的新业态，但也不可避
　　　　免地存在效益低、发展乏力等问题。据此研究结果，本报告提出
　　　　加强对乡村旅游新业态的政策支持、夯实乡村旅游新业态发展基础、
　　　　推进乡村旅游创新型人才建设、构建乡村旅游新业态差异化产品体
　　　　系等建议，以期达到推动河北省乡村旅游新业态加快发展的目的。

关键词： 美丽乡村　乡村旅游　旅游新业态

　　"绿水青山就是金山银山"，乡村有着得天独厚的地理优势，自然风光
优美，历史文化底蕴深厚，整合当地的自然资源，发展乡村旅游业成了各地

---

* 耿卫新，河北省社会科学院农村经济研究所副研究员，主要研究方向为农业经济；韩彦慧，
河北大学硕士研究生，主要研究方向为人口、资源与环境经济学。

美丽乡村建设的共识。发展乡村旅游业，不仅可以拓展农民的收入渠道，提高农民的生活品质，而且可以推动城乡融合发展，促进农业产业的升级换代。当前，全国各地采用不同的开发模式大力发展乡村旅游业，掀起了开发乡村旅游资源的热潮，并在实践中形成了多种乡村旅游新业态。本报告以河北省为例，深入探究如何在建设美丽乡村的背景下，深层次开发乡村旅游产品，实现乡村旅游业态创新并保持持久竞争力，建设宜游宜居的美丽乡村。

一 乡村旅游新业态概念界定

旅游业具体指依靠旅游资源和设施招徕及接待游客，并为其提供食、住、行、游、购、娱的综合性产业。随着旅游业的发展及分工逐渐细化，传统意义上的"产业"及"行业"两个概念难以对其发展程度和状况进行精确的描述，因此，有学者将"业态"这个术语引进旅游领域。"业态"最早出现于描述日本零售业的商业研究中，反映了经营者在特定的目标市场中的销售意图和决定的经营形式。参照此含义，旅游业态指旅游企业和相关部门，在分析旅游市场的发展趋势和状态、发掘旅游者多元化需求的基础上，设计组织结构、经营方式及盈利模式以提供特色旅游产品及服务的各种业态的总和。

产业的发展是逐步实现产品优化及转型升级的动态过程，旅游业亦是如此。在激烈的市场竞争中，为了提高旅游产品的竞争力及影响力，旅游企业及相关部门依据消费者的多元需求，在产品形态及经营方式中融入新的发展思路，突破传统业态的单一观光模式，打造新的业态，即旅游新业态。旅游新业态的"新"主要体现在以下四个方面：第一为创新，指对资源要素进行重组从而推出新的产品和服务，根据不同的需求开辟新的市场，如推出自由采摘、风景写生等活动，或依据区域性的生态特色，推出特色旅游活动；第二为革新，指在原有业态的基础上挖掘特色之处，进一步细化服务，如将传统的观光游进一步深化为乡村游、休闲游及亲子游等；第三为更新，即在已有经营模式的基础上引入新技术或新功能，实现由旧至新的转变，如原有模式中的住宿酒店可进一步更新为特色民宿或主题酒店等；第四为融合，指将多种功能整合到一起形成新的业态，实现从单一至多样的发展，如将旅游业同互联网行业相融合，形成旅游电子商务行业。综上，旅游新业态是社会经济不断发展的产物，部分旅游新业态已实现完全创新，部分仍处于新旧交替的过程中。

乡村旅游新业态指乡村旅游的新型发展业态，即在原有乡村旅游的基础上，根据人们的消费需求及市场发展的转变进行创新，依托于乡村旅游资源和环境，将各种要素重组后为乡村旅游者提供能够满足其审美要求和心理需要的新型产品和服务。随着乡村振兴战略的推进，乡村旅游"同质化"的问题逐步被解决，现代乡村旅游的内涵与形式也日趋多元化。全国各地依托于当地的生态环境及文化特色发展乡村旅游新业态，推出了旅游农庄、特色集市和采摘等多种乡村旅游新业态，因地制宜地优化并发展乡村旅游。

二 新形势下乡村旅游新业态面临的机遇和挑战

当前，经济、政治及技术的发展为乡村旅游业的发展提供了利好环境，为新业态的产生提供了机遇。

（一）经济发展新常态

从宏观上来看，我国的经济发展已经从高速转向中高速，经济发展方式从规模快速转向以质量效益为主的集约型，社会主要矛盾转化为人民日益增长的美好生活需求与不平衡不充分发展之间的矛盾。面对经济新形势，我国经过摸索并总结形成了适用于新常态的战略及政策框架。在未来发展中，传统行业与新兴行业加速融合将是大势所趋，个性化的消费将逐步成为主流，同时在后工业化时代，现代服务业逐渐占据主导地位，网络技术的迅猛发展为第三产业的发展提供了技术支撑，为乡村旅游业的发展创造了良好的环境。从发展阶段来看，我国已全面建成小康社会，开启了建设社会主义现代化强国的新征程，发展现代化的农村和农业至关重要，需要发达的非农业产业体系为其提供支撑，而乡村旅游业就是发展非农业产业的重要环节，城乡融合和乡村振兴战略的实施必然会为乡村旅游业的发展提供新的机遇。

（二）政策新形势

2009 年发布的《国务院关于加快发展旅游业的意见》明确指出，要将旅游业发展成为让广大群众满意的现代服务业及国民经济的重要支柱产业；党的十八大报告提出建设"美丽中国"的目标，而"美丽乡村"建设是其中的关键环节；党的十九大报告指出，农业、农村和农民问题是关系国计民生的根本性问题，必须把三农问题放在突出位置，实行乡村振兴战略；党的二十大会议再次强调，在新时代应继续全面推进乡村振兴建设，统筹乡村基础设施和公共服务布局，建设宜居宜业和美乡村。根据党中央提出的乡村振兴战略目标，到 2035 年基本实现农业农村现代化，到 2050 年实现农业强、农村美和农民富的发展目标，同时乡村振兴战略规划中明确指出，乡村旅游是乡村振兴的重要组成部分，发展乡村旅游有助于农村经济的发展和我国特色旅游业类型的丰富。一系列政策的颁布反映出我国建设美丽乡村并培育壮大乡村旅游业的决心，为推动乡村旅游新业态发展提供了政策动力。

（三）科技水平进步

技术的飞速发展为旅游新业态的产生提供了支撑，为其发展奠定了基础。新一代信息技术带动多个领域发生了技术革命，促进了现有经营模式的改变及新兴商业模式的诞生。2015 年李克强总理在《政府工作报告》中首次提出了"互联网+"的概念，推动了云计算、物联网、大数据等新技术与传统行业的融合，旅游电子商务及智慧旅游应运而生。2017 年发布的《中共中央　国务院关于深入推进农业供给侧结构性改革加快培育农业农村发展新动能的若干意见》重点强调，推进农村地区的电商发展，支持乡村休闲游及其与第一、第二产业的融合，创建宜居宜业的特色乡镇。

三　河北省乡村旅游新业态的现状

随着乡村振兴战略进一步推进，各地都在按照产业兴旺、生态宜居、乡风文明、治理有效、生活富裕的总要求逐步推进美丽乡村建设，深入挖掘农业农村资源。在此背景下，全国各地的乡村旅游业得到了极大的发展。河北省乡村旅游最早源于 20 世纪 80 年代兴起的农家乐，并逐渐形成了多种旅游业态。近年来，河北省乡村旅游新业态发展迅猛，截至 2021 年底，河北省共有 2100 多个村开展乡村旅游，共有 9000 余个精品农家乐，55 个乡村旅游重点村镇，243 个省级乡村旅游重点村镇。2021 年，河北省乡村旅游总收入达到 323.5 亿元，旅游接待总人数达 1.15 亿人次，实现由"点状"向"片区化"的转变。基于河北省乡村旅游业的发展基础及趋势，本报告将其划分为以下几种类型。

（一）农业生态型

该类型的乡村旅游业开发依托于特色的生态环境，因地制宜地挖掘乡村生态、产业及人文等特色资源。从地理位置看，河北省地处华北平原，东临渤海，西靠太行山，北依燕山，气候宜人，同时京津冀地域相接，区域合作便捷，有利于旅游业的联动发展。依赖于乡村的宜人气候和原生态的自然环境，河北省坚持以农为本、以乡为魂的基本原则，大力发展乡村旅游业，同时依托于特有的乡村风情和乡村文化，开发了山庄避暑、休闲度假及景区带村等多种旅游产品。例如，保定市易县安格庄村依托于太行水镇和易水湖景区，实现了乡村建设和旅游业的深度融合，在进行山区开发、打造宜居环境的同时，实现了脱贫致富。又如，关注到近几年自驾游的蓬勃发展，河北省张家口和承德两市依托于张承坝上地区独特的森林草原景观，打造了"国家一号风景大道"和"草原天路"，实现了草原文明与农耕文明的交流碰撞，以自驾观光的方式为基础打造草原旅游带。同时规划在燕山—太行山一带、环京津和沿海地区打造自驾车及房车营地，为自驾游的游客提供必需的露营产品及相关的安全服务设施，同时带动自驾车、房车租赁产业的发展，实现多产业的联动发展。

（二）文旅融合型

对于本身具有传统文化底蕴的村落，传统的单一村落静态化保护模式已无法满足现代农村居民的生活需求，"空心化"现象使村庄丧失了原有的生机，传统的村落旅游模式也暴露出较多问题，急需发展传统村落旅游新业态。对此，河北省在乡村旅游开发的过程中，遵循保护民居建筑、民间艺术和民俗风情的原则，深挖原生文化，开发传统技艺体验、特色民宿和专题博物馆等产品，通过展示弘扬和体验传承的方式实现资源的最大化利用。以邯郸市永年区为例，该地区充分发挥"太极之乡"这一品牌优势，打造"太极+旅游"的发展模式，开展了一系列特色活动，如太极拳文化研学游、康养游等，推动非物质文化遗产与旅游业深度融合，为乡村旅游业的发展注入特色文化内涵。

（三）体旅融合型

体育和旅游业相结合，日益成为人们关注的、健康且充满活力的旅游新业态。河北省依赖于各类体育赛事的举办，开发体验型体育项目，走出了独具特色的体旅融合之路。2022年冬奥会的成功举办为河北省张家口市的旅游业提供了发展的契机，显著带动了该地区旅游业的发展。河北省抓住此机遇，着力打造以崇礼为核心、以张家口和承德为依托的冰雪旅游区，并对冰雪运动、娱乐和滑雪教学等基地的基础设施进行全方位改造升级，为后续旅游业的发展奠定了坚实基础，以往冬季常为旅游的淡季，冰雪运动的举办让冬季旅游再次活跃起来。除冰雪运动外，河北省依托山地和水体资源，大力开展登山、骑行、漂流和马拉松等活动，促进体育旅游全面发展。

（四）红色旅游型

红色旅游型具体指，把中国共产党领导人民在革命或战争时期建立丰功伟绩的所在地或者标志物作为载体，以其所承载的革命精神和历史事迹为内涵发展红色旅游，充分发挥爱国主义教育和革命传统教育。河北省以西柏坡、白洋淀、李大钊纪念馆等经典红色景区为核心，打造红色旅游的特色旅游区域，并积极创建全国研学旅游示范基地，推动乡村游与红色旅游、研学游融合发展，充分发挥红色旅游的综合带动功能，让游客在旅游的同时了解到当地的历史文化。

（五）乡村度假型

乡村度假型旨在加强景村共建，实现"游在景区、住在乡村"的发展目标，将已有的旅游资源与美丽乡村建设相结合，打造出符合现代人消费理念的休息场所。该种类型主要依托于乡村闲置的农宅和耕地等资源，开发乡村旅游产品，使之成为城市居民休闲娱乐的第二个场所。河北省以休闲度假为发展目标，突出草原、冰雪和温泉等具有优势的自然资源，针对康养游、研学游等不同目标群体，围绕避暑、养生和养老等主题开发多元化的度假旅游产品，并为游客提供观光娱乐、自由采摘、摄影写生等互动体验旅游产品，将其与农业有机结合，在提升产品附加值的基础上，延长产业链条。例如，涞水县南峪村以合作社名义流转村内特殊群体闲置的老旧民宅发展高端名宿，打造了以"麻麻花的山坡"为品牌的乡村旅游新模式。2018 年，这种新模式带动一般农户每人分红收入 1000 元，带动特殊群体每人增收 2000 元。

四　河北省乡村旅游新业态的发展态势

河北省乡村旅游业态不断实现突破与创新，针对消费群体的不同需求提供个性化服务，实现多元化发展，乡村民宿、休闲农场、乡村博物馆等各种乡村旅游新业态不断涌现。总体来说，河北省乡村旅游业在发展过程中呈现如下态势。

（一）乡村新型旅游业态层出不穷

随着人民消费需求趋向多元化，单一的乡村观光游模式被打破，为满足各类消费者的需求，乡村新型旅游业态层出不穷。在乡村旅游发展过程中，提供主题化、专业化和个性化的服务已是必然趋势，如以养生为主题的康养游、以互动为主的创意体验游和感受当地文化的红色旅游等。乡村旅游市场在发展中不断细分，并且依托于现代互联网技术迅速发展，传统村落由提供乡土体验、农业观光转向发展文化创意，并逐步扩大旅游商圈。对当地的村民来说，旅游业态的转变促使其利用农业产业化发展生态农庄，由从事单一的农业生产活动转向从事旅游服务相关的行业，进而丰富了收入结构并提高了收入水平。

（二）个性化近郊乡村休闲游受到青睐

乡村旅游市场发展空间广阔，都市人长期处于快节奏的城市生活中，闲暇之余享受自然风光成为一种时尚，而具有耗时短、价格低等特点的近郊乡村休闲游，成为短假期间更多人乐于选择的出游方式。随着旅游业态不断更新，乡村旅游新业态市场划分更加趋向专业化，产品的种类趋于多元化，居民可支配收入的增加提升了其选择个性化乡村旅游的可能性。随着国民旅游消费需求的增加，国民旅游需求由观光游开始向休闲游转变，对乡村旅游的偏好也由传统的观光游模式向度假游模式转变，旅游的方式也从团队游向散客、个人游转变。信息技术的升级使得旅客能够获取更多的旅游信息，旅行社的常规路线难以满足游客的个性化需求，个人游将逐渐在今后的旅游市场中占据主导地位。

（三）产业边界模糊，产业日益融合

旅游业是与其他产业具有较强关联性的服务性产业。近年来，乡村旅游业筛选能与之融合的优等要素后，形成新的产业形态，塑造无边界的旅游业，探索新路径以增强其持续竞争力，如旅游业同体育比赛或体育经济相融

合发展滑雪等体育游、与养生保健业相融合发展养生游。在产业特征上，乡村旅游业通过加快产业内部分化和产业外部融合，实现从初级形态向高级形态的转变；在产业结构上，当前乡村旅游业打破三类产业之间的边界，积极探索产业融合和资源整合，实现从单一结构向多元复合结构的转变，促进乡村旅游业的可持续发展，进而推动新业态的产生。

五　河北省培育乡村旅游新业态的障碍分析

（一）整体呈现"小、散、弱"的格局

从河北省整体区域来看，乡村旅游新业态呈现零星散落、分散经营的分布格局，尚未形成乡村旅游新业态集聚带和集群区。河北省乡村旅游新业态大部分是在传统的乡村旅游基础上拓展延伸出来的，且很多以家庭投资建立为主，投资少，体量小。很多乡村旅游新业态处于萌芽起步阶段，正从观光、休闲形态逐步转向专业化、细分化的度假形态，且内部要素发展不全面，产品体系不健全，没有形成成熟的新业态产品品牌。很多小微乡村旅游新业态管理与运营能力弱，管理方式多生搬硬套成功案例，特别是在新冠肺炎疫情的影响下，乡村旅游新业态发展乏力，成长为能产生规模效益的乡村旅游新业态尚需要一定时间。

（二）新业态发展动力不足

河北省乡村旅游业虽然利用当地的自然和生态优势推出了特色旅游产品，催生了多种新业态，但整体来看新业态竞争力较弱，发展壮大动力不足。许多新业态产品开发深度不够，大多停留在基本景观的无序建设方面，缺乏特色，没有根据市场需求及时进行产品创新和转型升级，虽然短期内依靠营销的方式取得了收益，但是从长远来看，并不具有持久性的竞争力。例如，很多有机农场或休闲农场同质化严重，缺少对当地特色文化的挖掘，追求短期效益一味抄袭"网红景点"，且没有构建一体化、全方位的优质服务

体系，游客大多走马观花，缺乏互动体验。此外，河北省部分乡村旅游产品存在前期建设和后期运营脱节的现象，前期的建设环节缺乏运营的介入、对市场化定位不清晰，导致其偏离市场需求，后期运营需要对产品重新调整，造成资源和时间的浪费。

（三）新业态产业融合度较低

河北省乡村旅游资源主要是静态的自然和生态景观，能够吸引游客购买及消费的产品较少，产业融合度较低，产业链条偏短。部分乡村尽管已开始逐步注重将旅游产品同乡村地域文化或体育产业相融合，但是在业态要素的挖掘上不够深入、不够充分，"旅游+"的深度和广度仍待拓展。例如，有一些地区的乡村旅游与民俗文化融合产生的新业态，即乡村博物馆，未能将当地民俗文化的精神内涵完全融入乡村旅游，未能真正体现出当地区域文化特色，导致游客的游览需求得不到满足、产品及服务的吸引力不强。部分乡村旅游产品存在突出短板，与其他产业的互动程度低，不利于打破产业边界及推动新业态的形成。比如，部分地区乡村旅游普遍存在交通短板，铁路、海运、航空等旅游服务能级偏低，旅游专线运输尚未完善，区域间互联互通程度不高，满足不了游客的交通需求，旅游新业态发展缓慢。

（四）经营水平层次偏低，创新意识不强

目前，河北省乡村旅游相关配套设施仍不健全，与其他产业的融合程度不高，尤其是经营者创新意识不强，创新人才严重紧缺，致使乡村旅游业发展裹足不前，各地乡村旅游业发展面临巨大的挑战。从经营管理方面来看，河北省乡村旅游的管理水平难以满足大众对旅游品质化消费的需求，其信息化程度明显滞后于旅游业的整体发展需要。这主要原因在于乡村旅游从业者大多为当地的居民，受教育程度普遍偏低，几乎未受过专业的培训，对于互联网推广等方面也缺乏了解，无法充分了解消费者需求，把握不准发展趋势，更不会有创新意识。同时，乡村旅游的主要经营者大多以家庭为单位，总体规模较小，因此大多停留在低层次的经营水平，难以做大做强。从乡村

旅游的运营方面来看，河北省尚缺乏成熟的人才团队，特别是缺乏具备创新能力的优秀人才。若无法弥补经营者的不足、引入更多创新性的人才，乡村旅游难以催生出新的旅游业态，转型升级工作的开展必然会受到阻碍，乡村旅游发展的持久力必将减弱，盈利难以持久。

六　培育壮大乡村旅游新业态的建议

培育壮大乡村旅游新业态是新时代迎合消费者需求变化及带动旅游经济发展所需，推动乡村旅游转型升级发展是实现乡村全面振兴的重要途径和举措。本报告针对河北省乡村旅游新业态创新发展现状，结合河北乡村实际情况提出如下建议。

（一）加强对乡村旅游新业态的政策支持

乡村旅游新业态不仅能够提高农民收入，还能够改变农民就业结构，从而促进农村地区经济结构的调整。各地政府应充分认识到乡村旅游新业态的效益，通过各种途径拓展旅游产业融合的广度和深度，拓宽和创新旅游新业态发展的途径，加快推进新业态的发展。在产业政策上，应给予适当的政策支持和保障。根据乡村旅游新业态发展需要，协调旅游、土地、工商等相关部门，共同制定新业态发展的配套政策和措施，推动相关配套服务及基础设施的完善，形成推动乡村旅游新业态加快发展的整体合力。

（二）夯实乡村旅游新业态发展基础

旅游业与其他行业相融合，可以激活旅游市场、促进新业态形成，不断满足消费者探险、休闲和运动等多方面的需求。为满足不同类别旅行者的体验要求，河北省乡村旅游业要加快与其他产业的融合发展，加快形成"旅游+农业""旅游+产业""旅游+互联网"等模式，形成多层次的新型乡村旅游业态。要做优做强乡村精品民宿、当地特色旅游纪念品及美食等细分领域旅游服务主体，推动品牌化经营和管理，助力乡村旅游新业态的培育。各地要加大对优质旅游项目的招引力度，吸引旅游龙头企业和投资基金公司入驻本地，通过资本合作、引导基金等方式做大做强旅游项目，实现基础设施的完善和更新，为打造乡村旅游新业态、带动当地乡村旅游跨越式发展提供良好的硬件环境和载体。

（三）推进乡村旅游创新型人才建设

与传统的乡村旅游相比，新业态的催生最关键的一点在于创新与融合，其发展在很大程度上依赖经营者的专业素养以及创新创业精神。乡村旅游运营成功的案例证明，应具备优秀的带头人，既熟悉本土乡村人情，又具备优秀企业家精神。因此，河北省培育乡村旅游新业态，应着力培养乡村旅游新业态带头人，并提供良好的营商环境激发旅游企业的创新创业精神。同时应着力培养乡村旅游发展急需的专业技术人员，积极鼓励其参加各类培训，与其他地区相互交流获取运营经验，进一步提升乡村旅游管理和运营能力。此外，针对本地人才缺乏的问题，可吸引和引进成熟的管理团队进行委托管理或顾问管理，带动当地经营者不断积累经验，成长为驱动乡村旅游新业态发展的中坚力量。

（四）构建乡村旅游新业态差异化产品体系

当前，乡村旅游在河北省各地的发展水平参差不齐，且同质化竞争十分激烈。为了缩小地区差异，实现全省乡村旅游均衡发展，河北省可整合乡村旅游资源，进行差异化、多元化开发，打造突出地方特色、主题鲜明的乡村旅游新业态产品。要丰富和延伸旅游产业链条，使产品体系涵盖特色民宿、休闲农庄、星级农家乐、渔家乐和汽车露营地等多元化乡村旅游新业态产品。例如，可重点培育唐山、秦皇岛、沧州等沿海城市一带的特色渔村、渔家乐；以张家口、保定、石家庄、邢台、邯郸等市为重点，加强红色旅游、生态观光游、休闲度假游、山地运动游等产品的开发；以张家口、承德两市为重点，依托张承坝上地区独特优美的森林草原景观，开发精品民宿、汽车露营地等具有特色的乡村旅游新业态；以秦皇岛、唐山、保定、承德、张家

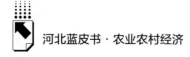

口等地为重点，发挥长城国家文化公园重点建设区优势，大力发展生态休闲、康养度假、文化体验、科普研学、演艺娱乐等文旅业态。

参考文献

杨玲玲、魏小安：《旅游新业态的"新"意探析》，《资源与产业》2009年第6期。

高丽敏、程伟、史彦军：《旅游新业态驱动力和产生模式研究》，2012中国旅游科学年会会议论文，北京，2012年4月。

夏敏：《美丽乡村文化传承与特色旅游多业态融合发展研究》，《当代旅游（高尔夫旅行）》2018年第3期。

张瑞真、马晓冬：《我国旅游新业态研究进展及展望》，《旅游论坛》2013年第4期。

宋增文：《乡村旅游新业态发展机制研究——以北京市为例文献标志码：A》，《中国农学通报》2013年第26期。

俞小娣：《杭州乡村旅游新业态模式关键资源要素探析》，《农村经济与科技》2021年第12期。

杨亚芹：《基于新形势新业态的邯郸市旅游产业发展研究》，《邯郸职业技术学院学报》2016年第2期。

杨家栋：《临安区乡村旅游新业态发展对策研究》，硕士学位论文，浙江农林大学，2020。

高丽敏、程伟、史彦军：《旅游新业态的产生发展规律研究》，《中国商贸》2012年第12期。

杨涛：《新常态下的新业态：旅居养老产业及其发展路径》，《经贸实践》2017年第21期。

王安平、杨可：《新时代乡村旅游业与乡村振兴融合发展途径研究》，《重庆社会科学》2020年第12期。

黄登斌、宋阳春：《基于SWOT-PEST的粤港澳大湾区旅游新业态分析及启示》，《中国商论》2022年第7期。

B.21
基于乡村全面振兴的河北防返贫路径研究

魏宣利 *

摘　要： 防止返贫动态监测和帮扶机制是巩固拓展脱贫攻坚成果的制度性安排、是做好有效衔接工作的基础和前提。河北省是脱贫攻坚主战场，防返贫工作任务艰巨，对标对表新时代党中央、国务院关于建立健全巩固拓展脱贫攻坚成果长效机制的新要求，优化防止返贫动态监测和帮扶机制，是守住不发生规模性返贫底线的关键抓手。本报告在认真梳理当前河北省防止返贫动态监测和帮扶系统运行状态的基础上，立足全面推进乡村振兴，从加强防返贫队伍建设、优化防止返贫动态监测平台、培育扶贫特色产业集群、巩固旅游扶贫成果、优化医疗帮扶政策等防止返贫动态监测和帮扶机制重点环节提出若干优化建议。

关键词： 防返贫　扶贫产业　动态监测　帮扶机制

一　防返贫政策设计

返贫问题是指在反贫困战略实施进程中，一部分群体在贫困线上下徘徊的一种现象。狭义的返贫是指原贫困群体通过政策支持、自身努力等干预解决温饱问题、摆脱贫困之后，受自然条件、社会环境和身体状况等因素叠加

---

* 魏宣利，河北省社会科学院农村经济研究所研究员，主要研究方向为农业与农村问题。

制约，在经济上再次陷入贫困的现象。广义的返贫则不仅包括脱贫群体，还包括原非贫困人口受自然灾害、疾病等因素影响陷入贫困的现象。纵观中国反贫困历史，在全党全社会的共同努力下，我国扶贫工作取得了显著成就，但受自然环境、社会经济条件等客观因素的变化，以及群众自身能力不足等主观因素的影响，脱贫问题与返贫现象始终紧密交织。国家统计局资料显示，2000~2015 年我国农村的返贫率约 20%，其中 2009 年受气候灾害影响，返贫率高达 62%。

鉴于脱贫问题与返贫现象交织，2017 年，在"十三五"脱贫攻坚期间，习近平总书记在参加十二届全国人大五次会议四川代表团审议时强调指出"防止返贫和继续攻坚同样重要"。2020 年 3 月 6 日，习近平总书记在决战决胜脱贫攻坚座谈会上进一步明确要求"要加快建立防止返贫监测和帮扶机制，对脱贫不稳定户、边缘易致贫户以及因疫情或其他原因收入骤减或支出骤增户加强监测，提前采取针对性的帮扶措施，不能等他们返贫了再补救"①。2020 年 3 月 20 日，原国务院扶贫开发领导小组出台《关于建立防止返贫监测和帮扶机制的指导意见》，指导全国各地普遍建立起防止返贫监测和帮扶机制，为如期全面打赢脱贫攻坚战提供了制度保障。2021 年，为贯彻落实中央农村工作会议和《中共中央 国务院关于实现巩固拓展脱贫攻坚成果同乡村振兴有效衔接的意见》部署要求，《中央农村工作领导小组关于健全防止返贫动态监测和帮扶机制的指导意见》出台，进一步优化顶层设计，强化工作指导，筑牢了脱贫攻坚成果的保障网，同时为巩固拓展脱贫攻坚成果同乡村振兴有效衔接，明确了工作路径和抓手。

一是明确防返贫监测对象。对农村全体居民实施全方面动态监测，重点监测包括脱贫不稳定户、边缘易致贫户，以及病、灾、意外事故等刚性支出较大或收入大幅缩减导致基本生活出现严重困难户三类对象。

---

① 《习近平：在决战决胜脱贫攻坚座谈会上的讲话》，中国政府网，2020 年 3 月 6 日，http://www.gov.cn/xinwen/2020-03/06/content_5488175.htm。

二是明确监测方式和监测程序。通过农户主动申请、部门信息比对、基层干部定期跟踪回访相结合建立起易返贫致贫人口发现和核查机制，且建立与农民收入增长相协调的防返贫监测线动态调整机制，确保做到早发现、早干预、早帮扶，为精准识别、精准帮扶提供决策依据。

三是以巩固拓展脱贫攻坚成果同乡村振兴有效衔接为着力点，完善帮扶政策。习近平总书记强调，"我们要切实做好巩固拓展脱贫攻坚成果同乡村振兴有效衔接各项工作，让脱贫基础更加稳固、成效更可持续"[①]。以《中共中央 国务院关于实现巩固拓展脱贫攻坚成果同乡村振兴有效衔接的意见》为指导，国家卫健委、国家医保局、交通部、水利部、住建部等各部委相应地出台了一系列专项支持政策，根据监测对象的风险类别、发展需求等出台兜底保障与开发式帮扶相结合、单一帮扶措施与综合帮扶措施相结合的针对性帮扶措施，着力推动防返贫工作与下一阶段农业农村工作全面衔接，以农业农村的全面发展筑牢防返贫保障网。

四是加强组织保障。按照党委农村工作领导小组牵头抓总的总原则，各地建立各级乡村振兴部门履行工作专责，相关部门依责做好信息预警、数据比对和行业帮扶，共同推动各项政策举措落地落实。依托数字政府建设，优化监测指标体系，统筹利用信息资源，建立行业数据信息共享共用机制，推动防止返贫大数据监测平台进一步强化。

二 河北省防返贫举措

河北省是国家脱贫攻坚主战场，通过多年来的持续发力，到 2020 年底，全省 62 个贫困县（区）全部摘帽，7746 个建档立卡贫困村全部出列，499万人口全部脱贫，脱贫攻坚战取得全面胜利。进入"十四五"，对标对表新时代党中央、国务院关于建立健全巩固拓展脱贫攻坚成果长效机制的新要

---

① 《巩固拓展脱贫攻坚成果，加快农业农村现代化——乡村振兴阔步前行》，中国政府网，2021 年 12 月 7 日，http://www.gov.cn/xinwen/2021-12/07/content_ 5658028.htm。

求，河北省切实将防止返贫动态监测和帮扶工作作为巩固脱贫攻坚成果的首要任务来抓，全面推进防返贫各项工作。统计数据显示，2021年底，原45个国定贫困县农村居民人均可支配收入达到14272元，全省脱贫人口人均纯收入达到11156元。在2021年度国家巩固拓展脱贫攻坚成果后评估中，河北省居于前列。

（一）完善防止返贫动态监测和帮扶政策体系

2017年，河北省按照"一手抓脱贫，一手抓防返贫"的工作思路，以邯郸市魏县、巨鹿县为试点先行先试开展防止返贫机制探索实践。2018年3月，国务院发展研究中心到河北省调研，总结指出"河北邯郸精准防贫的做法值得总结推广"。2019年，在前期试点的基础上，河北省率先出台《关于建立健全脱贫防贫长效机制的意见》，全国政协主席汪洋、国务院副总理胡春华给予批示肯定，原国务院扶贫办将文件转发给各省区学习借鉴。在上述意见的基础上，河北省细化各项工作，先后出台了《河北省防贫监测和帮扶工作实施办法》《关于健全防止返贫动态监测和帮扶机制的工作方案》等一系列配套政策文件，初步建立起省市县互通、多部门参与的防止返贫动态监测和帮扶机制。2020年，河北省印发《关于做好防贫监测部门筛查预警工作的通知》，再次得到全国政协主席汪洋的充分肯定，原国务院扶贫办转发全国。2021年，对标国家新要求，河北省委、省政府出台《关于实现巩固拓展脱贫攻坚成果同乡村振兴有效衔接的实施意见》，配套出台《关于健全防止返贫动态监测和帮扶机制的工作方案》《关于优化监测程序完善帮扶机制 进一步做好防止返贫工作的通知》等衔接政策文件81个，不断完善有关政策，逐步建成一套完整的防止返贫动态监测和帮扶政策体系。

（二）强化组织保障

河北省委、省政府坚持把巩固拓展脱贫攻坚成果作为首要政治任务，在国家乡村振兴三定方案未明确的基础上，出台《关于厘清职责任务合力推进乡村振兴工作的意见》，将原扶贫开发和脱贫工作领导小组更名为巩固拓展脱贫攻坚成果领导小组，原组织架构、成员单位和职责分工均保持不变，延续脱贫攻坚形成的领导体制和工作机制，做到了思想不乱、精力不散、干劲不减，并按照省级建立防贫专班、市县级建立防贫中心、乡级建立防贫工作站、村级建立防贫网格员的要求，建立健全各级防贫工作机构。全省所有设区市和雄安新区建成防贫中心并经编制部门批复，建立县级防止返贫专门机构 174 个、设置县级专职工作人员 1178 人、配备乡级防贫工作站 2011 个、村级防贫工作室 47978 个、村防贫网格员 27.65 万人，基本实现防止返贫机构力量全覆盖。

（三）创新监测预警工作机制

一是完善防止返贫部门筛查预警工作机制。预警信息覆盖面逐步由脱贫人口扩大到全体农村人口，预警风险的筛查范围扩大到 11 个行业部门，涉及 14 项预警内容。同时，分类提高风险预警信息筛查频率，缩短筛查周期。及时有效的预警推送信息在防止返贫监测中发挥了重要作用。二是建立常态化风险筛查预警机制。基层防返贫工作结合灾、病等主要致贫因素实施网格化管理，针对汛期、新冠肺炎疫情防控等工作定期开展防止返贫集中排查整改。按照国家乡村振兴局的安排部署，河北省面向全体农村人口开展了全覆盖集中排查，覆盖农村人口 1675.88 万户 5482.55 万人，做到了应纳尽纳、能纳多纳。

（四）优化帮扶救助机制

按照"发现一户、监测一户、帮扶一户、动态清零"的要求，不断优化帮扶措施。一是建立完善"两不愁三保障"动态监测报告制度，持续巩固"两不愁三保障"成果。教育帮扶各阶段受益学生 18 万人次；对监测对象不设医疗救助起付线，实施分类梯次大病保险、医疗救助政策。排查农村房屋 106.5 万户，实行农村危房动态清零。全面提升饮水安全质量，排查集中供水工程、分散供水工程分别为 2.86 万处和 8.99 万处。二是落实针对帮扶。充分发挥行业部门会商机制作用，精准落实帮扶措施。强化产业帮扶。

在脱贫户产业扶贫项目全覆盖、全省 62 个脱贫县 867 个乡镇形成"一乡一业""一村一品"产业格局的基础上，推动实施项目增收、科技支撑、龙头培育、帮扶助力"四大行动"，以产业发展带动脱贫户增收。2021 年，全省脱贫户人均产业收入达到 5998 元，比 2020 年增加了 655 元。全面落实失业保险稳岗返还、培训补贴等政策，强化稳岗就业帮扶。深化"政银企户保"金融帮扶模式。开展脱贫人口小额信贷需求摸排，为脱贫户和防返贫监测对象自主发展生产、提高自我发展能力提供了充足的资金保障。

（五）细化督导机制

一是建立"月分析、季调度、年考核"工作调度机制。2021 年先后 3 次开展专题督导调研，5 次召开专题调度会议，印发 3 期防止返贫工作落实情况通报、6 期数据质量通报，向省政府报送专题报告 12 期，并将防止返贫工作列入省委重点工作大督查内容，打出了一套专题督导调度的"组合拳"。二是严格考核评估。开展年底考核评估，将防止返贫动态监测帮扶作为后评估重点内容，纳入省委乡村振兴战略考核指标，对发现问题定期通报、重点约谈，切实压实各级党委政府和行业部门责任。

三　当前扎实推进防返贫工作面临的问题

党的二十大报告强调，要"巩固拓展脱贫攻坚成果，增强脱贫地区和脱贫群众内生发展动力"。对标高要求，当前防止返贫动态监测帮扶工作还存在一些问题。

（一）基层防返贫组织建设尚未到位

健全组织机构，明确岗位职责，完善工作机制，切实做到组织到位、人员到位、工作到位、责任到位是推动基层防返贫工作有序开展的根本保障。

1. 基层防返贫工作组织不健全、责任不明晰、任务不具体

脱贫攻坚结束后，扶贫部门重组为乡村振兴部门，在县一级乡村振兴局

多归口于农业农村局管理，与党委农办、农业农村局的关系未完全厘清，存在部分职能边界不清、工作任务交叉、责任界限模糊等情况。基层扶贫部门工作重心的调整和乡村振兴局三定方案未明确给基层防返贫工作带来不利影响。

2. 县乡村换届，人员调整大，工作接续推进难

在脱贫攻坚结束后，县乡村三级进行了大规模换届，与脱贫攻坚期防返贫相关工作的人员配备相比出现了从省到市县乡层层弱化的情况。新到任的干部对防返贫工作不熟悉，直观表现为基层对监测对象的认定多数理解为建档立卡贫困人口的识别，认定标准偏严，且对监测户的纳入有顾虑，发现风险后不纳入监测对象，造成只帮扶不监测的"体外循环"现象。加之，现阶段防返贫监测对象已扩大至全部农村户籍人口，工作面广、人多，精准识别、快速救助面临巨大的挑战，尤其是在经济基础薄弱的原集中连片贫困带的张承保地区，防返贫工作量进一步增多。

（二）防返贫监测预警系统有待完善

防返贫监测预警系统建立起农户主动申请、部门筛查预警、基层干部定期跟踪回访相结合的易返贫致贫人口发现和核查机制。这三种渠道互为补充、相互协同。要确保实现"早发现、早干预、早帮扶"目标，需要线上与线下相结合，实现易返贫群体信息的实时共享、动态监测和系统分发、即时反馈再决策。

1. 信息壁垒尚未打破，监测预警数据实时共享机制有待完善

防返贫监测预警数据作为政务数据的一部分，由于共享的权责承担和权益分配难以界定，防返贫监测预警数据共享质量问题、权益问题、价值问题、安全问题没能得到有效解决，致使各部门数据库之间的数据交换与有序共享很难实现。防返贫监测资源调度欠缺统筹管理、数据条块分割问题普遍存在，防返贫动态监测和帮扶平台运转的智慧化、数字化、实时化程度不够，直观表现为村级排查发现、乡镇预警研判、县级比对确认的工作机制信息化不足，导致个人部分信息难以及时有效获取，影响比对结果和比对时效。

2. 农户自主申报缺位，线上线下协同性不强

强调农户自主申报是发挥农户防返贫主体地位的关键。调查发现，监测户的筛查主要依靠部门预警筛查，农户自主申报存在缺位。一是农户自主申报意识不强。农户对监测和帮扶政策的了解还停留在脱贫攻坚建档立卡贫困户识别和帮扶政策，对纳入监测户的条件不清楚，对防止返贫动态监测和帮扶政策不了解，自主申报意识不强。二是农户自主申报能力不强。自主申报主要是依靠防返贫监测 App、"12317" 咨询服务电话、"12345" 政务服务便民热线等。农户自主应对申报系统的能力不足，加之缺乏与监测网络信息员的便捷化沟通机制，导致农户对自主申报望而却步，过度依赖部门预警推送与干部排查。

（三）扶贫产业持续带动能力还待加强

以扶贫产业为基础实现产业兴旺，是巩固拓展脱贫攻坚成果、全面推进乡村振兴、加快农业农村现代化发展的关键。

1. 扶贫产业弱、小、散现象突出，受疫情影响企业带贫能力减弱

农业扶贫产业项目多集中在种养环节，产品以初级产品形态直接售卖，整体处于产业价值链末端，企业赢利空间有限。扶贫车间运营产业仍以简单的手工业或半机器半手工业为主要形态，且多处于该类产业价值链的初加工环节。受疫情影响，企业缩减生产规模、复工复产速度偏慢，物流停滞，经营性收入下降，劳动用工人数压减，直接导致劳动力的工资性收入下降。加之，贫困劳动力大多从事的工作和职业可替代性强，就业市场竞争加剧，失业风险大。乡村旅游小微企业体量大幅压缩，带贫能力减弱。调查资料显示，涞源依托白石山国家 5A 级旅游景区实施旅游扶贫，2019 年高峰期在白石山经营的农家院达 293 家，受疫情冲击影响，现在营业的仅 156 家。保定易县 2022 年 1~6 月，累计接待游客 94.3 万人次，综合收入 5.7 亿元，仅达到 2019 年同期的 15%。

2.衔接资金新布局项目站位不高，难以承担乡村振兴产业兴旺重任

根据国家和省对衔接资金与项目管理的有关规定，为加强对衔接资金项目的论证和储备，各县均建立巩固拓展脱贫攻坚和乡村振兴项目库，但从目前入库项目来看，入库项目延续脱贫攻坚期扶贫产业项目类别，衔接资金项目库入库企业质量不高，多为短平快的家庭型小型养殖种植项目。资金收益多是通过衔接资金建设种养生产设施，获取租金取得，租金使用方式仅限用于农村集体公益项目维护和公益岗工资，联农带农方式单一，难以承担乡村振兴产业兴旺大任。

（四）农村居民健康管理缺失，因病返贫隐患大

全面建设社会主义现代化国家，最艰巨、最繁重的任务在农村，健康是农村脱贫和实现共同富裕的基础与动力。

1.因病致贫返贫潜在群体基数大

当前，防返贫监测对象扩大到农村全员。伴随农村老龄化人数快速增长，农村人口可支配收入不高，抵抗风险能力不足，因病致贫返贫潜在群体基数大。脱贫攻坚期间，建档立卡贫困户中因病致贫的占贫困人口的40%，有的地区比重高达70%；衔接期因病致贫返贫的占比较高，赞皇县防返贫监测对象中因病纳入的约占85%。

2.因病致贫风险大

调查发现，致贫疾病多是最常见的高血压、糖尿病、心脑血管病、肿瘤等慢性病，早期未能有效发现、干预，不仅直接导致患者丧失劳动能力，还会使其他家庭成员因照料病患收入趋减。当前，以完善大病保险、医疗救助保障政策的事后干预为主的医疗帮扶政策设计难以应对复杂的现状。

四 基于乡村全面振兴的河北防返贫路径

对标对表新时期防止返贫动态监测和帮扶工作的新任务、新要求，系统梳理当前防止返贫动态监测和帮扶机制运行中出现的问题并提出优化路径，

是巩固拓展脱贫攻坚成果，全面推进乡村振兴的根本。

1. 强化防返贫队伍建设

防返贫队伍是防止返贫动态监测和帮扶体系的主体和基本支撑，加强队伍建设是提高工作水平的关键环节。一要加强考核，抓实各级党政领导班子防止返贫的政治责任。以严防返贫致贫的实绩实效践行"两个维护"，进一步健全"月分析会商、季督导调度、年考核评估"工作推进机制，指导各地关注工作重点，防范化解规模性返贫风险隐患。二要强化防返贫专职工作人员配备。选优配强专职工作人员，确保防返贫工作人员的能力与防止返贫动态监测任务相匹配。对于防止返贫动态监测工作压力大的乡村振兴重点帮扶县在县乡现有防返贫组织架构的基础上，在过渡期内适度增加专职人员配备，在原深度脱贫村设立专职防贫网格员，确保早发现、早干预。三要加强防返贫政策及业务培训。围绕防止返贫动态监测和帮扶工作新政策、新要求，加大县乡村三级防返贫干部的培训力度，进一步熟悉监测范围和标准、监测对象确定、监测和帮扶流程及措施、风险消除标准和程序等，提高政策领悟力和业务能力。充分发挥村委会和集体经济组织离农业最近、联农民最紧的先天优势，对两委班子和村防止返贫动态监测网格员进行入户宣传、政策程序、排查方式和入户排查等全面培训，提高政策的执行力。

2. 推动防止返贫动态监测平台向决策平台的转化

优化防返贫监测预警系统，推行"数字乡村+防返贫监测"新模式，是以"智治"促振兴的有效抓手，也是筑牢防返贫防线的关键。一要优化防返贫监测信息系统设计。构建防返贫数据标准与共享标准，建立部门任务清单、责任清单，统筹做好督查指导、协调推进、数据比对、政策落实、业务培训工作，打通数据壁垒，推进监测数据跨级跨部门共享。对标数字乡村治理体系，拓展防返贫监测信息系统平台功能，完善农户信息采集指标体系，在基本信息的基础上，叠加帮扶工作及帮扶效果等内容，实现"防返贫监测一张图"管理。发挥村两委班子离农近、联农紧的先天优势，线上线下联动，补齐防止返贫动态监测"最后一公里"。推广申报小程序和自主申报二维码，推行农户"一键报警""一键申报"，有效解决申报渠道不畅通、申报程序烦琐、不愿当面申报等问题。二要丰富返贫处置政策"工具包"，提高帮扶精准度。依据大数据技术，通过数据比对和综合评估，研究监测对象人口行为与家庭特征，识别返贫的具体原因，根据返贫对象的需求丰富返贫处置政策的"工具箱"，有针对性地构建"政策+产业+就业+保险"的多层次动态保障机制，提升帮扶政策的整体效能。三要建立防返贫政策动态调整机制。利用防止返贫动态监测大数据和产业扶贫"千户监测"大数据等相关信息，及时对防返贫处置政策与方案的效果进行评估，动态监测扶贫项目产生的效益，从而使后续政策与方案可以根据项目实施的结果进行及时调适，形成一个从决策、反馈、完善再决策的循环链条，促进防止返贫动态监测和帮扶机制在实践中不断优化。

3. 推动农业扶贫产业项目向扶贫产业、产业集群的转型

河北省乡村振兴重点帮扶县大多是农业大县、工业小县、财政弱县，且多处于生态涵养功能区。要按照延长产业链、完善供应链、提升价值链的要求，推动农业扶贫产业项目向扶贫产业、产业集群转型，以现代农业实现富民强县。一要做实扶贫产业绩效评估，腾笼换鸟。充分利用2021年度国家巩固拓展脱贫攻坚成果后评估结果和产业扶贫"千户监测"大数据，为自我发展乏力、带动能力差的产业项目制定退出路线图，细化退出方案及时间节点。同时结合"一县一业、一村一品"，整合扶贫资产、资源，大力支持带动能力强、市场需求多、适合本地发展的特色扶贫企业，稳定产业扶贫成效。二要培育农业全业态、全链条优势产业集群。立足特色优势扶贫产业，围绕脱贫县生态资源优势和农业的多功能性，在做强第一产业的基础上，充分发挥衔接期财政支持政策，谋划配套产业发展。县乡村联动发展冷链储运、包装、农技服务等配套产业；密切扶贫产业园区（车间）与县经开区的联系，引导龙头企业把对初级材料依赖性较强的劳动密集型生产环节向扶贫园区（车间）下沉；发挥县经开区集聚效应和承载能力优势，发展农产品精深加工业，打造龙型经济；立足生态资源和文化资源，农旅结合积极发展康养农业新业态，推动扶贫产业能级跃升。

五　持续巩固旅游扶贫成果

新常态下，在经济转型升级、消费结构升级、国民需求升级的大背景下，旅游业集生产服务业与生活服务业于一体，跨界融合带动能力强，是生态涵养功能区脱贫县战略性支柱产业。要进一步加大乡村旅游资源富集或景区周边的乡镇乡村旅游重点村培育支持力度，巩固旅游扶贫成果。一要提升乡村旅游重点村配套服务设施水平。要统筹农村供水保障工程、数字乡村建设工程、农村人居环境整治、危房改造、农村垃圾污水处理、公共服务均衡配置等项目布局，加强供水供电、消防水源、消防车道、垃圾污水处理、绿化亮化等乡村旅游配套公共设施建设。二要推动已有惠企政策落实落细落地。针对之前出台的减税降费、社保缓缴、扩大服务范围等惠企政策，责成相关单位出台可操作性的实施细则，确保政策落实落地。三要发放旅游消费券。适应文旅经济作为消费驱动型经济的发展规律，创新"消费扶贫"举措，抓住文旅消费恢复上扬和节日的机遇，探索设立"旅游消费扶贫券"，激发旅游消费活力。

六　优化医疗帮扶政策

推动以预防为政策设计的突破口、以"事后医保兜底报销"为重点向"以预防为中心、侧重健康教育及健康促进"转变，从源头防范因病返贫现象发生。一要加强农村健康卫生知识普及教育。以家庭签约医生为主体，以"送教上门"与"驻村咨询"相结合为农村老年群体提供便捷、实用的健康教育服务。以乡村大舞台、标语口号、文艺演出等为载体，将健康教育融入乡村生活和文艺活动。立足农村老年群体的健康隐患与现实难题，针对一日三餐、生活起居、不良的生活习惯、迷信思想等开发精准对接农村老年群体需求的健康教育内容，根植"无病预防、有病早治、合理用药"等健康观念，预防或减少患病风险。二要提升农村地区健康服务保障水平。以家庭医生签约服务制度为依托，结合签约入户随访，了解农民群众患病就医情况，为患 36 种大病和 4 类慢性病的重点人群提供公共卫生、慢病管理、健康咨询和中医干预等综合服务，做好住院转诊服务、治疗后的用药指导和康复管理等。依托签约医生服务团队大力开展巡回诊疗、义诊送健康活动，推进优质资源向边远、卫生资源薄弱的乡村下沉，让群众不出村就能享受到专家医疗服务。发挥农村中医技术简、便、廉、验等特点和中医药认可度高的特点，建设乡村两级中医药"名科、名医、名药、名术"基层工作室，提升农村地区中医药服务能力。三要构建"大数据+慢病管理"新模式，建设健康乡村。结合农村居民体检等公共卫生服务活动，加快建立完善农户健康信息库和电子档案，实现农村居民的健康信息在慢病门诊、体检及开药等诊疗过程中的采集和完善，形成一体化的、动态的农村基层慢病管理诊疗数据库。畅通各级医疗机构的数据共享通道，让患者的健康数据在不同地区、不同层级医疗机构之间互通共享，促进"大数据+慢病管理"落地，实现慢性病系统化、规范化管理。

参考文献

张鸽：《中国农户多维返贫的测度与致因分析》，硕士学位论文，西北大学，2020。

章文光、吴义熔、宫钰：《建档立卡贫困户的返贫风险预测与返贫原因分析——基于 2019 年 25 省（区、市）建档立卡实地监测调研数据》，《改革》2020 年第 12 期。

孙壮珍、王婷：《动态贫困视角下大数据驱动防返贫预警机制构建研究——基于四川省 L 区的实践与探索》，《电子政务》2021 年第 12 期。

范和生：《返贫预警机制构建探究》，《中国特色社会主义研究》2018 年第 1 期。

周钦：《实施精准预警监测防止脱贫再返贫——广昌县开展脱贫质量预警监测工作实践与思考》，《老区建设》2020 年第 1 期。

B.22
河北省促进农民农村共同富裕的
路径与机制研究[*]

赵然芬[**]

摘　要:　扎实推进农民农村共同富裕是实现全民共同富裕的关键和难点。河北省农村居民人均收入水平不高,城乡差距小于全国平均水平,是低水平的共同富裕。虽然工资性收入和经营性收入是农村居民收入的主要构成,但经营性收入是导致河北省农村内部收入差距不断扩大的关键原因。通过对河北省农村居民经营性收入的影响因素进行分析发现,产业门类和是否参加职业技能培训都会对农民经营性收入产生显著影响,文化程度、是否参加合作社等对部分产业农户增收影响显著。基于此,增加农民经营性收入,促进农民农村共同富裕,要从三方面发力:一是大力发展优势特色种植业,二是积极发展高效畜牧业,三是大力推进农村二、三产业蓬勃发展。

关键词:　农民农村共同富裕　收入差距　经营性收入

实现共同富裕是社会主义的本质要求,是中国式现代化的重要特征。习近平总书记在中央财经委员会第十次会议上指出,当前我国已经到了扎实推动共同富裕的历史阶段,必须把促进全体人民共同富裕作为为人民谋幸福

---

[*]　本报告系2022~2023年度河北省社科基金项目"河北扎实推进共同富裕有效路径与政策措施研究"(编号为 HB22YJ030)阶段性研究成果。

[**]　赵然芬,河北省社会科学院农村经济研究所副研究员,硕士,主要研究方向为农民收入、贫困治理、农村三产融合等。

的着力点，不断夯实党长期执政基础。同时提出，我国发展不平衡不充分问题依然突出，城乡区域发展和收入分配差距较大，促进共同富裕，最艰巨最繁重的任务仍然在农村。学术界普遍认为，城乡、地区、收入三大差距中，收入差距最核心、最关键，影响也最为深远。因此，本报告从收入视角切入，深入剖析扎实推进农民农村共同富裕的主要矛盾和关键制约因素，在此基础上提出河北省扎实推进农民农村共同富裕的思路和对策。

一 河北省农民农村共同富裕现状

河北是农业大省，粮食、肉蛋奶、蔬菜、梨、葡萄等产量均居全国前列。但河北不是农业强省，大农业产值、农业现代化水平、农产品加工增值率、农村居民收入等全国排名与农产品产量全国位次相比均相对靠后。

（一）河北省农民农村共同富裕是低水平的共同富裕[①]

从字面意思来看，共同富裕有两方面含义，一是"共同"，二是"富裕"。从"共同"维度来看，河北省城乡差距较小，远低于全国平均水平。1998~2021 年，河北省城乡居民人均可支配收入差倍，最高为 2009 年的 1.79 倍，最低为 1998 年的 1.11 倍，2021 年为 1.19 倍。同期，全国城乡居民人均可支配收入差倍，最高为 2007 年的 2.14 倍，最低为 1998 年和 2021 年的 1.50 倍。1998~2021 年，河北省城乡居民人均可支配收入差距从 2672 元增加到 21612 元，同期，全国差距从 3247 元增至 28481 元。从"富裕"维度来看，河北省水平较低。2021 年，河北省农村居民人均可支配收入为 18179 元，比全国平均水平低 719 元，在全国 31 个省（区、市）中排第 13 位。

（二）工资性收入和经营性收入是农村居民收入的主要构成

农村居民人均可支配收入由工资性收入、经营性收入、财产性收入和转

---

① 本部分数据根据国家统计局官网数据整理所得。

移性收入构成。2010~2021年，河北省农村居民工资性收入持续增长，由2653元增加至9497元，在农村居民人均可支配收入中的占比由44.52%上升至52.24%，均高于全国平均水平。同期，全国农村居民工资性收入由2278元增加至7958元，占比由36.32%上升至42.11%。经营性收入也是农村居民可支配收入的重要构成。2010~2021年，河北省农村居民经营性收入由2730元增加至6017元，占比由45.8%降至33.1%，均低于全国平均水平。同期，全国农村居民经营性收入由2978元增加至6566元，占比由47.48%降至34.74%。财产性收入，因为缺乏财产性资产及增值渠道，其金额和占比长期以来都较小，2021年河北省农村居民财产性收入仅390元，占比为2.15%。转移性收入在农村居民收入中的重要性逐渐凸显，2010~2021年，河北省农村居民转移性收入由392元增加至2275元，占比由6.58%上升至12.51%，但与全国平均水平的差距最大；2010~2021年，全国农村居民转移性收入由873元增加至3937元，占比由13.92%上升至20.83%。

（三）经营性收入是导致农村低收入群体与其他群体收入差距不断扩大的主要因素

河北省乡村振兴课题组调查数据显示，近年来，河北省农村全体居民和农村低收入群体之间的收入差距逐年扩大，其中，工资性收入差距和经营性收入差距是其主要构成部分。2021年，在农村总体与低收入群体收入差距构成中，工资性收入差距占比为43.85%，经营性收入差距占比为36.35%，转移性收入差距占比为14.24%。从农村全体与农村低收入群体之间收入差距变动幅度及其贡献构成来看，经营性收入差距是导致农村内部收入差距过大的主要原因，随着多年来经营性收入差距增幅的持续扩大，2021年其贡献率达到48.48%，而转移性收入差距对农村内部不同群体收入差距的贡献率为24.68%，工资性收入差距对农村内部不同群体收入差距的贡献率为29.37%。

二　农村居民经营性收入问卷调查数据分析①

当前，农村经营性收入结构已趋于多元化，影响因素也更加复杂。学术界普遍认为，家庭人口数、受教育程度、年龄、性别等是影响家庭经营性收入的主要因素。本报告结合既往研究成果，从家庭人口规模、年龄、性别、文化程度、产业类别、经营年限、有无村干部、是否参加合作社、是否参加专业技能培训等方面，分别对农村种植产业户、养殖产业户、非农产业户和普通农户展开调查。发放并回收有效问卷 1850 份，其中种植产业户 465 份、养殖产业户 468 份、非农产业户 442 份、普通农户 475 份。问卷调查了了不同产业主体的经营性收入和家庭纯收入，调查数据显示，产业户的家庭纯收入主要由经营性收入构成，经营性收入占比达到 90% 以上，很多样本达到 100%；而在普通农户中，家庭纯收入主要由经营性收入和工资性收入构成，经营性收入在其总收入构成中占比尚不足 50%，考虑到用经营性收入代替普通农户收入状况与非农产业户比较收入状况代表性较差，故而在表 1 中用家庭纯收入与非农产业户经营性收入做比较分析，特此说明。

从农户家庭人口规模来看，种植产业户、畜牧产业户、非农产业户、普通农户等四类农户家庭人口平均规模基本相当，为 4 人左右。种植产业户家庭人口规模最大，户均 4.24 人，96.4% 的家庭人口规模在 2~8 人，人口规模在 4 人的家庭较多，占比为 35.5%，家庭规模在 5 人及以上的占比为 49.68%。畜牧产业户，户均 4.06 人，人口规模在 4 人的家庭占比为 30.3%，98.3% 的家庭人口规模在 2~7 人，人口规模在 5 人及以上的家庭占比 34.9%。非农产业户户均人口 4.14 人，人口规模为 4 人的家庭占比为 40.9%，98.3% 的家庭人口规模在 2~7 人，人口规模在 5 人及以上的家庭占比为 30.0%。普通农户户均人口规模最小，为 3.91 人，人口规模为 4 人的家庭占比为 29.6%，人口规模为 2 人的家庭占比为 22.9%，95.7% 的家庭人口规模在 2~7 人，人口规模

---

① 本部分数据根据课题调查问卷数据整理所得。

在5人及以上的家庭占比为27.7%。从人口规模来看,产业经营的家庭人口数相对较多,普通农户的家庭人口规模较小,且微型化趋势较为明显。

从农户户主年龄来看,农业类生产经营户年龄偏大,平均年龄都在50岁以上,非农产业户平均年龄偏小,为46.88岁。种植产业户平均年龄在农业户中最小,为50.60岁,其中50岁及以上年龄占比57.2%,55岁及以上年龄占比35.6%,60岁及以上年龄占比15.1%。畜牧产业户平均年龄略高,为51.05岁,其中50岁及以上年龄占比57.6%,55岁及以上年龄占比35.6%,60岁及以上年龄占比18.5%。非农产业户平均年龄最小,为46.88岁,其中50岁及以上年龄占比36.6%,55岁及以上年龄占比18.9%,60岁及以上年龄占比5.4%。普通农户平均年龄最大,为52.56岁,其中50岁及以上年龄占比56.2%,55岁及以上年龄占比44.9%,60岁及以上年龄占比30.3%。从产业经营角度看,非农产业和种植产业对新技术要求比较高,技术更新换代和升级较快,因年龄与掌握新技术的能力呈正相关关系,因此非农产业和种植产业对年龄要求相对较高,更需要相对年轻的劳动力。而畜牧产业户和普通农户农业经营更倾向于传统生产方式和经验的积累,对年龄要求不高,劳动力年龄相对较大。

从性别来看,四类产业户都以男性劳动力为主,男性劳动力占比都在70%以上,种植产业户和畜牧产业户男性劳动力占比甚至在85%以上。

从文化程度来看,四类农户户主都以初高中学历为主,初高中学历占比都在75%以上,产业户初高中学历占比都在80%以上,非农产业户比重最高为85.30%。高中及以上学历占比方面,种植产业户最高为37.63%,其次是非农产业户,为34.84%,畜牧产业户和普通农户占比较低,略高于30%。

从户均经营年限来看,种植产业户最短,户均经营年限仅8.05年,其次为畜牧产业户,为10.23年,非农产业户经营年限较长,达17.84年。普通农户多为兼业农户,在高机械化模式下,经营农业并不占用太多劳动时间,研究其经营年限意义不大。在种植产业户中,150户种植年限不超过5年,359户种植年限在10年及以下,仅种植小麦、玉米等大田作物的农户有267户,技术更新升级换代速度较快、自然风险相对较高,再加上收益相对较低,导致经营户更新较快、经营年限较短。年限短不利于农地地力的保护和投资。在畜牧产业户中，经营年限在5年及以下的有141户，10年及以下的有307户，15年及以下的有375户，超过15年的有93户，养殖结构：猪159户、牛85户、羊115户、鸡91户、混合养殖18户。在非农产业户中，经营年限在5年及以下的有139户，10年及以下的有285户，15年及以下的有338户，超过15年的有104户。

收入方面，不管是户均年纯经营性收入还是人均年经营性收入，畜牧产业户和非农产业户都远高于种植产业户。从户均年纯经营性收入来看，畜牧产业户和非农产业户与种植产业户的差倍分别达到0.81倍和0.77倍，更远高于普通农户，差倍分别达到5.61倍和5.46倍。从人均年经营性收入来看，畜牧产业户和非农产业户与种植产业户的差倍分别达到0.89倍和0.81倍，与普通农户的差倍分别达到5.36倍和5.10倍。种植产业户的户均年纯经营性收入和人均年经营性收入与普通农户的差倍也分别达到2.65倍和2.37倍。

组织化方面，种植产业户参加合作社比例最高，达到了33.76%，其次是非农产业户，占比为24.21%，畜牧产业户和普通农户比例较低，占比分别为19.23%和17.68%。组织化程度较低，这与农户对合作社增收效用小的主观感受相吻合。

技能培训方面，种植产业户参与比例最高，为50.97%，其次是畜牧产业户，占比也达到了40.17%，非农产业户与普通农户参加比例较低，约为27%。这主要与当前农村技能培训内容和方式有关，当前农村技能培训以农业生产技术为主，而其培训对象以新型农业经营主体为主，非农产业技术培训很少，针对普通农户等低收入群体的培训以职业技能培训为主，包括家政、专门生产技术（如服装加工技术）等（见表1）。

表1　农村经营性收入问卷调查基本统计结果

指标	种植产业户	畜牧产业户	非农产业户	普通农户
样本数	465	468	442	475
户均人口数（人）	4.24	4.06	4.14	3.91
平均年龄（岁）	50.60	51.05	46.88	52.56

续表

指标		种植产业户	畜牧产业户	非农产业户	普通农户
性别比例(%)	男	86.02	85.04	75.79	70.95
	女	13.98	14.96	24.21	29.05
文化程度(%)	小学	10.32	13.64	8.37	16.42
	初中	52.04	55.77	56.79	53.47
	高中(中专)	30.75	25.85	28.51	23.79
	大专及以上	6.88	4.91	6.33	6.32
户均经营年限(年)		8.05	10.23	17.84	34.53
户均年纯经营性收入(元)		86156.13	155763.75	152318.92	23576.16
人均年经营性收入(元)		20319.84	38365.46	36792.01	6029.71
是否参加合作社(%)	是	33.76	19.23	24.21	17.68
	否	66.24	80.77	75.79	82.32
是否参加农业职业技能培训(%)	是	50.97	40.17	26.92	26.95
	否	49.03	59.83	73.08	73.05

资料来源：根据调查问卷数据整理所得。

三 农村居民经营性收入影响因素分析

表 1 显示，不同产业类型农户，在年龄、性别、文化程度、经营年限、经营性收入等诸多方面都存在不小差异，那么，这些差异是否具有统计显著性，同一指标不同水平是否对经营性收入产生显著影响，这些将在本部分运用统计软件通过单因素方差法进行计量分析。

综合运用回归、单因素方差和独立样本 T 检验等方法进行分析，得出结论如下。

从农户总体来看，产业门类对人均经营性收入影响显著。畜牧产业户人均经营性收入显著高于其他产业户，种植产业户与非农产业户无差别，且都显著高于普通农户。性别方面，男性人均经营性收入显著高于女性。文化程度方面，文化程度越高，人均经营性收入水平越高，但高中（中专）与大专及以上无显著差异。年龄方面，60 岁及以上农户人均经营性收入显著低于 60 岁以下农户，但 60 岁以下农户人均经营性收入水平无显著差异。家庭成员中有无村干部对人均经营性收入无显著影响。对职业的坚守也是影响人均经营性收入的因素，总的来说，20 年是个坎，从业时长 20（含）~40 年的人均经营性收入显著高于 20 年以下和 40 年及以上的农户，而从业时长在 40 年及以上的农户，年龄大都在 60 岁以上，其人均经营性收入显著低于其他年龄段。从散点图来看，从业时长在 0~20 年，尤其是 0~10 年的农户敢想敢干，高收益的农户显著多于其他时间段，但风险也高，低收益的农户也显著多于其他时间段。是否加入合作社对农户人均经营性收入无显著影响，但参加技能培训的农户，其经营性收入显著高于没有参加技能培训的农户。从家庭人口规模来看，家庭人口规模在 4~7 人的家庭，其人均经营性收入水平显著高于 1~3 人和 8~10 人的家庭，9~10 人的家庭其人均经营性收入水平显著低于其他家庭。4~7 人的家庭，家庭结构相对稳定，人口增加概率较小，高龄人口占比较低，劳动年龄人口占比相对较高，代际生产生活劳动分工合理、劳动力占比高等，使其人均经营性收入水平显著高于其他农户。

农户的总体数据反映了总体的特征，但分类农户的特征也有可能被掩盖。挖掘不同产业门类的农户人均经营性收入的影响因素，还需对不同产业门类农户进行单独分析。

1. 种植产业户

从种植结构来看，小麦、玉米等大田作物的人均种植收入显著低于其他非粮作物，即使是小麦、玉米与其他非粮作物混合种植，其收入也远高于单纯粮食作物种植。性别、文化程度、家庭人口规模、有无村干部对种植产业户人均经营性收入无显著影响，这可能与种植的高机械化水平、完善的社会化服务、标准的技术服务有关。36~50 岁的农户，其家庭人均经营性收入水平显著高于其他年龄段农户，这个年龄段的农户，生产条件、技术水平、经营能力、市场敏锐力、社会关系等综合生产能力和水平较高，使其收入水平相对较高。经营年限在 3~10 年的农户，其家庭人均经营性收入水平显著高于 1~2 年的农户，随着经营年限的增长，其人均经营性收入水平反而呈下降趋势，11 年及以上农户的收入水平高于 1~2 年的农户、低于 3~10 年的农户。合作社和技能培训对农户经营性收入影响显著，参加合作社的农户其人均经营性收入显著高于不参加合作社的农户，参加技能培训的农户其经营性收入显著高于没有参加技能培训的农户。家庭人口规模方面，6人的家庭人均经营性收入水平显著高于其他家庭，但其他家庭之间人均经营性收入水平并不存在显著差异。种植规模方面，虽然人均经营性收入水平与种植规模呈正相关关系，但在统计意义上，200亩是个坎，200亩及以上的人均经营性收入水平显著高于200亩以下，且200亩以下不同规模之间、200亩及以上不同规模之间的人均经营性收入水平在统计意义上没有显著差异。总之，学历（高中最高）、年龄（36～50岁收入最高）、经营年限（3～10年）与人均经营性收入水平呈斜倒"U"形曲线关系。

2. 畜牧产业户

常见畜牧养殖的人均经营性收入水平显著低于非常见养殖，养猪户人均经营性收入水平显著高于养羊户和养鸡户，其他品种养殖户之间的经营性收入水平在统计意义上没有明显差异。单一品种养殖户人均经营性收入水平显著高于混合种类养殖户。性别、是否参加合作社、家庭人口规模对畜牧产业户人均经营性收入水平没有显著影响。文化程度对畜牧产业户影响显著，人均经营性收入水平随文化程度提升而大幅提升，不同文化程度农户的人均经营性收入存在显著差异，尤其是高中文化程度农户的人均经营性收入显著高于初中文化，大专文化显著高于高中文化。人均经营性收入水平随年龄增长而逐渐降低，年龄在35岁及以下的农户其人均经营性收入水平显著高于其他年龄段农户，50岁及以上农户人均经营性收入水平显著低于50岁以下农户。畜牧养殖是个经验活，人均经营性收入水平随从业时长增加而增长，5年及以上农户的人均经营性收入水平显著高于5年以下农户。有村干部的农户家庭的经营性收入水平显著高于无村干部的农户。技能培训对畜牧产业户的人均经营性收入影响显著，参加技能培训的农户，其人均经营性收入是没有参加技能培训农户的3倍多。总之，文化程度、从业时长与农户的人均经营性收入呈正相关，年龄与农户的人均经营性收入呈负相关。

3. 非农产业户

涉农类二三产经营户的人均经营性收入水平显著高于非农类二三产经营户，男性农户高于女性农户，但文化程度、年龄、从业时长、家庭人口规模等对非农产业的人均经营性收入水平无显著影响。有村干部的家庭，其人均经营性收入水平显著高于没有村干部的家庭；参加过合作社的家庭，其人均经营性收入水平显著高于没有参加过的家庭；参加过技能培训的家庭，其人均经营性收入水平显著高于没有参加过的家庭。

4. 普通农户

经营种类方面，纯养殖户人均经营性收入水平显著高于无种无养户、各类种植户和种养混合户。性别、年龄、有无村干部、从业时长、是否参加技能培训、家庭人口规模等对普通农户人均经营性收入无显著影响。初高中文化程度的普通农户其人均经营性收入水平显著高于小学和大专文化程度的普通农户。合作社对普通农户增收影响显著，参加合作社的农户人均经营性收入水平显著高于没有参加合作社的普通农户。

农村居民人均经营性收入影响因素统计分析结果如表 2 所示。

表 2　农村居民人均经营性收入影响因素统计分析结果

指标	全体农户		种植产业户		畜牧产业户		非农产业户		普通农户	
	有无差异	显著性水平	有无差异	显著性水平	有无差异	显著性水平	有无差异	显著性水平	有无差异	显著性水平
产业门类	有	0.000	有	0.014	有	0.013	有	0.003	部分有	
性别	有	0.049	无		无		有	0.023	无	
文化程度	有	0.000	部分有		有	0.045	无		部分有	
年龄	有	0.010	部分有		有	0.013	无		无	
有无村干部	无		无		有	0.045	有	0.042	无	
从业时长	有	0.001	部分有		有	0.016	无		无	
是否参加合作社	无		有	0.001	无		有	0.005	有	0.023
是否参加技能培训	有	0.000	有	0.000	有	0.000	有	0.006	无	
家庭人口规模	部分有		无		无		无		无	
种植规模	无		部分有		—		—		无	

资料来源：根据调查问卷数据计算所得。

四　新发展阶段扎实推进河北省农民农村共同富裕的几点建议

如前文所述，经营性收入是导致农村内部收入差距扩大的主要因素。在国内外环境发生深刻变化、国内经济增长速度放缓的新发展阶段，依靠工资性、转移性、财产性收入的大幅持续稳定增长来促进农民收入增长和内部收入差距缩小，挑战性和不确定性都很大。实现农民农村共同富裕，还得回到提高农村劳动生产率这一根本路径上来。

（一）大力发展优势特色种植业

种植业在河北省农业中占有很大比重。增加农民经营性收入，要着力提升种植业生产效益。一是着力提升基础设施现代化水平。以地力提升为核心，加快推进农田水利、道路等综合整治建设，提升地力。二是着力提升粮棉油等大田作物现代化水平。如前文所述，200亩以内，大田作物经营规模与农户人均经营性收入呈正相关，200亩及以上，二者不具有统计意义上的正相关关系。基于此，一方面，对新型农业经营主体来说，以200亩为线，积极推动粮棉油等大田作物主产区土地向专业合作社、家庭农场、大户等流转集中，引导其适度规模化生产。同时，积极引导小农户通过组建合作社、加入已有合作社、挂靠家庭农场和大户等方式实现规模化、组织化生产。另一方面，大力发展农产品加工业，狠抓"粮头食尾""农头工尾"，通过产业链延伸、价值链延长实现经营性收入多元化增长。三是着力提升特色产业现代化水平。立足本地特色农业资源优势，按照"宜农则农、宜林则林、宜游则游、宜工则工"的原则，大力发展特色优势种植业。一方面，要在保障粮食安全和重要农产品供给的基础上，以市场化、品牌化、科技化、绿色化为导向，积极开发当地特色农业资源。尤其是在强化组织化生产和生产管理技能培训的前提下，鼓励引导以农业经营性收入为主的低收入群体积极调整生产结构，发展高效特色农业。同时，积极推进间作套种农业发展，探索多种农作物多元化间作套种模式，提高耕地产出效益。另一方面，积极开发特色农业科教、观赏、休闲等功能，多途径赋能特色农业生产，提升特色农业经济产出效益。

（二）积极发展高效畜牧业

与其他农业相比，畜牧业具有较高的劳动生产率，可以更好地促进农民增收。但同时存在更易造成环境污染和更高经营风险的问题。以发展畜牧业促进农民经营性收入增加，政府要在力促畜牧业发展的同时着重做好环境保护和风险分担两方面工作。一是完善畜牧业发展规划，引导畜牧养殖户规范化发展。科学核定地方环境承载能力，结合地方资源禀赋制定畜牧业发展品种、规模范围和空间布局等，引导畜牧业规范化、合规化发展。二是构建养殖风险分担机制。一方面，下大力气加快基层兽医队伍和乡村防疫队伍建设，增强基层防范控制动物疫情的能力，化解畜牧业自然风险。另一方面，结合本地畜牧业发展实际，着力完善政策性保险和商业保险相结合的风险分担机制，加大财政补贴力度，分担化解农户经营风险。三是按照"常规、非常规""猪、羊、鸡"的发展顺序，引导有文化、农业资源条件适宜的农村居民大力发展畜牧业。政府要做好经营农户的风险分担和养殖技术培训推广工作。四是依托畜牧产品加工龙头企业，鼓励推动农村居民，尤其是农村低收入群体大力发展资金门槛和技术含量相对较低、消费市场相对广阔的特种养殖业，政府要做好市场风险管理和要素扶持工作，引导龙头企业与农户探索建立多种合作模式和利益联结机制，让农户分享更多产业链增值收益。五是推进畜牧业绿色化发展。鼓励养殖户采用节水、节饲、节药等清洁养殖工艺，与地方种植户构建粪肥还田机制和通道，鼓励种植户广泛使用有机肥，着力构建"以地定养、以养肥地"的新型种养关系，推动地域种养业绿色化发展。

（三）大力推进农村二、三产业蓬勃发展

一是大力推进农村创新创业。一方面，进一步完善优化农村创新创业风险分散机制，建立健全针对创业失败者的再生产保障和生活救助长效机制，增强返乡农民工、大学生、退伍军人、农村居民等群体的创新创业信心和能

动性。另一方面，强化适合农业农村生产发展特点的创业技能培训，实施优惠举措鼓励创业成功者传授推广成功经验、对初创业者进行"传帮带"，引导带动农村居民创新创业以获得更多经营性收入。二是大力发展农村休闲产业。充分挖掘农村生态、文化、历史、民俗、休闲、康养、饮食、观赏、科普、教育、体验等资源和功能，积极开发农业农村不同季节风景风情风貌，打造生态农业观光、采摘农家乐、休闲农庄、田园综合体、主题旅游小镇等形态各异的休闲旅游农业产品。在全面提升水、电、路、通、气等基础设施的基础上，按照统一标准建设完善餐饮、住宿、医疗、卫生、停车场、公厕等生产生活服务设施，公共文化设施和配套旅游基础设施，强化旅游服务功能，积极引导推动农户利用自有资源发展生产生活服务业等，通过为"进村入户"的城乡居民提供各类生产生活服务，帮助其实现增收致富。

参考文献

肖华堂、王军、廖祖君：《农民农村共同富裕：现实困境与推动路径》，《财经科学》2022年第3期。

郑瑞强、郭如良：《促进农民农村共同富裕：理论逻辑、障碍因子与实现途径》，《农林经济管理学报》2021年第6期。

李实：《共同富裕的目标和实现路径选择》，《经济研究》2021年第11期。

王春光：《迈向共同富裕——农业农村现代化实践行动和路径的社会学思考》，《社会学研究》2021年第2期。

蒋永穆、谢强：《扎实推动共同富裕：逻辑理路与实现路径》，《经济纵横》2021年第4期。

叶敬忠、胡琴：《共同富裕目标下的乡村振兴：主要挑战与重点回应》，《农村经济》2022年第2期。

王晓毅、罗静：《共同富裕、乡村振兴与小农户现代化》，《北京工业大学学报》（社会科学版）2022年第3期。

芦千文、苑鹏：《农业农村现代化中的小农户发展动态与衔接机制研究》，《江淮论坛》2021年第4期。

调查篇

Investigation Report

B.23

河北省安平县杨屯村乡村振兴调查报告

——冀中平原区从单村振兴走向联村振兴的创新之路

闫永路*

摘　要： 杨屯村以组织振兴为引领，多措并举做强乡村特色产业，狠抓落实扮靓农村人居环境，改造设施全面提升服务能力，加强治理汇聚村民向上力量，创新了北方平原区全面推进乡村振兴的路径，形成了乡村振兴"杨屯模式"。坚持规划先行、融合发展、多村联合、生态优先是杨屯模式的亮点启示。推广复制杨屯模式，要注重因地制宜，加强产业结构和人才队伍优化、基础性制度和激励机制创新，推动优势特色产业科技化、动力机制内生化和村庄治理制度化。

关键词： 乡村振兴　产业融合　多村联合　杨屯村

---

* 闫永路，河北省社会科学院农村经济研究所副所长、副研究员，主要研究方向为农业农村经济、农村资源环境。

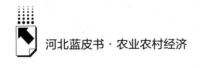

一 县情与村情

（一）县域概况

1.区位交通情况

安平是衡水市下辖县，位于河北省中南部、衡水市北部，是石家庄、保定、衡水三市交界县，以"官民安居、地势平坦"而得名。县域地处华北平原中部，是环渤海经济圈、京津冀经济圈、中原经济圈叠加区域，安平县临近雄安新区，靠近京九铁路大动脉，东南西北四个方向与京深、京福、石黄高速公路相接，东距京九铁路10公里，南距石黄高速公路25公里，北距首都机场238公里、天津港口248公里，西距石家庄机场90公里，S231、S302两条省级公路贯穿县境，区位和交通优势显著。

2.自然条件状况

安平县地处太行山前冲积扇前缘，地势平缓，西高东低，属半干旱半湿润大陆性季风气候，春季少雨多风，夏季高温多雨，秋季气温适中，冬季寒冷少雪，干湿交替，四季分明。全年降雨集中在七八月份，年平均降水量537.2毫米，年平均气温13.4℃，极端最高气温42.7℃（2002年7月15日），极端最低气温-21.9℃，无霜期196天，年平均日照2608.9小时，平均风速2.4米/秒。安平县土壤以河流冲积物为主，西部有少量冲积洪积物，土层深厚，冲积层次明显，表层以沙壤、轻壤质沉积物为主，沉积物富含有机质、氮元素、速效磷、速效钾及微量元素。

3.经济社会情况

安平县辖5镇3乡230个行政村，人口34.1万人，总面积505平方公里，耕地49.7万亩，丝网特色产业发达，是我国著名的"丝网之乡"。2020年完成地区生产总值139.8亿元，同比增长4.3%，人均地区生产总值4.27万元。一般公共财政预算收入9.35亿元，社会消费品零售总额43.78亿元。城乡居民人均可支配收入分别达到32578元和18483元，同比增长

4.6%和7.2%。安平县历史文化悠久，自汉朝置县距今已2200余年。1923年中共台城特别支部成立，这是全国第一个农村党支部。1924年中共安平县委成立，这是河北省第一个县委。1938年冀中区党委、冀中行署、冀中军区在安平县创建，安平县成为冀中抗日根据地的诞生地。安平县也是著名作家孙犁的故里。

4. 农业资源

安平县是传统农业县、畜牧大县，生猪养殖及肉类加工业是安平县农业的支柱产业，具有较高的发展水平和较大的市场影响力，在安平县农业中占有举足轻重的地位。粮食作物以小麦、玉米、谷子为主，兼有高粱、甘薯、黍子、稻谷、荞麦等，经济作物以棉花、花生、芝麻、向日葵为主，兼有食用菌、烟草等。2020年安平县粮食总产量22.2万吨，油料产量4703吨，蔬菜产量9.2万吨，水果产量2.0万吨，肉类、蛋类产量分别为5.4万吨、5.2万吨，生猪年出栏量保持在80万头以上。2020年安平县农林牧渔业总产值达38.5亿元，其中牧业产值24.7亿元，占农林牧渔业总产值的64.2%。

（二）村庄概况

杨屯村隶属安平县安平镇，位于县城东南5公里处，村庄占地600亩，耕地面积3000亩，以水浇地为主。现有住户480户1480人，党员48名。现任村党支部班子3人，村委会班子3人。杨屯村是典型的华北平原种植型农业村，传统农作物主要有小麦、玉米、谷子、高粱，兼有棉花、花生、大豆。农民收入的渠道以打工和农业兼业为主。2015年，新一届村"两委"班子带领全村贯彻中央、省市和县委、县政府决策部署，扎实推进美丽乡村建设，改造建设便民服务中心，注册成立集体农业种植公司，在北方平原区创新性引进试种油菜花，打造田园综合体，发展壮大新型集体经济，带动农民增收致富，走出了一条自力更生、创新发展、科技赋能、团结协作的乡村振兴之路，先后被评为"全国文明村镇""国家森林乡村""国家AAA级旅游景区""全省发展壮大农村集体经济先进基层党组织"。经过几年持续滚动发展，杨屯村村容村貌和人居环境发生巨大变化，农业特色产业实现从无到有，新型集体经济形成农文旅融合发展新形态，杨屯村走出一条组织振兴、文化振兴、生态振兴协调推进的新路子，乡村全面振兴走在全省前列。在该村辐射带动下，周边村庄也得到快速发展，以杨屯村为核心24平方公里的10个村被评为河北省乡村振兴示范区，杨屯经验对全面推进河北省乃至全国平原区乡村振兴也有一定示范和借鉴意义。

二 经验做法

（一）多措并举做强乡村特色产业

产业兴旺是全面推进乡村振兴的重要支撑。杨屯村以实施地下水压采项目为依托，统筹地下水治理和种植结构调整，走出了一条油菜种植、农产品深加工、观光旅游一二三产业融合发展的产业强村之路。

调整种植结构，壮大新型集体经济。2016年，杨屯村结合地下水压采项目，试种推广油菜种植，在全县率先注册成立村集体经济合作组织——天来农业种植有限公司，采用农户自愿以土地入股，公司统一种植品种、统一管理、统一销售的方式，探索实行"支部+公司+农户"股份合作运营模式，全村99.5%的农户自愿加入公司，流转土地3000亩，实现亩均增收700元。经济效益和生态效益较好，杨屯村油菜种植在当地产生良好示范效应，带动周边村庄种植油菜3.6万亩，全县种植油菜7万亩，大幅提高了农民收入。同时，杨屯村将上游特色种植与下游蔬菜加工连接起来，新引进国内先进生产线，建设年产2000吨脱水蔬菜项目，为规模化油菜种植找到新出路，项目全部投产之后将为村民提供150个就业岗位，村集体年均增收200余万元。

产学研用结合，打造特色农业全产业链。杨屯村坚持向科技要效益，为提高油菜种植收益，杨屯村与中国农业科学院油菜产业体系研究首席科学家王汉中院士签订合作协议，在杨屯村建立院士工作站，打造华北平原油菜种植实验基地，为有效利用平原区冬闲农田发展油菜产业提供技术支持。同时，为充分挖掘油菜油用、花用、蜜用、菜用、饲用、肥用等多种功能，增强油菜细分产品创收能力，杨屯村积极延伸下游产业链，发展油菜花蜜、油菜籽油等农产品深加工项目，与中国农业科学院油料研究所签订协议，引进国内最先进的 7D 功能型菜籽油加工生产线，注册"健格"商标品牌，通过特色农产品深加工提高油菜全系列产品附加值，带动农户和村集体增收致富。

开发农村旅游，促进农文旅融合发展。油菜不仅是油料作物，盛花期还是观赏植物，一眼望不到边的油菜花海是各地开发农村旅游的冠军项目。杨屯村通过联村发展，将周边 3.6 万亩冬闲农田打造成油菜花海，已连续举办 6 届"油菜花文化旅游节"，累计接待游客 30 万人次，开创了"从无到有、有中生新"的生态旅游和文化旅游融合发展的新模式。同时，杨屯村还结合农村人居环境整治和村容村貌改造提升工作，补齐停车场、喷泉广场、花海木栈道、观景台、高规格民宿、动植物科普园、美食木屋、儿童乐园等旅游基础设施，丰富旅游项目、延长留客时间、扩大消费热点，采取线下旅游和线上直播等多种方式，扩大游客群、增强游客黏性，探索出一条适宜在平原区发展、不破坏农业种植、保护农业生态的农文旅、产加销等多产业、多业态融合发展的产业强村新路子，被评为"河北省乡村旅游重点村""国家 AAA 级景区"。

（二）狠抓落实扮靓农村人居环境

建设生态宜居的乡村和美丽乡村是全面推进乡村振兴的重要任务。杨屯村发挥村"两委"党员干部和村民小组长带头作用，调动各方力量，人尽其才、物尽其用，凝心聚力共建美好家园，农村人居环境发生巨大变化。持续巩固"国家森林乡村"创建成果，在主街道和街巷两侧种植绿化苗木 1500 株，织密环村林带、方田林网，种植景观林木 9600 棵。持续开展农村人居环境整治行动，美化街道外立面墙壁 2.5 万平方米，安装照明路灯 300 盏。加强卫生厕所、生活垃圾、生活污水治理，在各个街道均衡设置垃圾箱，生活垃圾由环卫公司定期清理，生活污水通过下水道收集处理后排放，

90%的农户完成卫生厕所改造。建立街长制和义务工服务制度，实行"村、网格、群众"三级联动，形成街道卫生自发打扫长效运行机制。开展"五清三建一改"行动，对村内3处坑塘实施生态化改造，水塘周边绿化、塘内蓄水养鱼，将垃圾坑变成群众休闲娱乐的好去处，成为生态发展、和美乡村建设的一道亮丽风景线，营造了碧水蓝天的优美环境。

（三）改造设施全面提升服务能力

提升公共服务能力是全面推进乡村振兴的重要任务，也是群众最关心的问题。杨屯村以补齐基础设施短板和健全公共服务事项为抓手，全面提高村庄公共服务能力。持续改善村内街道和通村路网，逐步将村内6条主街道、59条巷道全部硬化，硬化总面积超过2.5万平方米，彻底改变街巷坑洼不平、雨雪天泥泞的出行不便情况；修建进村公路330米，有力改善了家庭汽车和游客车辆的通行条件。建成村民公园2处，村民有了休闲纳凉及文艺汇演的固定场所。安全饮水、广播电视、邮政快递、宽带网络实现全覆盖，整村全部实现清洁取暖。健全强化村庄服务功能，更新村党群服务中心、村综合服务站等硬件设施，改善农村互助幸福院、村民文化广场、新时代文明实践站等服务设施，健全办公议事、村务公开、事务代办、法律援助等服务，制定议事章程、服务流程，实现"群众办事不出村"。同时，杨屯村还注重留守妇女儿童帮扶工作，打造省级示范妇女之家、儿童之家，成为党开展妇女儿童工作的坚强阵地、创先争优的重要平台。

（四）加强治理汇聚村民向上力量

杨屯村积极推行以村党支部为核心的"五位一体"治理体系，大力倡导内容丰富、形式多样的新时代文明实践活动，以党风带民风、以民风促村风，基层治理水平有效提升。

推行网格化管理，提高治理效能。在村党支部的统一领导下，各小队分别设置"一个综合管理单元"，设置组长、街长、副街长各1名，成员若干名，以道路"九乱"（乱贴、乱挂、乱堆、乱放、乱写、乱画、乱搭、乱建、乱设摊点）治理为突破口，全面落实"门前三包"，提升治理效能，确保道路干净、环境整洁、管理有序。同时，注重发挥党员、村民代表、退伍军人、文艺骨干等模范带头作用，营造全民参与的浓厚氛围。在乡村的熟人社会中，激发村民自觉参与村庄卫生环境的保持与治理工作，这既增强了村民参与村庄建设的获得感和主人翁精神，同时降低了村庄治理的经济成本，有效避免了"干部加油干，村民围着看""等靠要"等问题。

推进法治建设，建设平安乡村。切实发挥农村法治文化广场作用，推动法治教育贴心化、经常化、实践化。定期聘请经验丰富的司法工作者，结合村民日常生产生活中经常遇到、最容易产生误区和不容易察觉的行为案例，以事说法、以案说法，现场教育群众，鼓励村民加强沟通互动，将法律条文转化成贴近老百姓生产生活的话语，讲到村民心坎里，真正做到听得懂、喜欢听、能理解、会运用。法治案例接地气、进社区，确保村民不盲从、不盲动，将更多精力用于生产生活和邻里和谐，为有效推进乡村全面振兴营造了和谐氛围、良好环境。

倡导新时代文明实践活动，建设文明乡村。依托新时代文明实践站，整合党建、教育、治理、服务等功能，广泛动员村民参与疫情防控、志愿服务等活动。以村党支部为核心，把农家书屋、道德讲堂、文化广场等作为开展移风易俗、树立文明新风的主阵地，以村民喜闻乐见的形式，开展文艺创作、文化服务等活动，丰富群众文化生活。积极开展道德模范、身边好人、好媳妇、好公婆、文明村民等评选活动，充分利用评选成果，弘扬崇尚道德、恪守诚信、自力更生、顽强拼搏的正能量。广泛开展新时代文明实践活动，弥补农村"钱袋子鼓了"但"脑袋没有富起来"的精神短板，实现农村物质文明、精神文明和生态文明协同共进。

（五）强化党建增强基层组织引领

杨屯村始终把党建引领作为推动乡村振兴的根本保障，全面加强村级党组织和党员队伍建设，打造凝聚力强、战斗力强的基层战斗堡垒，始终保持农村基层党组织在全面推进乡村振兴工作中的带动作用。

强化组织建设，壮大基层堡垒。杨屯村现任"两委"成员 5 人，党支部、村委会各 3 人，党支部书记和村委会主任由一人兼任。2022 年初，经上级党组织批准，以杨屯村为核心的乡村振兴示范区联合总支部委员会成立，下辖 7 个支部 322 名党员，覆盖周边 6 个行政村。联合党总支积极完善议事制度、明确职责任务，严格执行"三会一课"、民主评议党员、组织生活会等基层组织制度，村主要街道两侧、休闲广场周边更新了党建标语和文化墙，安装了党建文化展牌，营造了浓厚党建氛围。先后发展入党积极分子 20 余名，为党组织注入了新鲜血液。联合党总支的成立将分散的支部力量组织聚合起来，为实现强强联合、以强带弱、全面振兴提供了强大组织保障，为农村特色优势产业规模化发展创造了有利条件。

践行初心使命，打造便民服务。在上级部门协助下，村"两委"带领群众改造提升村综合服务站，将民政、社保、涉农补贴、快递收发、电商服务等民生服务事项整合，与相关部门联动，设置集中受理窗口，由专职站长负责，熟练掌握服务流程，实现群众办事"只来一次""一次办结"。同时，积极开展"政策找人、服务上门"活动，深入群众一线宣传政策、提供上门服务，打通服务群众"最后一米"。

强化先锋作用，打造"头雁"效应。充分发挥党支部战斗堡垒作用和党员先锋模范作用，全面推行"街长制""义务工"等制度，村"两委"成员带头，党员群众自发参与人居环境整治、志愿服务、疫情防控等工作，形成了人人参与、户户出力的良好局面。几年来，全村共组织大型义务工活动数十次，累计完成义务工 5000 余人次，真正做到了发动群众、依靠群众、为了群众，为全面推进乡村振兴凝聚合力、提供支撑。村党支部书记刘影先后当选省党代表、省人大代表，被评为"河北省千名好支书""河北省乡村振兴领头羊"。杨屯村先后被授予"全省先进基层党组织""全国文明村镇""国家森林乡村""全省发展壮大农村集体经济先进基层党组织""国家 AAA 级旅游景区""河北省乡村旅游重点村"等荣誉称号。

三 经验启示

实践证明，拥有一个有战斗力的村党支部集体，一个敢为人先的村党支部书记，是众多先人一步发展起来的和美乡村的共性规律。实践也再次证明，一个村庄要勇立潮头、率先发展，离不开科学规划和与时代脉搏和谐共振，更离不开持之以恒和开放发展。杨屯村始终坚持规划先行、融合发展、多村联合、生态优先，逐步走向成功之路。

（一）坚持规划先行

2016 年杨屯村首次在休耕区试种油菜成功后，2017 年顺势而为成功举办杨屯村第一届油菜花文化旅游节，取得良好效果并得到上级领导一致好评。成功举办油菜花文化旅游节为杨屯村打开了加快发展的机遇窗口。2018 年安平县委、县政府深入贯彻落实党的十九大精神，全面推进乡村振兴，聘请北京大学城市发展研究所规划设计以杨屯村为核心，覆盖周边 7 个村的"乡村振兴示范区"，着力打造集文化旅游、休闲体验、现代农业于一体的田园综合体。2019 年以河北裕丰京安养殖有限公司（安平镇贾屯村）为核心区，以安平镇杨屯村、南张涡村、南张庄、北张庄，两洼乡郑家庄、后铺村等为示范区，规划建设"安平县省级农业科技园区"。规划实施 5 年来，杨屯村已连续成功举办 6 届油菜花文化旅游节，油菜花种植拓展到周边村庄，在一个无山、无水、无特殊资源的平原区村庄，"无中生有"创建了"国家 AAA 级旅游景区""河北省乡村旅游重点村"，实现了产业振兴。杨屯村依规划而行的实践启示我们，全面推进乡村振兴既要切合实际编制规划，更要持之以恒实施规划，"一张蓝图干到底"，切不能"规划规划墙上挂挂"。

（二）坚持融合发展

杨屯村依靠发展油菜花，带动乡村旅游蓬勃发展，但该村并未到此止步，而是进一步与国家级科研院所深化合作，建立院士工作站，深入挖掘油菜的花用、药用、油用、食用等价值功能，继续向下游拓展农产品精深加工产业链，注册品牌商标，发展油菜花蜜、花茶、花油、脱水蔬菜等食品深加工产业，将油菜花种植、精深加工、观赏旅游连接起来，推动一二三产业横向拓展、融合发展。同时，依托油菜花旅游节网红品牌，杨屯村持续打造了动植物科普观光园、千人广场舞表演、中南美食文化节、美食木屋、儿童乐园、红色收藏馆、高端民宿、夜间经济等内容丰富的旅游消费项目，促进了旅游产业链纵向延伸与产业融合。产业融合和产业链拓展提升了农村服务城市的能力，实现了城乡价值交换，带动了城乡劳动力就业，乡村的生产功能、生态功能、社会功能实现有机融合，实现了乡村功能服务融合和城乡发展融合。杨屯村坚持融合发展路径的实践启示我们，全面推进乡村振兴，既要重视提升乡村生产功能，也要重视乡村生活功能和生态功能，要在促进生产生活生态融合发展的过程中，扩大乡村与城市的价值交换，以价值交换促进城乡融合发展。

（三）坚持多村联合

"一花独放不是春，百花齐放春满园。"快速发展的杨屯村并未丢下周边的村庄和父老乡亲，按照杨屯村"党支部+合作社（公司）+农户"的发展模式和打造油菜全产业链的经验做法，遵循"地域相邻、产业相近"原则，在上级党组织大力支持下，2022年5月杨屯村联合周边7个村挂牌成立"杨屯村乡村振兴示范区联合总支部委员会"，在联合党总支的带领下，对周边7个行政村资产资源进行盘活整合，通过合作帮带、抱团发展的方式，进一步做大做强油菜产业，推进农文旅融合发展，打造台城村红色文旅、报子营村高油酸花生、堤涡村食用菌等新型集体经济基地，起到了联合发展、集体增收、群众致富的良好效果。杨屯村多村抱团联合发展的实践启示我们，全面推进乡村振兴，既要全力推动产业、人才、文化、生态、组织实现全方位振兴，也要发挥先富带后富、先进带后进的引领作用，带动所有乡村加快振兴。

（四）坚持生态优先

杨屯村以地下水治理为契机发展油菜花种植，进而打造种植、旅游、加工全产业链，推动一二三产业融合发展，其中一条重要的经验是始终坚持生态优先发展。乡村是重要的国土空间生态屏障，也是促进城乡价值交换的基础保障，在推进乡村全面振兴进程中，乡村若丢失了生态的底色，就主动放弃了独特发展优势。杨屯村坚持生态优先发展的实践告诉我们，全面推进乡村振兴，要毫不动摇始终坚持生态优先发展理念，挖掘乡村生态优势，补齐乡村生态短板，突出乡村生态特色，找准乡村生态先机，保护好乡村的"绿水青山"，加快将其转化为乡村的"金山银山"。

四 对策建议

"杨屯模式"是全面推进乡村振兴的成功案例，探索形成的规划先行、融合发展、多村联合、生态优先路径，对全省各地具有重要借鉴意义。在深入学习贯彻党的二十大精神、省委十届三次会议精神过程中，杨屯村还要持续不断总结模式经验，完善制度，创新机制，促进产业迈向高层次、发展迈向高质量。

（一）优化产业结构，推动优势特色产业向更高层次发展

一是聚焦优势特色产业，夯实现代农业根基。围绕做大做强油菜花种植业，加强与科研院所密切合作，建设科技农业示范基地，向农业科技要效益，打造地域性单产冠军、北方平原区油菜基地、旱作种业基地，审慎扩大多元化种植。二是推动油菜深加工与产品销售规模化、品牌化、电商化发展。扩大油菜加工增值环节，将油菜系列产品深加工真正培育为产业振兴的支柱，带动农村劳动力就业，扩大农民致富渠道。根据产业发展需要，跳出油菜资源本地供给局限，采取收购、委托种植、订单农业等多种方式，扩大油菜原材料供给渠道，支撑油菜系列产品深加工。三是提升乡村旅游发展层

次，注重把农耕文化、乡村文化、红色文化、演艺文化、美食文化等各种文化资源注入乡村旅游项目，与台城村红色旅游资源实现强强联合，打造乡村振兴示范区旅游联合体，提供多层次、高品质的旅游消费产品、商品，增强乡村旅游创收增收能力。加强与衡水市、安平县旅游景区联合协作，将杨屯村旅游景区规划纳入衡水市旅游线路，扩大旅游市场，提升品牌影响力。

（二）优化人才队伍，推动发展和治理向科技与人才转化

科技是第一生产力，人才是第一资源。要始终坚持用科技改造提升特色产业，用人才推动创新创业发展。一是加大人才引进力度。积极向上级单位申请引进大学生村官，以市场化手段招聘企业专业管理人才、经营人才、营销人才。树立年轻化人才视野，放手放权大胆起用年轻人才。二是加大人才培养力度。创造一切必要条件，制定完善人才培养制度、计划，分期分批将村内产业能手、年轻党员送到高校院所培养，培养壮大乡村振兴人才后备梯队。三是加强科技成果转化应用。发挥院士工作站科技支撑作用，为院士、博士开展研究提供基地、创造条件，研究成果优先在基地内转化应用，真正发挥科技作为第一生产力的作用。

（三）加强机制创新，推动乡村全面振兴向内生机制发展

各级党委、政府的关爱和支持推动了杨屯村的发展，杨屯村要想长久发展，关键在于加强内生发展机制创新。一是创新村集体与农户的利益分配机制。按照现代企业管理制度，厘清村集体资源与农户资源之间的产权关系，建立按产权（要素）的投入分配收益基本机制，完善村集体收益和农户收益的连接机制，既不能"抛弃不管"也不能"养懒汉"，树立"多投多得、多劳多得"的观念，全面激发村民主动发展的热情。二是创新村集体与村干部的奖励分享机制。积极吸收借鉴发展地区、发达乡村的经验，摸索出一套适合杨屯村实际的村集体与村干部奖励分享机制，既要鼓励村干部多付出、冲锋在前，也要按其人力资本贡献的大小，加大其物质奖励、精神奖励力度，充分调动村干部想发展、谋发展的积极性。三是创新乡村特殊群体收

入、公益事业投入等机制。建立鳏寡孤独、困难学生、大病医疗等特殊群体的收入机制，将每年村集体收入的一部分划入特殊群体扶持基金，按照特殊群体的实际状况、人数多少给予支持。统筹乡村文化、卫生、防疫、救助等公益性事业，既要积极争取上级扶持资金，也要从村集体经济收入中划出一部分，形成稳定的投入机制。

（四）加强制度创新，推动乡村全面振兴由制度支撑保障

制度是乡村振兴战略有序推进、长久实施的重要保障，也是乡村熟人社会中推进民主决策、社会治理、平安乡村建设、村民关系协调等的关键支撑。一是建立完善制度体系。学习借鉴好的经验，完善村干部议事决策、基层党组织建设、财务收支公开、集体收入分配、村庄安全巡逻、村民纠纷调解、红白理事公约等基础性制度，建立规范化、公开化、民主化制度体系，实现决策议事有章可循、照章办事。二是强化制度的宣传和执行。增强制度的约束效力，做到人人懂制度、守制度、敬畏制度，打造以制度推进乡村全面振兴的杨屯标杆、安平样板。

参考文献

杨屯村：《强化党建引领　实施乡村振兴——推进一二三产融合　促进集体增收　带领农民致富》，2022 年 10 月。

杨屯村：《聚人才重引领　抓治理促振兴——安平县杨屯村乡村振兴工作案例报告》，2022 年 10 月。

杨屯村：《脱水蔬菜项目实施报告》，2022 年 10 月。

《调研组与安平县农业农村局、杨屯村座谈交流记录》，2022 年 6 月 29 日。

《杨屯大事记》，安平县政府网站，http：//anping. xiaokang. hsrtv. cn/index. php？m = content&c = index&a = show&catid = 898&id = 205。

河北省统计局、国家统计局河北调查总队编《河北统计年鉴 2021》，中国统计出版社，2022。

后　记

　　《河北农业农村经济发展报告（2023）》以河北省社会科学院农村经济研究所为主，国家统计局河北调查总队、河北省农业农村厅、河北农业大学等有关单位和部门共同参与完成。全书在分析总结 2022 年河北省农业农村经济运行总体情况的基础上，分别对河北省粮食、畜牧、蔬菜、水果、渔业以及农产品进出口贸易、农产品价格、农村居民收入、农村居民生活消费、农民工就业情况进行了分析总结与预测，提出了 2023 年河北省加快农业农村发展、促进农民持续增收的对策建议。同时，本书还针对河北省农民种粮收益保障、高端奶业集群建设、数字农业发展、乡村产业绿色化转型、农业科技创新、农业产业结构演进逻辑及路径优化、新型农业经营主体支持培育、新型农村集体经济高质量发展、旅游业新业态培育壮大、防返贫路径机制、推进农民农村共同富裕等问题开展了专题研究，力求在更广角度、更深层次分析河北省在加快推进农业农村现代化、促进农民农村共同富裕过程中面临的问题，提出对策建议，回应社会关切，为政府决策提供参考。

　　本书由康振海策划，张波主持审定编撰提纲，唐丙元对全书进行统稿修改。在本书研究和书稿形成过程中，参阅了大量相关文献和资料，在参考文献中未能一一列出，在此向作者表示感谢。最后，感谢在研究中提供帮助的相关部门领导和专家，感谢社会科学文献出版社及时编辑出版此书。

编者
2023 年 1 月

社会科学文献出版社

皮 书

智库成果出版与传播平台

❖ 皮书定义 ❖

皮书是对中国与世界发展状况和热点问题进行年度监测，以专业的角度、专家的视野和实证研究方法，针对某一领域或区域现状与发展态势展开分析和预测，具备前沿性、原创性、实证性、连续性、时效性等特点的公开出版物，由一系列权威研究报告组成。

❖ 皮书作者 ❖

皮书系列报告作者以国内外一流研究机构、知名高校等重点智库的研究人员为主，多为相关领域一流专家学者，他们的观点代表了当下学界对中国与世界的现实和未来最高水平的解读与分析。截至2022年底，皮书研创机构逾千家，报告作者累计超过10万人。

❖ 皮书荣誉 ❖

皮书作为中国社会科学院基础理论研究与应用对策研究融合发展的代表性成果，不仅是哲学社会科学工作者服务中国特色社会主义现代化建设的重要成果，更是助力中国特色新型智库建设、构建中国特色哲学社会科学"三大体系"的重要平台。皮书系列先后被列入"十二五""十三五""十四五"时期国家重点出版物出版专项规划项目；2013~2023年，重点皮书列入中国社会科学院国家哲学社会科学创新工程项目。

权威报告·连续出版·独家资源

皮书数据库
ANNUAL REPORT(YEARBOOK)
DATABASE

分析解读当下中国发展变迁的高端智库平台

所获荣誉

- 2020年，入选全国新闻出版深度融合发展创新案例
- 2019年，入选国家新闻出版署数字出版精品遴选推荐计划
- 2016年，入选"十三五"国家重点电子出版物出版规划骨干工程
- 2013年，荣获"中国出版政府奖·网络出版物奖"提名奖
- 连续多年荣获中国数字出版博览会"数字出版·优秀品牌"奖

皮书数据库　　　"社科数托邦"
微信公众号

成为用户

　　登录网址www.pishu.com.cn访问皮书数据库网站或下载皮书数据库APP，通过手机号码验证或邮箱验证即可成为皮书数据库用户。

用户福利

- 已注册用户购书后可免费获赠100元皮书数据库充值卡。刮开充值卡涂层获取充值密码，登录并进入"会员中心"—"在线充值"—"充值卡充值"，充值成功即可购买和查看数据库内容。
- 用户福利最终解释权归社会科学文献出版社所有。

社会科学文献出版社　皮书系列
SOCIAL SCIENCES ACADEMIC PRESS (CHINA)

卡号：278449131952
密码：

数据库服务热线：400-008-6695
数据库服务QQ：2475522410
数据库服务邮箱：database@ssap.cn
图书销售热线：010-59367070/7028
图书服务QQ：1265056568
图书服务邮箱：duzhe@ssap.cn

法律声明

“皮书系列”（含蓝皮书、绿皮书、黄皮书）之品牌由社会科学文献出版社最早使用并持续至今，现已被中国图书行业所熟知。“皮书系列”的相关商标已在国家商标管理部门商标局注册，包括但不限于LOGO（▨）、皮书、Pishu、经济蓝皮书、社会蓝皮书等。“皮书系列”图书的注册商标专用权及封面设计、版式设计的著作权均为社会科学文献出版社所有。未经社会科学文献出版社书面授权许可，任何使用与“皮书系列”图书注册商标、封面设计、版式设计相同或者近似的文字、图形或其组合的行为均系侵权行为。

经作者授权，本书的专有出版权及信息网络传播权等为社会科学文献出版社享有。未经社会科学文献出版社书面授权许可，任何就本书内容的复制、发行或以数字形式进行网络传播的行为均系侵权行为。

社会科学文献出版社将通过法律途径追究上述侵权行为的法律责任，维护自身合法权益。

欢迎社会各界人士对侵犯社会科学文献出版社上述权利的侵权行为进行举报。电话：010-59367121，电子邮箱：fawubu@ssap.cn。

社会科学文献出版社